Entdecke Gottes Design für Dein Leben!

Mike Riches

Dieses Buch darf ohne Genehmigung von Campus für Christus Schweiz weder vervielfältigt noch vertrieben werden, auch nicht auszugsweise. Alle Rechte vorbehalten.

Publiziert von Campus für Christus Schweiz
© 2010 Campus für Christus Schweiz, 2. Auflage der deutschen Ausgabe
ISBN: 978-3-905789-23-2

- Bibelzitate: Einheitsübersetzung
- Fotos: fotolia.com
- Layout: S!DESIGNMENT, Köln

Campus für Christus
Josefstrasse 206
8005 Zürich
Tel. +41 (0)44 274 84 65
info@cfc.ch
www.cfc.ch

DANKSAGUNG

Worte vermögen nicht auszudrücken, was mir meine Frau Cindy als Ehefrau und als Schwester im Herrn in meinem Leben und Dienst bedeutet. Cindy, deine Vertrautheit mit Gott, dein starkes Verständnis durch deine Beziehung zu ihm, durch deine Stellung in Jesus, weckt in mir den Wunsch meine persönliche Vertrautheit mit ihm noch zu vertiefen. Ohne dich wäre dieses Buch nicht zustande gekommen.

Arlyn, deine unaufhaltsame Liebe für die Wahrheiten in diesem Buch waren dir Motivation bei der Durchsicht und Überarbeitung des Originalmanuskripts. Danke für deine engagierte Beteiligung an diesem Buch, die wir sehr zu schätzen wissen.

Danke auch an Dan und Ang von Scribe Book Company für eure Geduld und Großzügigkeit, die ihr uns bei diesem Projekt erwiesen habt. Eure Hilfe ist unbezahlbar.

Andere Bücher von Mike Riches

Leben in Freiheit - Teilnehmerheft
Leben in Freiheit - Leiterheft
Hearing God´s Voice
One World Two Realms
Strongholds: Understanding and Destroying Satan´s Schemes

INHALT

Dank	3
Inhaltsverzeichnis	4
Vorwort	5
Einleitung	7

KAPITEL

KAPITEL EINS: Gottes ursprüngliches Design	9
KAPITEL ZWEI: Entdecken Sie die Freiheit Gottes	25
KAPITEL DREI: Das Geschenk der Umkehr	34
KAPITEL VIER: Die Freiheit der Vergebung	42
KAPITEL FÜNF: Die Kraft der Vergebung freisetzen	52
KAPITEL SECHS: Eine Welt, aber zwei Herrschaftsbereiche	66
KAPITEL SIEBEN: Leben in der Kraft des Geistes	78
KAPITEL ACHT: In Gottes Kraft und Autorität leben	89
KAPITEL NEUN: Dem Reich Satans mutig entgegentreten	100
KAPITEL ZEHN: Festungen und Bindungen verstehen	108
KAPITEL ELF: Festungen abbrechen	118
KAPITEL ZWÖLF: Liebesdefizit-Festungen abbauen	130
KAPITEL DREIZEHN: Ungerechtigkeiten und Liebesentzug	140
KAPITEL VIERZEHN: Generationssünden und damit verbundene Festungen und Bindungen	152
KAPITEL FÜNFZEHN: Seelische Bindungen	167
KAPITEL SECHZEHN: Flüche	182
KAPITEL SIEBZEHN: Flüche außer Kraft setzen	190
KAPITEL ACHTZEHN: Leben im großen Gesamtbild	200

ANHANG

1. ANHANG: In der Freiheit bleiben: Die nächsten Schritte	208
2. ANHANG: Festungen erkennen und definieren	216
3. ANHANG: Durch offenkundige Sünden errichtete Festungen	221
4. ANHANG: Ungerechtigkeiten	224
5. ANHANG: Generationssünden: Praktische Wirklichkeit und biblischer Ausweg (in Anbetracht von Hesekiel 18)	231
Bibliografie	237

VORWORT

Braucht es überhaupt ein solches Buch?

Die Zukunft wird sehr herausfordernd sein. Wir benötigen tiefe Wurzeln und eine gefestigte Identität in Christus. Wir müssen einer Gesellschaft, die immer mehr unter Zwängen aller Art leidet, den Weg in die Freiheit weisen können. Statt Probleme zu lösen sind wir Christen aber oft selber Teil des Problems, weil wir selber nicht die Freiheit beanspruchen, die uns als Jüngerinnen und Jünger von Jesus zusteht. Wir lassen alte Verletzungen und Defizite unser Leben bestimmen und unser Wachstum blockieren. Wir gleichen einem Gefangenen, dem seine Schuld in einer Art Generalamnestie vergeben wurde und für den die Türen zur Freiheit offen sind, der aber immer noch im Gefängnis bleibt, weil er seine Rechte nicht beansprucht. Und das Schlimme daran ist, dass dieser Gefangene sich oft nicht einmal seiner Lage bewusst ist. Mit der Zeit arrangiert er sich mit seinem Zustand der Halbfreiheit und denkt, dass das wohl das normale Leben der Christenmenschen ist. Damit ist er dann auch nicht fähig, andere Menschen in die Freiheit zu führen.
Christus hat durch seinen stellvertretenden Sühnetod am Kreuz alle unsere Schuld bezahlt, die vergangene, die gegenwärtige und die zukünftige. Wir müssen und können nichts selber zur Vergebung der Schuld beitragen, außer das wir sie eingestehen und die Vergebung dankbar annehmen. Aber hier hapert es oft. Wir räumen mit der Vergangenheit oft zu wenig deutlich auf und distanzieren uns nicht eindeutig genug von vergangenem Fehlverhalten. Bei den ersten Christen war mit der Taufe eine Lossagung von allen dunklen Mächten verbunden und eine Übereignung aller Lebensbereiche unter die liebende Herrschaft Christi. Heute sind wir uns oft zu wenig bewusst, dass Christsein mit einem grundlegenden Herrschaftswechsel verbunden ist. So wie Christus uns unsere Schuld vergibt, so haben auch wir denjenigen zu vergeben, die an uns schuldig geworden sind. Sonst blockiert uns unsere Unversöhnlichkeit und wir werden nicht die wunderbare Freiheit erleben, die uns in Jesus Christus verheißen ist.

Nach der Hinwendung zu Christus und der Erfüllung durch den Heiligen Geist ist das Leben von meiner Frau Vreni und mir auf wunderbare Weise erneuert worden. Reich beschenkt entschieden wir uns, andere auch an diesem neuen Leben teilhaben zu lassen. In der Folge verlief das geistliche Wachstum manchmal schneller, manchmal langsamer, aber immer unter der Gnade Gottes. Immer deutlicher wurde uns jedoch bewusst, dass wir noch nicht alle Rechte beansprucht haben, die uns als Kinder Gottes zustehen. „Das gehört nun eben zu meiner Persönlichkeitsstruktur. Mit dem muss ich leben. Es ist ja auch nicht tragisch. Braucht Gott nicht schwache Menschen, die sich ihrer Defizite bewusst sind?" Natürlich stimmt das letztere. Aber oft sind solche Aussprüche eine Entschuldigung, Gott nicht an die unerlösten Seiten unseres Lebens heranzulassen und sie von ihm verändern zu lassen. Biblische Lehre wie sie von den englischen Ellel-Ministries und im vorliegenden Buch „Entdecke Gottes Design für dein Leben" vermittelt wird, half uns, solche unerlöste Bereiche aufzuspüren und diese unter die Vergebung und Erneuerung Gottes zu stellen. Das Leben meiner Frau Vreni und auch von mir wurde dadurch reicher und befreiter. Mich dünkt, dass als Folge selbst unsere Ehe einen zusätzlichen Glanz bekommen hat. Mir wird heute schneller bewusst, wenn ich mich nicht vom Geist Gottes leiten lasse, sondern ich aus der Seele heraus agiere oder gar aus vergangenen Defiziten heraus reagiere. Bei Vreni habe ich eine noch deutlichere Veränderung erlebt. Sie hat unbewusste Blockaden erkannt und gelöst und eine starke Identität in Christus gewonnen. Sie ist dadurch fähig, andere Menschen effektiver als bisher den Weg in die christliche Freiheit zu weisen. Ohne diese biblische Ausrüstung hätte sie ihren Dienst an den geschundenen Frauen in Ruanda und Burundi nicht in gleicher Weise tun können. Auch bei vielen Mitarbeiterinnen und Mitarbeitern unseres Missionswerkes haben wir Veränderungen erlebt. Es ist eine Freude zu beobachten, wenn uns nahe stehende Menschen mehr und mehr aufblühen und gleichzeitig ihre Mitmenschen zum Aufblühen verhelfen. Ideal wäre es, nicht wie wir Jahre zu warten, sondern z.B. direkt im Anschluss an einen Alphalive-Kurs mit den Rechten auseinanderzusetzen, die uns Christen zustehen. So können die durch Alphalive gewonnenen Erkenntnisse vertieft und ins Leben integriert werden.

Vielen Christen hilft die gründliche Auseinandersetzung mit den biblischen Verheißungen, besser zu erkennen, wo noch mögliche Wachstumsblockaden sind und wo sie ihre Rechte als Kinder Gottes noch nicht völlig in Anspruch genommen haben. Das christliche Leben ist ein lebenslanger Wachstumsprozess. Allen, die Hunger und Durst nach Gott und einem Leben in Fülle haben, kann ich die Auseinandersetzung mit den im Buch „Entdecke Gottes Design für dein Leben" enthaltenen biblischen Wahrheiten von Herzen empfehlen. Der Inhalt ist biblisch gründlich und ausgewogen. Mike Riches hat die große Gabe, komplexe Sachverhalte vom Wort Gottes her einfach und verständlich zu erklären, ohne unnötig zu simplifizieren. Und denken Sie daran: Wir haben in unserem Jüngerschaftsprozess nie ausgelernt. Im Gegenteil geht es darum, das Gelernte täglich einzuüben und mehr und mehr darin zu leben. Möge das Wort Gottes und der Geist Gottes Ihr täglicher Begleiter werden zum Segen von vielen Menschen!

Hanspeter Nüesch
Leiter von Campus für Christus Schweiz

EINLEITUNG

Tief in uns gibt es noch ein anderes Ich. In der Tiefe unseres Herzens steckt eine Person, deren Charakter so ist, wie wir schon immer sein wollten und noch viel mehr. Diese Person hat keine Angst und kann uns durch alle Lebensstürme steuern. Diese Person ist voll Mitgefühl und kann andere lieben - von den Zerbrochenen bis zu den Frechen und Dreisten. Diese Person ist voll Freude und bringt in jede Situation, die sie antrifft, Leben und Hoffnung. Diese Person sagt die Wahrheit, im Bewusstsein, dass es in einer orientierungslosen Welt jemand geben muss, der anderen die Richtung weist.

Diese Person, die in uns wohnt, das sind WIR - unser wahres Ich, so wie Gott, unser Schöpfer, uns gedacht hat. Das ist die Person, die wir von tiefstem Herzen sein möchten. Aber weil wir in einer Welt der Sünde leben - in einer Welt, die Schmerz, Ablehnung, Verlassenwerden, Gewalt, Ungerechtigkeit, Missbrauch, Enttäuschungen und Einschüchterungen kennt -, hat diese Person, die Gott geschaffen hat, Kompromisse gemacht und sitzt in einem Gefängnis. Angesichts solcher Unterdrücker wie Angst, Depressionen, Zorn und Sorgen sind wir Gefangene. Aber Jesus ist gekommen, um uns von allem zu befreien, was uns gefangen hält. Er ist gekommen, um uns zu einem Leben voll Freude, Mitgefühl, Liebe und Mut zu befreien - zu einem Leben, das Gottes Gegenwart und Macht erfährt.

„Freiheit" steht im Zentrum des Lebens und der Botschaft Jesu Christi und ist die Mission seiner Nachfolger. Davon handelt auch dieses Buch - es will uns helfen zu erkennen, wo, warum und auf welche Weise wir in Bindungen und Sklaverei leben, anstatt in Freiheit und Hoffnung. In der Kraft Christi können wir aus diesen Fesseln ausbrechen und in der Freiheit leben, die Jesus für uns erkauft hat. Jesus sagt: „Dann werdet ihr die Wahrheit erkennen, und die Wahrheit wird euch befreien. [...] Wenn euch also der Sohn befreit, dann seid ihr wirklich frei" (Johannes 8,32+36). Und der Apostel Paulus wiederholt: „Zur Freiheit hat uns Christus befreit" (Galater 5,1, freie Übersetzung).

Ich persönlich habe in vielen Bereichen meines Lebens durch die Wahrheiten, die in diesem Buch hervorgehoben werden, eine rasche Verwandlung erlebt. Ich habe Hunderte von Erwachsenen und Familien gesehen, die Gott und seine Kraft ganz neu erfahren haben und deren Leben verändert wurde. Der Umgang in unserer Gemeinde hat sich so verändert, dass das Leben und der Dienst Jesu immer mehr reflektiert wird (wenn auch noch nicht perfekt). Das kann ich durch meine eigenen Beobachtungen persönlich bezeugen. Die Wahrheiten, von denen in diesem Buch die Rede ist, haben eine eigene Dynamik - es geht nämlich um das Leben und die Wahrheit Gottes. Außerdem habe ich schon Zeugnisse von Tausenden von Menschen aus verschiedenen Hintergründen und Bevölkerungsgruppen gehört. Alle berichten sie dasselbe - jeder in seinem eigenen, einzigartigen Lebenszusammenhang.

Dieses Buch wurde geschrieben, um Ihnen einen Überblick über die Wahrheiten zu geben, die Gottes Design für Sie und mich beschreiben. Damit können wir ein sieghaftes Leben führen, ein Leben in seiner Gegenwart und Kraft, ein Leben, das nicht nur machtvoll verändert wird, sondern auch andere zu Veränderung hinführt. „Entdecke Gottes Design für dein Leben" wurde als Begleitbuch für das Arbeitsheft und den dazugehörigen sechswöchigen Kurs „Leben in Freiheit" geschrieben, der von einem Leiter gehalten und gelehrt wird. Es kann aber auch ohne Kursbesuch gelesen werden.

Dieses Buch wird Sie mit Gottes ursprünglichen Gedanken für seine Schöpfung bekannt machen, zu der alle Menschen gehören - besonders auch Sie. Es zeigt auf, wie Gottes Design verloren gegangen und von Satan und seinem Reich des Bösen verdorben wurde; das Ergebnis ist eine zerbrochene und mitunter kaputte Welt, in der wir heute leben müssen. Durch das historische Ereignis von Jesu Tod und Auferstehung und die Vorkehrungen, die er dadurch für Sie getroffen hat, können Sie jetzt damit anfangen, Gottes ursprüngliches Design für Ihr Leben wiederherzustellen. Dieses Buch kann Ihnen zu einem biblischen und systematischen Anfang eines „Lebens in Freiheit" verhelfen, damit Sie frei werden von Satans Bemühungen, dieses Design zu verdrehen und zu verderben. Er kann Sie nicht mehr in seinem Reich der Sünde und des Todes gefangen halten.

„Freiheit" ist das Thema dieses Buches. Betrachten Sie es jedoch nicht einfach nur als „Buch", sondern als eine Hilfe für Ihr Glaubensleben. Wenn Sie sich ganz auf die biblischen Wahrheiten einlassen, die Sie hier entdecken, werden Sie die Fähigkeiten und geistlichen Waffen für ein Leben in Freiheit bekommen. Lassen Sie uns das Abenteuer also jetzt beginnen!

KAPITEL 1
Gottes ursprüngliches Design

Am Anfang schuf Gott ein Meisterwerk der Schöpfung. Zu seinem kreativen Werk gehörte die Welt mit all ihren ökologischen Systemen, die Tiere und die Menschen. Sein ursprüngliches Design und das Werk seiner Hände waren wunderschön. Sechsmal erklärte er das, was er geschaffen hatte für gut, und am siebten Tag sagte er sogar, dass es sehr gut sei (siehe Genesis, Kapitel 1 und 2).

Halten Sie einen Moment inne und denken Sie über diese Schöpfung nach, deren außergewöhnliche, natürliche Schönheit unbeschreiblich ist und uns immer wieder staunen lässt. Stellen Sie sich eine Erde vor, die nicht entstellt ist von den Verletzungen durch Sünde und eine sündhafte Menschheit. Malen Sie sich eine Welt aus, die gekennzeichnet ist von selbstloser Liebe, Einheit, Frieden, harmonischen Beziehungen und von Freude. Eine Welt in der es keine Sorgen und Angst, keine Schuld und Verdammnis, keine Krankheiten und Tod gibt. Das ist die Welt, die Gott geschaffen hat.

Gehen Sie noch einen Schritt weiter. Stellen Sie sich vor, Sie hätten ein natürliches, ungezwungenes Verhältnis zu Gott - von Freude erfüllt, innig und frei. Das war sein ursprünglicher Wille für Männer und Frauen, Ehemänner und Ehefrauen, Eltern und Kinder, Familienmitglieder und Kollegen, Nachbarn und Nationen. Das war Teil von Gottes vollkommenem Plan, wie die menschlichen Wesen eine Beziehung zu ihm und zueinander haben sollten. Er wollte, dass wir in harmonischen Beziehungen leben. In der Freude, die aus einem demütigen Herzen fließt und eine großzügige Liebe ausstrahlt, die jederzeit für das Wohl des anderen lebt.

Wir kennen Gottes ursprüngliches Design für das Leben und die Liebe, weil er uns ein Muster seines Entwurfs hinterlassen hat: die Bibel. Die von ihm ausgedachte Lebensqualität wird dort wie folgt beschrieben:

1. Korinther 13,4-8
Die Liebe ist langmütig, die Liebe ist gütig. Sie ereifert sich nicht, sie prahlt nicht, sie bläht sich nicht auf. Sie handelt nicht ungehörig, sucht nicht ihren Vorteil, lässt sich nicht zum Zorn reizen, trägt das Böse nicht nach. Sie freut sich nicht über das Unrecht, sondern freut sich an der Wahrheit. Sie erträgt alles, glaubt alles, hofft alles, hält allem stand. Die Liebe hört niemals auf.

Galater 5,22-23
Die Frucht des Geistes aber ist Liebe, Freude, Friede, Langmut, Freundlichkeit, Güte, Treue, Sanftmut und Selbstbeherrschung.

Aber das ist noch nicht alles. Gottes Design für den Menschen war außerdem,
- eine offene, innige, freudige Beziehung von Angesicht zu Angesicht mit ihm zu führen.
- die Sünde, Satan und Satans Reich des Bösen zu beherrschen.
- ein Leben zum Wohle des Nächsten zu leben.
- in Familieneinheiten zu leben, in der sich alle Mitglieder - Eltern, Kinder, Brüder, Schwestern - auf gottgefällige Art, in Einheit und Harmonie wie beste Freunde lieben und einander dienen.
- ein Leben in Gesundheit und in Fülle zu führen, weil Gott ein Gott des Lebens ist.
- in unserer vorsätzlichen Bestimmung zu leben - ein hoffnungsvolles, sinnerfülltes und erfülltes Leben zu führen.
- in sozialer Harmonie und im Frieden mit Fairness, Würde und Respekt unter den Bevölkerungsgruppen zu leben.

Wenn wir Gottes Design für das Leben ansehen und dann damit vergleichen, was wir momentan in dieser Welt erleben, sind wir geneigt, uns Gott als einen Mann vorzustellen, der einen Süßwarenladen besitzt, jedoch die Tür verschlossen hält und uns aussperrt, sodass wir nur sehnsüchtig durchs Fenster blicken können. Das ist jedoch nicht der Fall. Er hat die Tür aufgeschlossen und lädt uns ein hereinzukommen. Er lädt uns ein, ihn so kennenzulernen, wie er wirklich ist und alles in Anspruch zu nehmen, was er für uns bereitgestellt hat. Betrachten Sie die folgende Auflistung als eine unvollkommene, aber anschauliche Darstellung von Gottes ursprünglichem Design für seine Schöpfung - die Welt, in der Sie und ich nach seiner Absicht leben sollten:

Gottes unbeschreibliche Liebe zu seinem Volk

Gottes Liebe für Sie ist unendlich, bedingungslos und unbegreiflich. Weil er unendlich ist (jenseits von Zeit, Raum oder anderen Einschränkungen), hat er die Fähigkeit und die Kraft, zu jedem von uns jede Minute und an jedem Tag eine Beziehung zu haben. Sie stehen im Zentrum von Gottes unaufhörlicher Zuwendung und Liebe!

Epheser 3, 18-19
In der Liebe verwurzelt und auf sie gegründet, sollt ihr zusammen mit allen Heiligen dazu fähig sein, die Länge und Breite, die Höhe und Tiefe zu ermessen und die Liebe Christi zu verstehen, die alle Erkenntnis übersteigt. So werdet ihr mehr und mehr von der ganzen Fülle Gottes erfüllt.

Gott freut sich über Sie und über jedes Detail Ihres Lebens. Gott jubelt so sehr über sein Volk, dass er Freudenlieder über sie singt!

Zephania 3,17

Der Herr, dein Gott, ist in deiner Mitte, ein Held, der Rettung bringt. Er freut sich und jubelt über dich, er erneuert seine Liebe zu dir, er jubelt über dich und frohlockt, wie man frohlockt an einem Festtag.

Psalm 18,20 (NL)

Er brachte mich an einen sicheren Ort und rettete mich, weil er Freude an mir hatte.

Psalm 149,4 (NL)

Der Herr freut sich über sein Volk; er krönt die Demütigen mit seiner Hilfe.

> Liebe
> Freude
> Friede
> Geduld
> Güte
> Treue
> Freundlichkeit
> Sanftmut
> Selbstkontrolle
> Demut
> Rücksicht
> Vertrautheit mit Gott und mit anderen
> Leidenschaft
> Hoffnung
> Großzügigkeit
> Vertrauen
> Unterordnung
> Selbstlosigkeit
> Bedeutung
> Sicherheit
> Sinn
> Erfüllung
> Ehre
> Respekt
> Gerechtigkeit
> Ehrlichkeit
> Freude in der Ehe und Familie
> Unbeschreibliche, vollkommene Schönheit

Gottes souveräne Absicht und Plan für sein Volk

All diese Liebe ist für Sie bestimmt, denn Sie sind nicht ein Produkt des Zufalls. Gott erschuf Sie, sowie auch den Rest der Schöpfung, mit einer Absicht, einem Plan, einer Bestimmung. Er schuf Sie einzigartig, mit Gaben, Talenten, einer Persönlichkeit und Leidenschaften, mit denen er speziell den Zweck für Ihr Leben erfüllen kann. Gottes Design für Sie war nicht zufällig ausgewählt, sondern ist zielgerichtet und speziell auf Sie abgestimmt, sogar schon bevor Sie geboren wurden. Woher können wir das wissen? Wir werfen wieder einen Blick zurück auf die Bibel. Dort lesen wir, wie:

- Gott Jeremia erklärte (als dieser bereits erwachsen war): „Noch ehe ich dich im Mutterleib formte, habe ich dich ausersehen, noch ehe du aus dem Mutterschoß hervorkamst, habe ich dich geheiligt, zum Propheten für die Völker habe ich dich bestimmt" (Jeremia 1,5).

- Rebekka sich gezielt bei Gott nach den Zwillingen in ihrem Bauch erkundigte, und Gott ihr antwortete. Der Herr sprach zu ihr: „Zwei Völker sind in deinem Leib, zwei Stämme trennen sich schon in deinem Schoß. Ein Stamm ist dem andern überlegen, der ältere muss dem jüngeren dienen" (Genesis 25,23).
- Der Engel des Herrn Simsons Mutter, schon bevor sie schwanger war, erklärte: „Gewiss, du bist unfruchtbar und hast keine Kinder; aber du sollst schwanger werden und einen Sohn gebären. Nimm dich jedoch in Acht und trink weder Wein noch Bier und iss nichts Unreines! Denn siehe, du wirst schwanger werden und einen Sohn gebären. Es darf kein Schermesser an seine Haare kommen; denn der Knabe wird von Geburt an ein Gott geweihter Nasiräer sein. Er wird damit beginnen, Israel aus der Gewalt der Philister zu befreien" (Richter 13,3-5).
- Josef im Traum ein Engel erschien, um ihm das Schicksal des Kindes zu offenbaren, das seine Verlobte in sich trug: „Josef, Sohn Davids, fürchte dich nicht, Maria als deine Frau zu dir zu nehmen; denn das Kind, das sie erwartet, ist vom Heiligen Geist. Sie wird einen Sohn gebären; ihm sollst du den Namen Jesus geben; denn er wird sein Volk von seinen Sünden erlösen" (Matthäus 1,20-21).
- Maria von einem Engel ähnliche Vorhersagen über Jesus bekam: „Er wird groß sein und Sohn des Höchsten genannt werden. Gott, der Herr, wird ihm den Thron seines Vaters David geben. Er wird über das Haus Jakob in Ewigkeit herrschen und seine Herrschaft wird kein Ende haben." (Lukas 1,32-33).
- Gott Zacharias, dem Vater von Johannes dem Täufer, offenbarte, wie er seinen Sohn, der noch nicht einmal gezeugt war, erschaffen und welche Bestimmung dieser erfüllen würde: Ein Engel erschien ihm und erklärte ihm: „Der Engel aber sagte zu ihm: Fürchte dich nicht, Zacharias! Dein Gebet ist erhört worden. Deine Frau Elisabet wird dir einen Sohn gebären; dem sollst du den Namen Johannes geben. Große Freude wird dich erfüllen und auch viele andere werden sich über seine Geburt freuen. Denn er wird groß sein vor dem Herrn. Wein und andere berauschende Getränke wird er nicht trinken und schon im Mutterleib wird er vom Heiligen Geist erfüllt sein. Viele Israeliten wird er zum Herrn, ihrem Gott, bekehren. Er wird mit dem Geist und mit der Kraft des Elija dem Herrn vorangehen, um das Herz der Väter wieder den Kindern zuzuwenden und die Ungehorsamen zur Gerechtigkeit zu führen und so das Volk für den Herrn bereit zu machen" (Lukas 1,13-17).

Lesen Sie diese Bibelstellen noch einmal durch. Können Sie die besonderen Merkmale erkennen, die über jede dieser Personen ausgesprochen wurde, ein „Originaldesign", von dem ihr Leben bereits vor ihrer Geburt gekennzeichnet war? Wäre es möglich, dass Gott dann auch für Ihr Leben einen ganz bestimmten Plan hat?

Gottes ursprüngliches Design für Sie

Wichtig ist, dass Sie verstehen und in der Zuversicht leben, dass Gott nicht nur ein individuelles Design, eine Bestimmung und einen Plan für die biblischen Personen, wie Jeremia und Johannes hat, sondern auch für Sie. Es gibt viele Bibelstellen, die diese Wahrheit bezeugen, besonders die Worte Davids in Psalm 139 sprechen eine besonders deutliche Sprache:

Psalm 139,13-16
Denn du hast mein Inneres geschaffen, mich gewoben im Schoß meiner Mutter. Ich danke dir, dass du mich so wunderbar gestaltet hast. Ich weiß: Staunenswert sind deine Werke. Als ich geformt wurde im Dunkeln, kunstvoll gewirkt in den Tiefen der Erde, waren meine Glieder dir nicht verborgen. Deine Augen sahen, wie ich entstand, in deinem Buch war schon alles verzeichnet; meine Tage waren schon gebildet, als noch keiner von ihnen da war.

Warum ist es so wichtig, diese Wahrheit zu beachten? Weil Sie einen Feind haben - den Teufel - der ebenfalls einen individuellen „Plan" für Sie hat. Er will Ihnen den Plan rauben, den Ihr Schöpfer für Sie bestimmt hat. Wenn Sie jedoch anfangen, Gottes vollkommenen Plan und seine Liebe für Sie zu begreifen, werden Sie freigesetzt und bevollmächtigt, seine Bestimmung für Ihr Leben zu leben. Sie werden in der Lage sein, seine Liebe zu erfahren und sich daran zu erfreuen. Sie können ein Gefäß dieser Liebe für die Menschen um Sie herum werden.

Dafür lohnt es sich zu kämpfen. Und das ist in der Tat ein Kampf, weil Satan und sein Reich des Todes und der Zerstörung versuchen, Ihnen die Freude an Gottes „ursprünglichem Design" für Sie zu rauben. Von Anfang an hat Satan sich darum bemüht, Gottes geschaffene Ordnung für die Erde und ihre Bewohner zu zerstören. Wie wir in der Welt, um uns herum und in unserem eigenen Leben erkennen können, haben wir vieles verloren. Wir werden entdecken, dass ein „Leben in Freiheit" auch bedeutet, dass wir Gottes ursprüngliche Gedanken und seine Bestimmung für unser Leben wiedererlangen.

Der Verlust von Gottes geschaffener Ordnung

Wenn wir einen realistischen Blick auf unser Leben und auf unsere Umwelt werfen, erkennen wir, dass in der Welt etwas schief gelaufen ist. Die Welt ist kein Abbild von Gottes ursprünglichem Design. Wir sehen Tod, Mord, Kriege und Katastrophen. Überall im Land gibt es Missbrauch, Verwahrlosung und Schmerz. Die Menschen führen ein Leben in Traurigkeit, Sorge, Leere, Sinnlosigkeit und Angst.

Wenn wir ehrlich sind, müssen wir zugeben, dass in unserem Leben, unserer Gesellschaft, unserer Kultur und in unserer Welt etwas kaputt gegangen ist. Die meisten von uns werden zugeben müssen, in verschiedenen Lebensbereichen an unsere Vergangenheit, an unsere Ängste und an unsere Umstände gefesselt zu sein. Was ist hier zu Bruch gegangen? Was ist mit Gottes ursprünglichem Plan passiert?

Die Bibel lehrt uns, dass diese Welt der Brennpunkt eines großen, übernatürlichen und geistlichen Kampfes ist, der unser Leben und die Welt, in der wir leben, beeinflusst. Es ist ein Krieg, der Gottes Schöpfung entstellt und zerstört hat. Ein Konflikt zwischen zwei Königreichen: das Königreich des Bösen, der unbeschreiblichen Dunkelheit, das von einem Wesen namens Satan angeführt wird, führt Krieg gegen Gottes Königreich der unendlichen Gerechtigkeit und des Lichts.

Satans ursprüngliches Design

Wir wissen zwar, dass Satan böse, finster und gemein ist, aber das war nicht Gottes ursprünglicher Gedanke für ihn. Hesekiel, der Prophet aus dem Alten Testament, empfing vom Herrn ein prophetisches Wort, in dem Satan als ein „vollendet gestaltetes Siegel" beschrieben wird, voll Weisheit und vollkommener Schönheit (Hesekiel 28,12). Er war die höchste Trophäe in Gottes Schöpfung. Kein anderes Geschöpf war größer, weiser oder schöner als er. Nur sein Schöpfer, Gott selbst, stand noch über ihm.

Sein Name, „Luzifer", bedeutete „Träger des Lichts" oder „der Leuchtende". Er war der weiseste unter allen Geschöpfen Gottes und besaß alles, was er für seine Rolle als von Gott geschaffenem ranghöchsten Engel Gottes brauchte. Mit seiner Schönheit, die Gott in ihn hineingelegt hatte, als er ihn schuf, übertraf er alle von Gott geschaffenen Wesen. Er hatte eine umwerfende und eindrucksvolle Erscheinung und seine Schönheit war unaussprechlich. In der ganzen Schöpfung gab es nichts, was mit ihm zu vergleichen gewesen wäre.
In Hesekiel 28,14 wird Luzifer als der ranghöchste Engel beschrieben, der auf dem heiligen Berg Gottes wohnte (was wahrscheinlich den höchsten Ort darstellt, an dem sich Gottes Thronsaal befindet). Manche glauben, dass Luzifer dort wie ein Stabschef oder wie ein Premierminister über Gottes gesamte Schöpfung Wache stand. In seinem Glanz, seiner Macht und seiner Autorität hob Luzifer sich deutlich von dem von Gott geschaffenen Rang der Engel ab. Laut der biblischen Beschreibung „wandelte er in der Herrlichkeit der Gegenwart Gottes inmitten der kostbaren, feurigen Steine vor dem Thron". Was für ein erstaunliches Bild, das wir uns da vorstellen müssen!

Satan hat sein ursprüngliches Design pervertiert

Doch trotz seiner gesegneten und bevorzugten Stellung wurde Luzifer von Stolz und Boshaftigkeit erfüllt. So prachtvoll und vollkommen seine Gerechtigkeit und Heiligkeit war, mit der Gott ihn geschaffen hatte, so unbeschreiblich teuflisch wurde er in seinem Wesen.

Hesekiel 28,15+17
Ohne Tadel war dein Verhalten seit dem Tag, an dem man dich schuf, bis zu dem Tag, an dem du Böses getan hast. ... Hochmütig warst du geworden, weil du so schön warst. Du hast deine Weisheit vernichtet, verblendet vom strahlenden Glanz.

Luzifer fing an, Gottes Stellung und Herrlichkeit zu begehren. Er vergaß, dass er seine Schönheit, Stellung und Weisheit nur Gottes souveräner Bestimmung verdankte und sie nichts mit seinen eigenen Werken oder mit seinem Verdienst zu tun hatten. Er folgerte, dass man ihn aufgrund seiner Schönheit, seiner besonderen Stellung und seiner Weisheit anbeten und als Gott betrachten musste. Sein Stolz brachte ihn so durcheinander und seine Bosheit führte ihn derart irre, dass er glaubte, er könne Gott besiegen und vom Thron stoßen (Jesaja 14,12-14).
Viele Bibelwissenschaftler glauben, dass Luzifer eine Vielzahl an Engelswesen überredete, mit ihm zu rebellieren. Aber Gott siegte über diesen Aufstand und stieß Luzifer als Strafe mit den Engeln, die ihm folgten, auf die Erde hinab (siehe Jesaja 14,12 und Hesekiel 28,17). Danach wurden diese gefallenen Engel „Dämonen" genannt. Luzifer bekam unter anderem den Namen Satan.
Die Reaktion Satans auf Gottes Gericht war ein grausamer Hass und böse Rachegedanken gegenüber Gott und seiner Schöpfung. Satan wurde zum Erzfeind Gottes. Und weil wir nach Gottes Ebenbild geschaffen sind, wurde er auch zum Feind aller menschlichen Seelen.

Satan führt das Verderben der Menschheit herbei

Gott hat die Menschen (Adam und Eva) ursprünglich dazu geschaffen, die Welt zu beherrschen und zu beaufsichtigen. Er erschuf sie nach seinem Ebenbild, ohne Sünde, in einer vollkommenen Welt. Er schenkte ihnen große Freiheiten, aber er gab ihnen auch ein Gebot, das sie halten sollten: Es sollte ein Test sein, ob sie sich Gott unterordneten und ihm gehorchten. Sie durften von allen Bäumen im Paradiesgarten Eden essen, außer von dem einen, der als „Baum der Erkenntnis von Gut und Böse" bezeichnet wurde (Genesis 2,16-17).

Das war keine Falle. Die größte Freiheit, die Gott den Menschen gab, war die Freiheit, zwischen Gut und Böse zu wählen, sich Gottes Willen unterzuordnen oder dem eigenen Willen zu folgen. Satan, unbeschreiblich weise und schön geschaffen, wusste, dass er Adam verführen konnte, diese Freiheit zu benutzen, um Gott abzulehnen und stattdessen ihm zu folgen. Er wusste, dass er sein eigenes Reich der Dunkelheit in der Welt aufbauen könnte, wenn er die Autorität Gottes auf der Erde - durch Adam - an sich reißen könnte. Er wäre in der Lage, Gottes Design zu zerstören, seine Schöpfung in die Irre zu führen, die Menschheit zu kontrollieren und für seine eigenen bösen Zwecke zu gebrauchen.

Satan verführte Adam und Eva mit derselben verlockenden Vorstellung, durch die er sich selbst vom Inbegriff der Herrlichkeit Gottes und seiner Schöpfungsordnung zum Inbegriff des Bösen abgekehrt hatte. Er verführte sie dazu, die Güte Gottes anzuzweifeln und sich selbst zu Gott machen zu wollen. Genesis 3,1-13 berichtet von dieser Verführung - und dem anschließenden Sündenfall:

Die Schlange war schlauer als alle Tiere des Feldes, die Gott, der Herr, gemacht hatte. Sie sagte zu der Frau: Hat Gott wirklich gesagt: Ihr dürft von keinem Baum des Gartens essen? Die Frau entgegnete der Schlange: Von den Früchten der Bäume im Garten dürfen wir essen; nur von den Früchten des Baumes, der in der Mitte des Gartens steht, hat Gott gesagt: Davon dürft ihr nicht essen und daran dürft ihr nicht rühren, sonst werdet ihr sterben.

Darauf sagte die Schlange zur Frau: Nein, ihr werdet nicht sterben. Gott weiß vielmehr: Sobald ihr davon esst, gehen euch die Augen auf; ihr werdet wie Gott und erkennt Gut und Böse. Da sah die Frau, dass es köstlich wäre, von dem Baum zu essen, dass der Baum eine Augenweide war und dazu verlockte, klug zu werden. Sie nahm von seinen Früchten und aß; sie gab auch ihrem Mann, der bei ihr war, und auch er aß.

Da gingen beiden die Augen auf und sie erkannten, dass sie nackt waren. Sie hefteten Feigenblätter zusammen und machten sich einen Schurz. Als sie Gott, den Herrn, im Garten gegen den Tagwind einherschreiten hörten, versteckten sich Adam und seine Frau vor Gott, dem Herrn, unter den Bäumen des Gartens. Gott, der Herr, rief Adam zu und sprach: Wo bist du? Er antwortete: Ich habe dich im Garten kommen hören; da geriet ich in Furcht, weil ich nackt bin, und versteckte mich. Darauf fragte er: Wer hat dir gesagt, dass du nackt bist? Hast du von dem Baum gegessen, von dem zu essen ich dir verboten habe? Adam antwortete: Die Frau, die du mir beigesellt hast, sie hat mir von dem Baum gegeben und so habe ich gegessen. Gott, der Herr, sprach zu der Frau: Was hast du da getan? Die Frau antwortete: Die Schlange hat mich verführt und so habe ich gegessen.

Irgendwie ist Satan in ein Wesen hineingeschlüpft, das einst eines der schönsten Kreaturen in Gottes Schöpfung war - in die Schlange. Er begann, Eva in ein Gespräch zu verwickeln und erweckte den Anschein, dass Gott sie nicht liebte und nicht das Beste für sie im Sinn hatte. Er bezichtigte Gott der Lüge und stellte ihn als ein neidisches Wesen dar, das dem Menschen das Beste vorenthält: „Hat Gott wirklich gesagt: Ihr dürft von keinem Baum des Gartens essen?" (Genesis 3,1).

„Ihr werdet nicht (wirklich) sterben!", fuhr die Schlange listig fort. „Gott weiß vielmehr: Sobald ihr davon esst, gehen euch die Augen auf; ihr werdet wie Gott" (Genesis 3,4). Eva schluckte den Köder und wurde betrogen, indem sie glaubte, wenn sie von dem verbotenen Baum äße, würde sie tatsächlich ein Gott werden. Sie würde ihr Leben nicht mehr länger in Abhängigkeit von Gott führen.

Die Lüge Satans war - und ist auch heute noch -, dass Unabhängigkeit von Gott das Leben und Abhängigkeit von Gott den Tod bedeuten. Um das Leben und die Erfüllung zu finden, muss man demzufolge sein eigener Gott sein. Eva glaubte dieser Lüge, ordnete sich Satan unter und ermutigte Adam, dasselbe zu tun, was dieser dann auch tat. Infolgedessen wurde die Welt, wie Adam und Eva sie gekannt hatten, dramatisch von ihrem paradiesischen Zustand in einen Ort des Gerichts verwandelt.

Wegen Adams Sündenfall ging vieles verloren. Der Apostel Paulus erklärte später: „Durch einen einzigen Menschen [Adam] kam die Sünde in die Welt und durch die Sünde der Tod und auf diese Weise gelangte der Tod zu allen Menschen, weil alle sündigten" (Römer 5,12). Weil Adam gesündigt hatte, hat wiederum jeder von uns die sündhafte Natur geerbt, was zu noch mehr Sünde führt und zu einem Leben außerhalb Gottes ursprünglicher Schöpfungsordnung. Das Buch Genesis - und eigentlich die ganze Bibel - fährt fort, uns die Konsequenzen dieser Sünde und dieses Ungehorsams gegenüber Gott zu beschreiben. Ein katastrophaler Verlust.

Der Verlust der Beziehung zwischen Gott und dem Menschen

Die Freude in der Vertrautheit mit Gott wich der Angst, Schande, Verdammung und der Trennung von Gott (Genesis 3,8+10; Jesaja 59,2). Später in der Bibel lesen wir, wie der darauf folgende menschliche Eigenwille, die Gleichgültigkeit und die Rebellion gegenüber Gott, das Gericht und Verderben über die ganze Menschheit gebracht haben. Können wir jemals davon frei werden? Ja! Der Weg zu einem „Leben in Freiheit" beginnt mit der Wiederherstellung der geschädigten Beziehung zwischen Gott und der Menschheit. Das ist allein durch die Person Jesus Christus möglich, durch sein Leben, seinen Tod und seine Auferstehung. (Mehr darüber in einem anderen Kapitel.) **Zu einem „Leben in Freiheit" gehört eine persönliche Beziehung zu Gott durch seinen Sohn, Jesus.**

Der Verlust der Autorität des Menschen über Satan

Gott gab Adam, der nach Gottes Ebenbild geschaffen war, Autorität über seine gesamte Schöpfung (Genesis 1,28). Ursprünglich war Satan nämlich tatsächlich Adams Autorität unterstellt (Psalm 8,4-6). Aber als Satan durch sein Täuschungsmanöver Adam dazu brachte, sich mit ihm gegen Gott zu stellen, übergab Adam die Schlüssel der Autorität über die Menschheit und die Welt an Satan (Johannes 12,31). Das führte dazu, dass Satans Reich entfesselt wurde, sodass er seitdem einzelne Leben, Familien und die Welt zerstören kann.

In der Bibel, und besonders in den Evangelien, ist eindeutig erwiesen, dass die dämonische Welt seit diesem Zeitpunkt die Autorität über die Menschheit erhalten hat und als Folge davon in der Welt und unter den Menschen Chaos und Verwüstung anrichtet. Glücklicherweise ist Jesus gekommen, um uns die Autorität über Satan und über sein Reich wieder zurückzugeben (Lukas 10,19; Epheser 1,20-21 + 2,6; Kolosser 2,9-10). **Zu einem „Leben in Freiheit" gehört in Autorität Macht auszuüben über das dämonische Reich Satans.**

Der Verlust der Beziehung zwischen Ehemann/Ehefrau und Kind

Als Folge von Adams Sündenfall hörten der Mann und die Frau auf, für das Wohl des anderen zu sorgen und einander nach dem Wesen Gottes zu dienen. Stattdessen wiesen sie ihre persönliche Verantwortung von sich und schoben sich gegenseitig die Schuld zu. In ihrer Beziehung traten Spannungen, Streit und Konkurrenzdenken auf, um sich gegenseitig zu beherrschen und schlecht zu machen.

Genesis 3,12
Adam antwortete: Die Frau, die du mir beigesellt hast, sie hat mir von dem Baum gegeben und so habe ich gegessen.

Genesis 3,16

Zur Frau sprach er: Viel Mühsal bereite ich dir, sooft du schwanger wirst. Unter Schmerzen gebierst du Kinder. Du hast Verlangen nach deinem Mann; er aber wird über dich herrschen.

Die Auswirkungen auf die Beziehung zwischen Eltern und Kind waren ähnlich. Nach Gottes ursprünglichem Design sollten die zwischenmenschlichen Beziehungen zwischen Geschwistern und Familienmitgliedern eigentlich zu den schönsten Dingen gehören, die ein Mensch in seinem Leben erfährt. Doch auch dies ging verloren (Genesis 4,8). **Zu einem „Leben in Freiheit" gehört die Fähigkeit, ein harmonisches Ehe- und Familienleben zu führen, so wie Gott es ursprünglich geplant hat.**

Der Verlust von Gottes Design in Bezug auf Gesundheit und Lebensfülle

Der Sündenfall des Menschen hatte auch eine Einschränkung der Gesundheit und des menschlichen Wohlbefindens zur Folge. Als Gläubige ist unser Körper ein Tempel des Heiligen Geistes (1. Korinther 6,19). Gott hat unseren Körper so gemacht, dass wir unversehrt, gesund und pulsierende Gefäße seiner Liebe, Kraft und Gegenwart sind. Satan hat Freude daran, Gottes Werk durch Krankheiten und Tod zu zerstören. Die Tatsache zum Beispiel, dass Gott die Geburt eines Kindes als absolut freudiges Ereignis, ohne Schmerzen, geplant hatte, bleibt für uns eine reine Vorstellung. Aber nach dem Sündenfall erklärte Gott, dass die Frauen bei der Geburt nun Schmerzen haben würden (Genesis 3,16). Das vierte und das fünfte Kapitel des Buches Genesis sind voll von Leid, Tod und Mord. Die Welt, in der wir heute leben, ist gekennzeichnet von den Demütigungen und dem Kummer, die durch Krankheiten hervorgerufen werden.

Zu einem „Leben in Freiheit" gehört teilweise auch die Wiederherstellung der menschlichen Gesundheit. Obwohl es zutreffend ist, dass Jesus während seines Dienstes auf Erden nicht alle Menschen in Palästina heilte und auch nicht jeder geheilt wurde, der mit den Aposteln in Berührung kam, wird deutlich, dass der Dienst Jesu, der Apostel und der frühen Gemeinde von Heilungen gekennzeichnet war. Das war - und ist - ein Teil der Kriegsführung gegen das Reich Satans auf der Erde. Es bedeutet, die von Gott zugedachte Würde des Menschen in Form von körperlicher Heilung wiederherzustellen. **Zu einem „Leben in Freiheit" gehört die Fähigkeit, durch den Dienst Jesu Menschen körperlich zu heilen.**

Der Verlust von Gottes ursprünglichem Design und seiner Bestimmung für das menschliche Leben

Genesis 3,19
Im Schweiße deines Angesichts sollst du dein Brot essen, bis du zurückkehrst zum Ackerboden; von ihm bist du ja genommen. Denn Staub bist du, zum Staub musst du zurück.

Wie unterschiedlich ist doch dieses Bild in Genesis 3,19 verglichen mit demjenigen in den Anfangskapiteln der Schöpfungsgeschichte. Es ist ein Bild der Hoffnungslosigkeit, Sinnlosigkeit, Bedeutungslosigkeit und Verzweiflung - genau das Gegenteil von Gottes ursprünglichem Design für die Menschheit. Dieses Design war voller Hoffnung, Sinn, Bedeutung und Erfüllung. Der Psalmist David und Jahrhunderte später der Apostel Paulus beschrieben es so:

Psalm 139,15-18
Als ich geformt wurde im Dunkeln, kunstvoll gewirkt in den Tiefen der Erde, waren meine Glieder dir nicht verborgen. Deine Augen sahen, wie ich entstand, in deinem Buch war schon alles verzeichnet; meine Tage waren schon gebildet, als noch keiner von ihnen da war. Wie schwierig sind für mich, o Gott, deine Gedanken, wie gewaltig ist ihre Zahl! Wollte ich sie zählen, es wären mehr als der Sand. Käme ich bis zum Ende, wäre ich noch immer bei dir.

Epheser 2,10
Seine Geschöpfe sind wir, in Christus Jesus dazu geschaffen, in unserem Leben die guten Werke zu tun, die Gott für uns im Voraus bereitet hat.

2. Timotheus 1,9
Er hat uns gerettet; mit einem heiligen Ruf hat er uns gerufen, nicht aufgrund unserer Werke, sondern aus eigenem Entschluss und aus Gnade, die uns schon vor ewigen Zeiten in Christus Jesus geschenkt wurde.

Zu einem „Leben in Freiheit" gehört, dass wir Gottes ursprüngliches Design für unser Leben leben und das Bewusstsein für Hoffnung, Sinn, Bedeutung und Erfüllung wiedererlangen.

Leben in Freiheit

Zu einem „Leben in Freiheit" gehört auch, Gottes ursprüngliche Absichten wiederherzustellen - sowohl für Einzelne, Familien, Gemeinden und Gemeinschaften als auch für Menschen in der Ausbildung, im Berufsleben und in Regierungseinrichtungen. Außerdem bedeutet es, dass wir eine gewisse Freude ausstrahlen, weil unser Leben Sinn und Bestimmung gefunden hat. Die folgenden Kapitel geben Ihnen einen Einblick, wie Sie ein „Leben in Freiheit" führen können. An dieser Stelle vorerst ein kurzer Überblick, wie so ein Leben aussieht:

Freiheit von Ablehnung

Als Adam und Eva sich entschieden, auf Satan zu hören, lehnten sie damit Gott ab. Das führte zur Trennung von Gott und von seiner Gegenwart, von seiner Gerechtigkeit, seiner Güte und Liebe. Von da an wurde Ablehnung - und das Ausleben dieser Ablehnung - zu einem wesentlichen Bestandteil der menschlichen Existenz. Unser Leben und unsere Beziehungen sind von allen möglichen Arten von Ablehnung durchdrungen. **Im Gegensatz dazu bedeutet ein „Leben in Freiheit", mit Gott versöhnt zu leben und durch Jesus Christus vollkommen angenommen zu sein!**

Kolosser 1,19-20
Denn Gott wollte mit seiner ganzen Fülle in ihm wohnen, um durch ihn alles zu versöhnen. Alles im Himmel und auf Erden wollte er zu Christus führen, der Friede gestiftet hat am Kreuz durch sein Blut. Auch ihr standet ihm einst fremd und feindlich gegenüber; denn euer Sinn trieb euch zu bösen Taten. Jetzt aber hat er euch durch den Tod seines sterblichen Leibes versöhnt, um euch heilig, untadelig und schuldlos vor sich treten zu lassen.
Freiheit von Schuldgefühlen, Verurteilung und Scham

Nachdem Adam gesündigt hatte, versteckte er sich vor Gott, weil er sich schämte (s. Genesis 3,7). Er und Eva erlebten zum ersten Mal Schuldgefühle und verurteilten sich selbst. Ohne eine persönliche Beziehung mit Jesus Christus leben auch wir mit den Gefühlen der Scham, die von der Sünde produziert werden. Das führt oft dazu, dass wir gegenüber uns selbst und anderen alle möglichen destruktiven Verhaltensweisen ausleben. **Zu einem „Leben in Freiheit" gehört das Bewusstsein, dass unsere Sünden vergeben sind, dass wir Frieden mit Gott und den Menschen haben und uns nicht zu schämen brauchen.**

Römer 8,1
Jetzt gibt es keine Verurteilung mehr für die, welche in Christus Jesus sind.

Freiheit von Furcht und Angst

Eine weitere Folge von Adams und Evas Sünde war ein neues Gefühl von Furcht und Angst (den Begleiter der Furcht), wo früher ein angenehmes Gefühl von Wohlbefinden, Schutz, Versorgung und persönlicher Fürsorge da gewesen war. Adam erklärte Gott, er habe sich gefürchtet, als er ihn kommen hörte und habe sich deshalb versteckt (s. Genesis 3,10). So etwas war nie zuvor passiert. Später sagte Adams Sohn Kain zu Gott, er fühle sich verletzlich und ungeschützt (s. Genesis 4,13-14). Auch das war nie zuvor passiert. Das war eine Folge der Sünde, und diese Angst plagt seither unaufhörlich die menschliche Psyche. Gottes ursprüngliches Design sah ein Leben ohne Furcht und Angst vor. **Zu einem „Leben in Freiheit" gehört auch, dass wir lernen, in Frieden, im Vertrauen und im Glauben zu leben.**

2. Timotheus 1,7
Denn Gott hat uns nicht einen Geist der Verzagtheit gegeben, sondern den Geist der Kraft, der Liebe und der Besonnenheit.

Philipper 4,6-7
Sorgt euch um nichts, sondern bringt in jeder Lage betend und flehend eure Bitten mit Dank vor Gott! Und der Friede Gottes, der alles Verstehen übersteigt, wird eure Herzen und eure Gedanken in der Gemeinschaft mit Christus Jesus bewahren.

Freiheit von Versklavung an Krankheit und Leiden

Krankheit, Leiden und Tod gehören nicht zu Gottes ursprünglichem Design für die Menschheit. Gott kann zwar diese Dinge für seine herrlichen Zwecke und Ziele in unserem Leben benutzen. Aber das Kommen des Reiches Gottes durch Jesu Leben, Tod und Auferstehung schließt auch mit ein, dass Menschen die Wiederherstellung ihrer Würde in Form von körperlicher Heilung erfahren dürfen. **Zu einem „Leben in Freiheit" gehört, dass wir lernen, die Autorität Jesu über Krankheit und Leiden in Anspruch zu nehmen.**

Matthäus 8,16-17
Am Abend brachte man viele Besessene zu ihm. Er trieb mit seinem Wort die Geister aus und heilte alle Kranken. Dadurch sollte sich erfüllen, was durch den Propheten Jesaja gesagt worden ist: „Er hat unsere Leiden auf sich genommen und unsere Krankheiten getragen."

Apostelgeschichte 10,38

Ihr wisst (...) wie Gott Jesus von Nazaret gesalbt hat mit dem Heiligen Geist und mit Kraft, wie dieser umherzog, Gutes tat und alle heilte, die in der Gewalt des Teufels waren; denn Gott war mit ihm.

Freiheit von Gottes Gericht und von Todesfurcht

Der Tod ist eine weitere Folge von Adams und Evas Ungehorsam. Es gibt viele Dimensionen des Todes - den geistlichen, den physischen, den emotionalen Tod oder den Tod von Beziehungen. Der ewige Tod - das ist die ewige Trennung von Gott durch das letzte Gericht über die gefallene Menschheit. Ohne eine persönliche, freimachende Beziehung zu Jesus Christus ist die Menschheit gefangen im Schatten des Todes und der Todesangst. Doch obwohl wir alle physisch sterben müssen (außer wenn Jesus vorher wiederkommt), ist in Jesus Christus alle Verurteilung und Angst vor dem Tod besiegt. **„Leben in Freiheit" besteht deshalb auch darin, dass wir Gottes Gericht nicht zu fürchten brauchen und frei von Todesfurcht leben können.**

Hebräer 2,14-15

Da nun die Kinder Menschen von Fleisch und Blut sind, hat auch er in gleicher Weise Fleisch und Blut angenommen, um durch seinen Tod den zu entmachten, der die Gewalt über den Tod hat, nämlich den Teufel, und um die zu befreien, die durch die Furcht vor dem Tod ihr Leben lang der Knechtschaft verfallen waren.

Freiheit von der Knechtschaft und Unterdrückung durch Satan

Jesus ist gekommen, um die Werke des Teufels zu zerstören und um ihm alle Macht und Autorität über die Menschheit zu nehmen. Wir haben gesehen: Als Adam und Eva Gott ungehorsam waren und stattdessen auf Satan hörten, gaben sie ihm die Autorität, über sie zu herrschen. Als aber Jesus Christus am Kreuz starb und vom Tod wieder auferstand, besiegte er damit die Sünde und die Macht der Sünde, uns zu verurteilen. Jesus hat Satans Autorität vernichtet und ihm seine Macht genommen. **Zu einem „Leben in Freiheit" gehört, dass wir - einschließlich aller Gläubigen an Jesus Christus - so leben, dass wir unsere Autorität über Satan und dessen Macht in unserem Leben erkennen und wahrnehmen.**

Kolosser 2,13+15

(...) Gott aber hat euch mit Christus zusammen lebendig gemacht und uns alle Sünden vergeben. (...) Die Fürsten und Gewalten hat er entwaffnet und öffentlich zur Schau gestellt; durch Christus hat er über sie triumphiert.

1. Johannes 3,8

Der Sohn Gottes aber ist erschienen, um die Werke des Teufels zu zerstören.

Die Hoffnung auf Wiederherstellung

Die gute Nachricht besteht darin, dass die Geschichte nicht mit dem endet, was Menschheit und Schöpfung beim Sündenfall verloren haben. Jesus Christus hat verkündet, dass er gekommen ist, „um zu suchen und zu retten, was verloren ist" (s. Lukas 19,10). Beachten Sie, dass in diesem Text gesagt wird: Jesus kam, um zu suchen und zu retten (wiederherzustellen, heil zu machen), was verloren ist - nicht nur, wer verloren ist. Jesus kam, um die Wiederherstellung aller Dinge in die Wege zu leiten: zuerst die Beziehung zwischen Mensch und Gott. Darüber hinaus wird er alles wiederherstellen, was durch Adams Sünde verloren gegangen ist.

Das Wort „verloren" in Lukas 19,10 ist eine Übersetzung des griechischen Begriffs „apollumi". Das ist dasselbe Wort, das in Johannes 10,10 mit „vernichten" übersetzt wird: „Der Dieb kommt nur, um zu stehlen, zu schlachten und zu vernichten; ich bin gekommen, damit sie das Leben haben und es in Fülle haben." Der Begriff „apollumi" wird im Neuen Testament über fünfundzwanzig Mal mit dem Wort „vernichten" übersetzt und über dreißig Mal mit dem Wort „verlieren" oder „verloren". Dieses Wort vermittelt die Absicht zu vernichten, zu zerstören, etwas unbrauchbar zu machen oder dem Tod auszuliefern.[1]

Alles, was Satan durch Sünde zu zerstören, zu verderben und zu versklaven versuchte, will Jesus Christus durch sein Leben und durch seinen Dienst wiederherstellen, heil machen und befreien. Dieses Werk der Wiederherstellung wird erst im Himmel vollendet sein, aber mit unserer Errettung durch Jesus Christus fängt unser Leben in Freiheit schon hier auf der Erde an (s. Kolosser 2,13-15).

Wenn Sie an Jesus Christus glauben und ihm nachfolgen, besitzen Sie die außergewöhnliche Fähigkeit, ein siegreiches Leben zu führen, in dem Sie Herr sind über die Sünde. Sie haben eine Autorität und Macht, die weitaus größer ist als die Macht des Feindes. Sie müssen sich nicht mehr länger seinem Reich der Gebundenheiten, der Unterdrückung und der Sünde unterwerfen. Wie funktioniert das? Im nächsten Kapitel werden Sie herausfinden, wie Sie ein solches Leben führen können. Außerdem werden Sie lernen, wie Sie Zugang zu den Hilfsmitteln erhalten, die Gott Ihnen zur Verfügung stellt und wie Sie sie anwenden können, um ein „Leben in Freiheit" zu führen.

KAPITEL 2

Die Freiheit Gottes entdecken

Wie beginnen wir die Freiheit wiederzufinden, die Gott sich für uns wünscht? Ist es notwendig, dass man dazu ein besonderes Wort oder Gebet spricht oder eine bestimmte Bußübung verrichtet? Leider haben viele religiöse Systeme genau das versucht und wollten sich so die Freiheit verdienen. Aber die Realität ist: „Leben in Freiheit" beginnt mit einer Person - mit Jesus Christus.

Überall im Neuen Testament ist zu sehen, dass wir nur durch Jesus Christus zu unserem himmlischen Vater kommen können. Nur durch Jesus können wir in unserem Leben wahre Freiheit in der Kraft und Liebe Gottes erfahren - eine Freiheit, die Gott uns durch das kostbare Blut seines Sohnes erkauft hat: „Durch sein Blut haben wir die Erlösung, die Vergebung der Sünden nach dem Reichtum seiner Gnade" (Epheser 1,7). Genau das ist der Grund, warum Jesus als menschliches Wesen in diese Welt gekommen ist.

Jesus kam, um Sie frei zu machen

Als Jesus seinen Dienst auf der Erde begann, war er sich seines Auftrags sehr bewusst. Er kam nicht mit einer feurigen Botschaft von Gottes drohendem Gericht über die Menschen. Er ließ auch keine Absicht verlauten, dass er nun den Irrtum des religiösen Systems beweisen wolle. Er hatte nicht vor, mit der Bitte um soziale Veränderungen in den Palast des Herodes einzumarschieren. Er kündigte auch nicht die Absicht an, die Stadt aufzuräumen und die Sünder wieder zur Räson zu bringen. Jesus kam, um den Menschen gute Nachrichten, Freiheit und Heilung zu bringen und um ihnen zu dienen. Er verkündete: „Der Geist des Herrn ruht auf mir; denn der Herr hat mich gesalbt. Er hat mich gesandt, damit ich den Armen eine gute Nachricht bringe; damit ich den Gefangenen die Entlassung verkünde und den Blinden das Augenlicht; damit ich die Zerschlagenen in Freiheit setze und ein Gnadenjahr des Herrn ausrufe" (Lukas 4,18-19).

Immer wieder beteuerte Jesus, dass Gott, der Vater, ihn mit einem Auftrag gesandt hatte - den Menschen die Freiheit zu erkaufen. In seiner unendlichen Weisheit und Liebe hat Gott Vorkehrungen getroffen, dass die Menschen das zurückbekommen, was sie durch die Sünde und durch Satan verloren haben. Er sandte Jesus auf die Erde, damit er für unsere Sünden starb und uns - durch die Kraft seiner Auferstehung - wieder zurück in die Gemeinschaft mit ihm bringt.

Wenn wir die Bezahlung unserer Sünden - durch den Glauben - annehmen, nennt die Bibel das „Erlösung" oder „errettet" sein. Durch die Erlösung sind wir errettet von den Folgen der Sünde und von dem teuflischen Werk, das Satans Reich an der Menschheit vollbringt. Letztendlich rettet uns die Erlösung davor, von Gott getrennt zu sein und als Folge des Gerichts für immer in Dunkelheit und unter Qualen leben zu müssen. Außerdem sind wir von der gegenwärtigen Macht der Sünde in unserem Leben gerettet: „Wir wissen doch: Unser alter Mensch wurde mitgekreuzigt, damit der von der Sünde beherrschte Leib vernichtet werde und *wir nicht Sklaven der Sünde bleiben*. Denn wer gestorben ist, der ist frei geworden von der Sünde" (Römer 6,6-7; Hervorhebung durch den Autor).

Die Erlösung ist ein „Sozo"-Werk

Im Neuen Testament wird der Auftrag Jesu auf der Erde verschieden beschrieben. Aber die Beschreibung in Lukas 19,10 ist wahrscheinlich die prägnanteste: Jesus ist gekommen, um zu suchen und zu retten, was verloren ist. So einfach ist das. Jesus ist gekommen, um zu retten. Was bedeutet das, dass Jesus als Retter gekommen ist? Es ist ganz entscheidend, dass wir diese Wahrheit verstehen, wenn wir wirklich in Freiheit leben wollen!

Wir bekommen ein vollständigeres Bild der Erlösung, wenn wir uns die verschiedenen Bedeutungen des griechischen Wortes „sozo" ansehen, das in Lukas 19,10 mit „retten" übersetzt wird. Das Wort „sozo" wird verwendet, wenn ausgedrückt werden soll, dass eine Person geschützt oder gerettet wird von natürlichen Gefahren und Leiden. Dazu gehört auch, jemand vom Tod zu erretten oder aus einer tödlichen Gefahr zu befreien. Es bedeutet, jemand vor einer Krankheit zu bewahren oder ihn gesund zu machen oder eine Person von dämonischen Mächten zu befreien. Es bedeutet, jemand zum Erfolg zu verhelfen. Das Wort wird auch im geistlichen Sinne verwendet und bedeutet dann, jemandem durch die Beziehung zu Gott ewiges Leben zu schenken und ihn dadurch vom ewigen Tod zu retten.[2]

Eine Form des Wortes „sozo" wird im Neuen Testament über hundert Mal verwendet. Sie wird übersetzt mit „geheilt", „gesund werden", „gesund machen", „sich erholen", „wiederherstellen", „retten" und „gerettet". Ein paar Beispiele veranschaulichen das breite Spektrum der Erlösung oder Wiederherstellung das das Wort „sozo" beinhaltet. Zunächst einmal wird das Wort im Zusammenhang mit der geistlichen Erlösung verwendet, nämlich die Erlösung von der Strafe für die Sünde und vom Gericht, und es soll die Wiederherstellung unserer Gottesbeziehung ausdrücken:

Römer 10,9-10
... denn wenn du mit deinem Mund bekennst: „Jesus ist der Herr" und in deinem Herzen glaubst: „Gott hat ihn von den Toten auferweckt", so wirst du gerettet werden. Wer mit dem Herzen glaubt und mit dem Mund bekennt, wird Gerechtigkeit und Heil erlangen.

Mit dem Wort „sozo" ist auch die Heilung oder Wiederherstellung unseres inneren Menschen gemeint. Wenn wir vom inneren Menschen sprechen, meinen wir gewöhnlich unsere „Seele". Die Seele besteht aus unserem Verstand, unseren Gefühlen und unserem Willen. Wenn die Feinde unserer Seele - die dämonischen Wesen - die Menschen angreifen, haben sie oft ihre Seele im Visier. Als Folge davon bestimmt der Feind unser Leben durch Ängste und Qualen, Kummer und Sorgen, Minderwertigkeitsgefühle, Überheblichkeit, Streben nach mehr und anderes. Diese Wahrheit wird in einer von vielen Stellen in den Evangelien angesprochen:

Lukas 8,35-36
Darauf eilten die Leute herbei, um zu sehen, was geschehen war. Sie kamen zu Jesus und sahen, dass der Mann, den die Dämonen verlassen hatten, wieder bei Verstand war und ordentlich gekleidet Jesus zu Füßen saß. Da fürchteten sie sich. Die, die alles gesehen hatten, berichteten ihnen, wie der Besessene geheilt (sozo) wurde.

Eine weitere Dimension, in der dieses Wort verwendet wird, steht im Zusammenhang mit der körperlichen Heilung. Zur Errettung und Wiederherstellung, die zu Jesu Auftrag gehörte, gehörte auch die körperliche Heilung. Im Evangelium des Markus wird beschrieben, wie Jesus einen blinden Mann heilte, sodass er wieder sehend und gesund wurde:

Markus 10,52
Da sagte Jesus zu ihm: Geh! Dein Glaube hat dir geholfen (sozo). Im gleichen Augenblick konnte er wieder sehen, und er folgte Jesus auf seinem Weg.

Wir könnten noch viele solcher Beispiele für die verschiedenen Dimensionen des „sozo"-Werkes Jesu anführen. Fazit ist jedoch: Jesus kam, um zu retten, was verloren ist - wozu allerdings noch viel mehr gehört als einfach nur die Leute in den Himmel zu bekommen. Das ist natürlich die Grundlage seines Kommens, aber es ist nicht alles - an diesem Punkt fängt das Werk Jesu erst an. So gut die Errettung auch ist, sie ist nur der Anfang der guten Nachrichten. Das Erlösungswerk Jesu begann mit der Wiederherstellung der Beziehung zwischen Gott und dem Menschen durch eine Errettung des Geistes. Sein Werk der Erlösung geht weiter mit der körperlichen Wiederherstellung im Sinne von Krankenheilung, sowie mit der Befreiung der Menschen von dämonischen Einflüssen, die den Verstand, die Gefühle und den Willen beeinflussen können. Sogar unsere geistliche Erlösung wird Auswirkungen auf unser Denken, Fühlen, Wollen und auf unseren Körper haben. Es ist ein unvorstellbares Gnadenwerk Gottes.
Wie können wir dieses erstaunliche Geschenk Gottes also in Anspruch nehmen?

Die geistliche Transaktion der Erlösung

Dieses große Geschenk der Erlösung gehört zu Gottes Plan und Werk. Es hängt allein von ihm ab und kann nur von ihm vollbracht werden. Wir können nicht so gerecht sein wie Gott, aber wir haben im Prozess der Erlösung, die an uns geschehen soll, eine spezielle Verantwortung. Man könnte sie als „menschlich-göttliche Zusammenarbeit" bezeichnen, d. h. die Erlösung ist ein Werk, das allein Gott vollbringen kann, aber das Werk, das sie an uns vollbringen kann, wird erst dann möglich, wenn auch der Mensch seine Verantwortung wahrnimmt. Diesen Vorgang beschreibt Gott in Johannes 1,12: „Allen aber, die ihn aufnahmen, gab er Macht, Kinder Gottes zu werden, allen, die an seinen Namen glauben."
Dieser Vers sagt aus, dass wir Jesus Christus in unser Leben aufnehmen müssen, damit unsere persönliche Vater-Kind-Beziehung zu Gott wiederhergestellt werden kann. Wie wir gerade festgestellt haben, geschieht das, wenn wir „an seinen Namen glauben". Was bedeutet das? Was genau müssen wir denn glauben? Der Glaube an Jesus bedeutet im Prinzip:

1. Wir müssen anerkennen, dass Gott heilig und gerecht ist, und dass unser Leben seinem Maßstab der Gerechtigkeit nicht gerecht wird. Stattdessen haben wir alle gegen Gott gesündigt und sowohl ihn als Person als auch seine Wahrheit missachtet. Weil Gott ein gerechter Gott ist, muss er die Sünde und die Sünder richten und bestrafen. Das bringt uns (die wir Sünder sind) unter Gottes ewiges Gericht und an einen Ort, an dem wir für immer von Gott getrennt sind.

Römer 3,10-11

... wie es in der Schrift heißt: Es gibt keinen, der gerecht ist, auch nicht einen; es gibt keinen Verständigen, keinen, der Gott sucht.

Römer 3,23

Alle haben gesündigt und die Herrlichkeit Gottes verloren.

Römer 5,12

Durch einen einzigen Menschen kam die Sünde in die Welt und durch die Sünde der Tod und auf diese Weise gelangte der Tod zu allen Menschen, weil alle sündigten.

Römer 6,23

Denn der Lohn der Sünde ist der Tod, die Gabe Gottes aber ist das ewige Leben in Christus Jesus, unserem Herrn.

2. Wir müssen persönlich die Wahrheit akzeptieren, dass Gott ein Gott ist, dessen Liebe keine Grenzen hat. In seiner großen Liebe zu uns hat er seinen Sohn Jesus Christus auf die Erde geschickt, um als Mensch zu leben. Jesus lebte hier, jedoch ohne zu sündigen. Dann ist er als Gerechter unschuldig am Kreuz gestorben. Das geschah, um die Strafe für die Sünde der Menschheit auf sich zu nehmen, damit Gott jedem, der ihn annimmt – ob Mann, Frau oder Kind – zu Recht vergeben kann. Danach ist Jesus vom Tod auferstanden, um zu demonstrieren, dass er Satan, Tod und Sünde besiegt und Gottes Gerechtigkeit gegenüber der Sünde Genüge getan hat.

2. Korinther 5,21

Er hat den, der keine Sünde kannte, für uns zur Sünde gemacht, damit wir in ihm Gerechtigkeit Gottes würden.

Epheser 1,7

... durch sein Blut haben wir die Erlösung, die Vergebung der Sünden nach dem Reichtum seiner Gnade.

Galater 2,16

Weil wir aber erkannt haben, dass der Mensch nicht durch Werke des Gesetzes gerecht wird, sondern durch den Glauben an Jesus Christus, sind auch wir dazu gekommen, an Christus Jesus zu glauben.

3. **Wir müssen glauben und aufgrund unseres Glaubens willentlich gewisse Entscheidungen treffen sowie unseren Glauben mit unserem Mund bekennen.** Wenn wir die hier angesprochenen Wahrheiten glauben, müssen wir auch betend danach handeln. Wenn wir das tun, werden wir gerettet und unsere Sünden werden vergeben. Wir dürfen mit Gott die Ewigkeit im Himmel verbringen und seine Freiheit, Liebe und Kraft in unserem Leben erfahren.

Römer 10,9-10

Denn wenn du mit deinem Mund bekennst: „Jesus ist der Herr" und in deinem Herzen glaubst: „Gott hat ihn von den Toten auferweckt", so wirst du gerettet werden. Wer mit dem Herzen glaubt und mit dem Mund bekennt, wird Gerechtigkeit und Heil erlangen. Denn die Schrift sagt: Wer an ihn glaubt, wird nicht zugrunde gehen.

Römer 10,13

Denn jeder, der den Namen des Herrn anruft, wird gerettet werden.

Haben Sie in Ihrem Leben die Fesseln des geistlichen Todes gesprengt und durch den Glauben das Erlösungswerk Jesu Christi in Anspruch genommen? Wenn nicht, warum tun Sie es nicht jetzt? Sie können jetzt in diesem Augenblick beten und frei werden! Mit folgenden Schritten können Sie das „Leben in Freiheit" beginnen:

- Geben Sie zu, dass Sie als Mensch unter der Herrschaft der Sünde stehen und Gottes gerechte Maßstäbe nicht erfüllen können. Sie sind getrennt von Gott und können sich selbst nicht retten.
- Bekennen Sie Ihre Sünde vor Gott und bitten Sie ihn um Vergebung.
- Glauben Sie, dass die Strafe für Ihre Sünde durch den Tod Jesu am Kreuz und durch seine Auferstehung von den Toten bezahlt ist und dass Ihnen dadurch das ewige Leben und die Freiheit sicher sind.
- Nehmen Sie Gottes Vergebung und Freiheit im Glauben an und fangen Sie an, darin zu leben. Entscheiden Sie sich, Jesus von heute an die Führung in Ihrem Leben zu überlassen, sich ihm unterzuordnen und ihm zu gehorchen.

Johannes 3,16

Denn Gott hat die Welt so sehr geliebt, dass er seinen einzigen Sohn hingab, damit jeder, der an ihn glaubt, nicht zugrunde geht, sondern das ewige Leben hat.

Epheser 2,4-5

Gott aber, der voll Erbarmen ist, hat uns, die wir infolge unserer Sünden tot waren, in seiner großen Liebe, mit der er uns geliebt hat, zusammen mit Christus wieder lebendig gemacht. Aus Gnade seid ihr gerettet.

Lukas 19,10

Denn der Menschensohn ist gekommen, um zu suchen und zu retten, was verloren ist.

Johannes 10,10

Der Dieb kommt nur, um zu stehlen, zu schlachten und zu vernichten; ich bin gekommen, damit sie das Leben haben und es in Fülle haben.

1. Johannes 3,8

Wer die Sünde tut, stammt vom Teufel; denn der Teufel sündigt von Anfang an. Der Sohn Gottes aber ist erschienen, um die Werke des Teufels zu zerstören.

Wenn Sie durch den Glauben an Jesus Christus Ihre Beziehung zu Gott wiederherstellen und ein Kind Gottes werden möchten, dann sprechen Sie das folgende Gebet mit aufrichtiger Überzeugung:

„*Lieber himmlischer Vater, ich glaube, dass du absolut heilig und gerecht bist, und ich möchte in deinen Augen gerecht sein. Ich weiß und bekenne, dass ich ein Sünder bin und dass ich sündige. Mein Leben kann deinen Maßstäben nicht gerecht werden. Ich glaube, dass du ein Gott der Liebe bist und dass du deinen Sohn, Jesus Christus gesandt hast, damit er durch seinen Tod meine Strafe auf sich nimmt. Ich glaube, dass Jesus Christus wahrhaftig Gott ist und er gleichzeitig auf Erden wahrhaftig als Mensch gelebt hat. Ich glaube an die historische Tatsache seiner Existenz hier auf der Erde und dass er ohne Sünde und absolut heilig war. Ich glaube, dass Jesus am Kreuz gestorben ist, um die Strafe für meine Sünde auf sich zu nehmen. Ich glaube, dass er von den Toten auferstanden ist und dadurch gezeigt hat, dass er die Sünde besiegt und dein Urteil über meine Sünde aufgehoben hat. Im Glauben und durch deine Gnade bitte ich dich, mir meine Sünde zu vergeben und mich anzunehmen als dein Kind - ein Kind Gottes, dem durch die Gerechtigkeit Jesu Christi vollkommen vergeben ist und das wieder in Beziehung mit dir leben darf. Ich empfange deine Vergebung und erkläre, dass ich mit meinem Leben nicht mehr der Sünde, sondern dir, dem Schöpfer und Retter meines Lebens, dienen und gehorchen will. Amen.*"

Ein Zeugnis der Erlösung

Meine Frau Cindy und ich haben das Vorrecht, vielen Menschen den Weg zu Gottes Erlösung zu zeigen und sie zu einer neuen Beziehung mit Gott hinzuführen. An einen dieser unvergesslichen Momente erinnere ich mich besonders. Wir waren unterwegs in Europa, um Gott zu dienen. Eines Abends lernten wir durch einige Freunde ein Ehepaar kennen. Wir erzählten ihnen von der Liebe Gottes und erklärten ihnen die Wahrheit des Evangeliums (wie Sie sie gerade in diesem Kapitel gelesen haben). Während wir mit ihnen und für sie beteten, zeigte Gott uns einige persönliche Dinge in ihrem Leben, über die eigentlich nur sie selbst und Gott Bescheid wussten. Wir erklärten ihnen, was Gott uns gezeigt hatte und versicherten ihnen, dass Gott sich um die Lasten ihres Lebens kümmert.

Sie waren davon tief berührt und reagierten ziemlich emotional. Der Ehemann fiel wortwörtlich auf die Knie und fragte: „Was soll ich jetzt tun?" Unter Tränen betete das Ehepaar gemeinsam, und beide nahmen Jesus Christus als ihren Herrn und Erlöser in ihr Leben auf. Cindy und ich beteten, dass sie mit dem Heiligen Geist erfüllt würden. Augenblicklich fing Gott an, sie auf bestimmte Dinge in ihrem Leben anzusprechen, die sie schmerzhaft trafen. Am Ende hatten zwei Menschen ein neues Leben gefunden und waren froh und glücklich. Hier ein Auszug aus einer langen E-Mail, die sie mir eine Woche nachdem sie Jesus Christus als ihren Herrn und Retter angenommen hatten, schrieben:

„Am Mittwoch, den 13. Februar habe ich endlich etwas getan, was ich mir schon seit Jahren erhofft und worauf ich jahrelang gewartet habe: Ich habe Ja zum Herrn gesagt, Ja zu seiner Liebe, Ja zu seinem Plan für mein Leben, Ja zu dem Ruf Jesu, ihm wirklich nachzufolgen.

In diesem Augenblick waren meine schlimmsten Sünden und mein Widerstand besiegt. Heute scheint es mir, als ob mich diese Sünden, die ich bereits mehrere Male bekannt hatte, an den Teufel gefesselt hatten und diese Ketten von keinem anderen zerrissen werden konnten als von Jesus Christus. Ich hatte das Gefühl, dass die Kettenglieder durch die ungeheure Kraft unserer Gebete zerbrochen wurden. Die Kraft des Gebets war so stark, dass mein Körper anfing zu zittern.

Als wir zusammen beteten und du, Mike, für mich gebetet hast, spürte ich, wie deine Worte mein Herz öffneten und meine Beine in Bewegung versetzten. Ich hatte das Gefühl, aus einem Gefängnis befreit zu werden. Deine Gebete haben es mir ermöglicht, Jesus nachzufolgen.

Am darauffolgenden Wochenende begann ich einen schriftlichen Bericht über meine Bekehrung zu verfassen. Zum ersten Mal in meinem Leben war ich in der Lage, sechs volle Seiten ohne Pause und ohne zu zögern aufzuschreiben! Ich war so überzeugt, dass die Worte und Gebete nur so aus mir herausströmten, und ich verspürte einen tiefen Frieden.

Während ich schrieb, kam ich auf den Gedanken, dass ich ein neues Verlangen in mir verspüre, dass mein ganzes Leben - all meine Arbeit, mein Verstand, meine Arme, Hände und mein Körper

- in gewisser Weise ein Gebet sein soll. Ich möchte vom Wort Gottes so verändert werden, dass mein Leben eine Frucht der Liebe Gottes sein kann. Mir wurde bewusst, dass ich seine Liebe nun mit anderen teilen muss und dass sie durch uns anderen offenbart werden sollte."

Auch wenn nicht jeder bei seiner Bekehrung unbedingt dasselbe erleben muss wie dieses Ehepaar, werden die Konsequenzen ähnlich sein. Gottes Erlösung wird Ihr Leben verändern. Sie werden eine neue Freiheit, Freude, Frieden und Kraft in sich spüren.

Bekehrung: Der Beginn einer lebenslänglichen Wiederherstellung

Gottes Geschenk der Erlösung an uns ist umfassend und vollkommen. Tatsächlich hat Gott geplant, dass unser Leben durch seine Erlösung in keinem einzigen Bereich unberührt bleiben soll. Wie vollbringt er diese Erneuerung oder Wiederherstellung? Indem er Sie mit seinem Geist erfüllt: „... hat er uns gerettet - nicht weil wir Werke vollbracht hätten, die uns gerecht machen können, sondern aufgrund seines Erbarmens - durch das Bad der Wiedergeburt und der Erneuerung im Heiligen Geist" (Titus 3,5). Wer mit dem Heiligen Geist erfüllt ist, bei dem kann die Erneuerung von dem stattfinden, was an die Sünde und an Satan verloren gegangen ist. Die Art, wie Jesus sein Leben hier auf der Erde führte, verdankte er der Kraft des Heiligen Geistes, mit dem er erfüllt war (siehe Lukas 4,1 und 14). Genau mit dieser Kraft können wir die folgende Verheißung leben: „Ich bin mit Christus gekreuzigt worden; nicht mehr ich lebe, sondern Christus lebt in mir" (Galater 2,19b+20). „Wenn also jemand in Christus ist, dann ist er eine neue Schöpfung: Das Alte ist vergangen, Neues ist geworden" (2. Korinther 5,17). Das bedeutet nicht, dass wir plötzlich perfekt sind, nachdem wir Christ geworden sind. Das sehen wir sicherlich in unserem praktischen Leben. Glücklicherweise hat Gott, selbst nach unserer Erlösung, schon Vorkehrungen für unsere fortwährende Erneuerung getroffen - er hat sozusagen von Anfang an einen bestimmten Plan gehabt. Diese Vorkehrung ist das Geschenk der Umkehr.

Die Umkehr ist ein großartiger Ausdruck der Gnade Gottes mit den Menschen. Sie ist die Schwelle, die wir übertreten können, um die Kraft und Freude eines verwandelten Lebens zu erfahren. Sie ist der Schlüssel, der die Tür zu Gottes kostbarer Bestimmung für unser Leben öffnet. Durch sie wird unser Leben erneuert und wiederhergestellt. Im nächsten Kapitel sehen wir, dass wir die Erlösung, das Leben und die Freiheit dann erreichen, wenn wir dem Weg der Umkehr folgen und darauf bleiben.

KAPITEL 3
Das Geschenk der Umkehr

In der Bibel ist von der Umkehr als einem Geschenk die Rede, das wir von Gott bekommen. Doch das Wort Umkehr provoziert bei gewissen Menschen manchmal negative oder sogar schroffe Reaktionen. Leider wird die Umkehr oft vernachlässigt, ignoriert, gefürchtet und missverstanden - und doch versichert die Bibel uns, dass sie ein Geschenk ist. Sie ist ein Ausdruck der Freundlichkeit Gottes (Apostelgeschichte 2,8; Römer 2,4).

Wir finden zahlreiche Verheißungen in der Bibel, die ausdrücken, wie sehr Gott sich danach sehnt, sein Volk zu erneuern und aufzuerbauen. Er verspricht uns Heilung, Liebe, Vergebung, seine Gegenwart, sein Leben, seine Freiheit, seine Kraft. Für all diese Verheißungen gibt es jedoch eine Grundvoraussetzung - nämlich die Umkehr (oder Buße, wie das manchmal etwas altmodisch genannt wird, Anm. d. Ü.): „Also kehrt um und tut Buße, damit eure Sünden getilgt werden und der Herr Zeiten des Aufatmens kommen lässt und Jesus sendet als den für euch bestimmten Messias" (Apostelgeschichte 3,19-20).

Die Definition von Umkehr

Was ist Umkehr? Viele meinen, das Wort „umkehren" bedeutet „religiös sein" oder „sich zusammenreißen". Mit anderen Worten würde das heißen, dass Sie „anfangen müssen, ein strenggläubiges und diszipliniertes Leben zu führen". Die biblische Bedeutung von Umkehr ist jedoch viel weitreichender und befreiender. Im Neuen Testament gibt es mehrere griechische Ausdrücke, die uns die Bedeutung von „Umkehr" vermitteln.

Eine Bezeichnung für „Umkehr" ist der Ausdruck „metanoeo", von dem das Substantiv „metanoia" abgeleitet ist. Es bedeutet wörtlich „Veränderung des Denkens oder der Gesinnung", also eine Umkehrung der persönlichen Denkweise. Das zweite Wort wird im Neuen Testament seltener verwendet: das Wort „metamelomi". Mit diesem Ausdruck werden eher Emotionen verbunden. Er bedeutet wörtlich „Reue empfinden" oder etwas „bedauern". Dieses Wort finden wir zum Beispiel im biblischen Bericht über Judas, als er Jesus verraten hatte und ihn anschließend die Reue überkam (Matthäus 27,3), oder als Paulus davon sprach, wie es ihm leid tat, dass sein Brief die Leute in Korinth traurig gemacht hatte (2. Korinther 7,8).

Ein drittes Wort für Umkehr ist ein Synonym dafür: das Wort „epistrepho". Es bedeutet „kehrtmachen, sich umdrehen, zurückkehren oder sich zuwenden, richtigzustellen, seinem Leben eine neue Richtung geben oder einen neuen Weg einschlagen". Hier ist von einer Veränderung des Willens die Rede. Dieses Wort wird in dem Bericht über Jesus erwähnt, wo er zu Petrus sagt, dass Satan verlangt hat, ihn (Petrus) „zu sieben wie Weizen", aber dass Petrus umkehren und sich bekehren und seine Brüder im Glauben stärken würde (Lukas 22,31-32).

Echte Umkehr hat radikale Auswirkungen, denn sie dreht uns um und lenkt uns in die andere Richtung - sozusagen eine „180-Grad-Wende". Wahre biblische Umkehr schließt unser ganzes Wesen ein - unser Denken, Wollen und unsere Gefühle. Das führt zu neuen Gedanken und Ansichten, zu neuen Worten und Taten und schließlich auch zu neuen Gefühlen. Der Theologe Wayne Grudem liefert uns eine zutreffende Beschreibung: „Umkehr ist das aufrichtige Bedauern von Sünde, das Loslassen derselben und die ehrliche Zusage, sie völlig aufzugeben und Christus im Gehorsam nachzufolgen."[3]

Ein biblisches Beispiel für Umkehr

Die Bibel gibt viele praktische Beispiele und Ermahnungen, wie wir ein Leben der Umkehr führen sollen. Eines der dramatischsten ist das von Zachäus, einem Juden, der zur Zeit Jesu gelebt hat. Zachäus war ein Zolleinnehmer. Zu jener Zeit wurde Israel vom Römischen Reich regiert. Deshalb war dies ein schändlicher und ausbeuterischer Beruf. Die jüdischen Zolleinnehmer wurden von ihren Landsleuten grundsätzlich als Verräter angesehen, weil sie für die verhasste römische Regierung arbeiteten. Schlimmer noch war, dass sie ihre Stellung und Autorität unter dem römischen Gesetz ausnutzten, um die Menschen auszubeuten und mehr Geld von ihnen zu fordern, als sie eigentlich bezahlen mussten. Diese zusätzlichen Einnahmen steckten sie in die eigene Tasche.

Nachdem Zachäus Jesus begegnet war und seine Botschaft empfangen hatte, verkündete er, dass er die Menschen für seine Ausbeuterei entschädigen und ihnen das Vierfache von dem, was er ihnen gestohlen hatte, wieder zurückzahlen würde. Darüber hinaus versprach er, dass er die Hälfte seines Besitzes den Armen geben würde. Dieser Mann demonstrierte mit seinem Leben eine vollständige Wende. Wir können uns nur vorstellen, wie groß die Freiheit, Freude und Kraft war, mit der er sein Leben lebte, nachdem er Gottes erstaunliches Geschenk der Umkehr für sich in Anspruch genommen hatte.

Diese Geschichte lehrt uns einiges über Umkehr. Als Erstes möchte ich die Tatsache erwähnen, dass Umkehr ein Geschenk ist, das Gott in seiner Barmherzigkeit als Hilfe für uns bereitgestellt hat, damit wir nicht aufhören, seine Nähe zu suchen, Erneuerung zu erfahren und in der Freiheit, Kraft und Nachfolge mit ihm zu leben. Keine andere Kreatur im Himmel oder auf der Erde hat die Fähigkeit zur Umkehr. Umkehr war das barmherzige Geschenk Gottes an Zachäus. Sie war der Ausweg aus seinem Elend und seiner Isolation, in die ihn seine falschen Lebensentscheidungen geführt hatten.

Zweitens ist es wichtig zu erkennen, dass jeder in seinem Leben selbst die Verantwortung trägt, umzukehren von seinen falschen Wegen. Umkehr ist die Verantwortung des Menschen gegenüber Gott und nicht Gottes Verantwortung gegenüber dem Menschen. Jesus hat Zachäus keine genauen Anweisungen gegeben, was er jetzt tun soll. Er war mit großem Eifer dabei, von seinen falschen Wegen umzukehren und sein Leben zu verändern.

Drittens bedeutet Umkehr eine völlige Richtungsänderung - eine 180-Grad-Wende. Es reicht nicht aus, die Sünde einfach nur zu bedauern. Wir müssen unsere Werte, unsere Überzeugungen und unseren Lebensstil ändern und dabei spezifische und vorsätzliche Veränderungen vornehmen, um der Sünde den Rücken zu kehren. Wahre Umkehr hat Auswirkungen auf die ganze Person. Ein reumütiger Mensch wendet sich von allem ab, was Gott missfällt. Er geht konkrete Schritte im Gehorsam und richtet sein Leben auf die Dinge aus, die Gott gefallen. Die Kraft der Umkehr wird dann richtig freigesetzt, wenn auf unsere Umkehr auch Taten folgen (und nicht, wenn wir einfach nur unser Bedauern über unsere Sünden ausdrücken und beteuern, dass wir uns ändern wollen). Das war auch Zachäus´ Reaktion, nachdem er von Gottes Geschenk der Umkehr berührt worden war (siehe Lukas 19,1-9).

Als Viertes stellen wir fest, dass Umkehr ein fortwährender Prozess ist. Sie ist nicht eine einzelne Handlung oder ein Gedanke; sie wird nicht nur einmal vollzogen und ist dann für immer erledigt. Wahre biblische Umkehr schließt mit ein, dass wir unser falsches Verhalten mit dem richtigen ersetzen. Wir müssen jeden Tag, für den Rest unseres Lebens daran arbeiten.

In Epheser 4,25-29 wird uns erklärt, wie wir das Gebot Gottes befolgen können, ein Leben der Umkehr zu führen. Der Apostel Paulus nennt hier mehrere Beispiele aus verschiedenen Lebensbereichen - einschließlich unser Reden, unsere Ansichten über Besitztümer und Eigentum und die Gefühle und Eigenschaften unseres inneren Menschen -, um uns diesen Lebensstil zu demonstrieren.

Verse im Epheserbrief	Falsches Verhalten, von dem wir umkehren sollen	Richtiges Verhalten, das wir anstreben sollen
25	lügen	nur die Wahrheit sagen
28	stehlen	arbeiten und sich mit seinen Händen etwas verdienen, damit man den Notleidenden davon geben kann
29	böse Worte	gute Worte, die den, der es braucht, stärken und dem, der des hört, Nutzen bringen
31-32	Bitterkeit, Wut, Zorn, Geschrei und Lästerung und alles Böse	gütig und barmherzig sein und einander vergeben, weil auch Gott uns durch Christus vergeben hat

Ein Leben der Umkehr führen

Wir dürfen nicht vergessen, dass unsere Beziehung zu Gott auf Gnade gegründet ist und nicht auf unseren Verdienst oder unsere Leistung (Epheser 2,8-9). Gott ist unendlich freigebig und barmherzig, voller Gnade und Mitgefühl (siehe Psalm 103,8-14). Die Grundlage unserer Beziehung zu Gott ist, dass er uns vergeben und angenommen hat und uns in Christus einen Ort der Geborgenheit schenkt. Unser eigenes Verhalten und unsere Taten können nicht dazu beitragen, dass Gott uns mehr oder weniger liebt. Ein Leben der Umkehr führen bedeutet daher nicht, in krankhafter Selbstbeobachtung oder Angst vor Strafe zu leben. Es bedeutet, ein Leben zu führen, das dem Heiligen Geist gestattet, uns von Sünde zu überführen, bereit zu sein, die Sünde zu erkennen und zu bekennen. Dann legen wir die Route in unserem Leben neu fest und schlagen die entgegengesetzte Richtung ein, egal ob die Sünde unsere Gedanken, falsche Glaubensüberzeugungen, Einstellungen oder Taten betrifft.

Wie groß könnte die Freiheit und Vergebung sein, die wir in unserem Leben und unseren Familien erfahren, wenn die Umkehr ein regelmäßiger Teil unseres Lebens wäre! Die Möglichkeit dazu besteht durchaus. Wir können die Umkehr zu einem Teil unseres Lebens werden lassen, nicht nur hinsichtlich unserer Beziehung zu Gott, sondern auch im Hinblick auf unsere menschlichen Beziehungen.

Freunde von uns, die einmal mit ihren fünf Kindern mit dem Auto nach Disneyland unterwegs waren, erlebten in dieser Zeit auf dramatische Weise, wie die Kraft der Umkehr Heilung und Einheit bewirken kann. Nachdem sie schon mehrere Tage gefahren waren, wurde der Vater so krank, dass er das Bett nicht mehr verlassen konnte. Am nächsten Morgen ging es ihm immer noch nicht besser. Seiner Frau graute vor dem Gedanken, fünf lebhafte Kinder allein durch einen überfüllten Freizeitpark zu zerren. Sie versammelten sich alle um das Bett, legten ihrem Vater die Hände auf, und jeder von ihnen betete, dass Gott ihn doch heilen möge. Dann gingen sie alle deprimiert nach unten, um den Shuttlebus nach Disneyland zu erreichen.

Bevor sie jedoch in den Bus einstiegen, hielt der sechzehnjährige Sohn inne und ging noch einmal zurück. Während sie für ihren Vater gebetet hatten, hatte er gespürt, wie der Heilige Geist zu ihm redete und ihm einige Haltungen und Herzensangelegenheiten bei seinem Vater aufzeigte, die in den vergangenen Tagen ihrer Reise zum Vorschein gekommen waren. Unter Tränen (weil es ihm natürlich peinlich war, seinem Vater diese Botschaft zu bringen) trat der Teenager erneut an das Bett seines Vaters und erklärte ihm, welchen Eindruck er gehabt hatte – und dass der Feind durch diese Dinge möglicherweise in seinem Leben Fuß gefasst hatte, was zu seiner Krankheit mit beitrug.

Sein Vater besaß die Demut, anzuerkennen und zuzugeben, dass sein Sohn Recht hatte. Er bekannte die Sünde, kehrte um und empfing Gottes Vergebung. Er bat den Heiligen Geist, ihn zu füllen und ihm zu helfen, eine andere Gesinnung zu bekommen. Dann stand er auf, duschte sich, zog sich an und ging hinunter zum Shuttlebus und gesellte sich zum Rest der

Familie. Auch sie bat er um Vergebung. Als sie in Disneyland ankamen, ging es ihm gut. Sie blieben so lange, bis der Park geschlossen wurde, beobachteten das Feuerwerk und hatten eine herrliche Zeit zusammen.

Das Schöne an dieser Geschichte ist die Demut, Heilung und Einheit die entstanden, weil ein Mann seine Sünde erkannte und bekannte – und sie anschließend auf sehr praktische Weise hinter sich ließ. So kann Umkehr aussehen, egal wie groß (oder scheinbar unbedeutend) die Übertretung gewesen ist.

Wenn der Heilige Geist uns überführt, müssen wir schnell und demütig darauf reagieren. Wir müssen aufrichtig anerkennen, dass wir seine Gebote missachtet haben und entschlossen sein, von unseren falschen Wegen umzukehren. So einfach ist das. Wenn wir das tun, wird Gott uns schnell – ja, sogar sofort – unsere Sünden vergeben (1. Johannes 1,9). Wir sollten uns niemals von Gott zurückziehen, sondern immer seine Nähe suchen und uns bewusst machen, dass wir an seinem Thron jederzeit Gnade, Barmherzigkeit und Liebe finden (Hebräer 4,16).

Was hindert uns an einem Leben der Umkehr?

Umkehr ist eines der Gnadengeschenke Gottes an uns. Dadurch wird nicht nur seine Freiheit und Kraft in unserem Leben freigesetzt, sondern wir bleiben in der Vertrautheit und Gemeinschaft mit ihm auch nah bei ihm. Gott sagt: „Als Heiliger wohne ich in der Höhe, aber ich bin auch bei den Zerschlagenen und Bedrückten, um den Geist der Bedrückten wieder aufleben zu lassen und das Herz der Zerschlagenen neu zu beleben" (Jesaja 57,15). Wenn wir diesen Vorteil erkennen, was hindert uns wohl daran, einem Leben der Umkehr nachzujagen? Warum hat die Umkehr einen solch schlechten Ruf?

Im Endeffekt ist es so, dass das Wesen des Menschen (seine sündhafte Natur) dazu neigt, sich gegen die Aufdeckung von Sünde in unserem Leben zu wehren, egal ob der Heilige Geist sie aufdeckt oder andere uns darauf ansprechen. In Wirklichkeit rennen wir sogar genau vor dem davon, was uns freimachen würde. Warum ist das so?

Der Hauptgrund dafür ist unser Stolz. Wenn wir stolz sind, trösten wir uns mit dem falschen Glauben, dass wir besser sind als es tatsächlich der Fall ist. Wenn man in unserem Leben Irrtümer, Fehlverhalten und Sünde entdeckt, fühlen wir uns unsicher, beschämt oder herabgewürdigt. Also schützen wir uns selbst angesichts dieser unbequemen Empfindungen mit einer beruhigenden Decke aus Stolz und Selbstgerechtigkeit – und verhindern somit, dass wir die Freude und Freiheit der Umkehr erfahren.

Demut wiederum bedeutet, dass wir uns – selbst in all unserer Schwachheit und Zerbrochenheit – so sehen, wie Gott uns sieht und nicht, wie wir gerne gesehen werden möchten. In der Bibel gibt es ein anschauliches Bild, das den beachtlichen Unterschied zwischen einem stolzen und einem reumütigen Herzen veranschaulicht. Sehen Sie sich die Geschichte an von Simon, dem

Pharisäer und einer Frau, deren Namen zwar nicht genannt wird, die aber sehr wohl Maria aus Bethanien gewesen sein könnte (Lukas 7,36-48):

Jesus ging in das Haus eines Pharisäers, der ihn zum Essen eingeladen hatte, und legte sich zu Tisch. Als nun eine Sünderin, die in der Stadt lebte, erfuhr, dass er im Haus des Pharisäers bei Tisch war, kam sie mit einem Alabastergefäß voll wohlriechendem Öl und trat von hinten an ihn heran. Dabei weinte sie und ihre Tränen fielen auf seine Füße. Sie trocknete seine Füße mit ihrem Haar, küsste sie und salbte sie mit dem Öl.
Als der Pharisäer, der ihn eingeladen hatte, das sah, dachte er: Wenn er wirklich ein Prophet wäre, müsste er wissen, was das für eine Frau ist, von der er sich berühren lässt; er wüsste, dass sie eine Sünderin ist.
Da wandte sich Jesus an ihn und sagte: Simon, ich möchte dir etwas sagen.
Er erwiderte: Sprich, Meister!
(Jesus sagte:) Ein Geldverleiher hatte zwei Schuldner; der eine war ihm fünfhundert Denare schuldig, der andere fünfzig. Als sie ihre Schulden nicht bezahlen konnten, erließ er sie beiden. Wer von ihnen wird ihn nun mehr lieben?
Simon antwortete: Ich nehme an, der, dem er mehr erlassen hat.
Jesus sagte zu ihm: Du hast recht. Dann wandte er sich der Frau zu und sagte zu Simon: Siehst du diese Frau? Als ich in dein Haus kam, hast du mir kein Wasser zum Waschen der Füße gegeben; sie aber hat ihre Tränen über meinen Füßen vergossen und sie mit ihrem Haar abgetrocknet. Du hast mir (zur Begrüßung) keinen Kuss gegeben; sie aber hat mir, seit ich hier bin, unaufhörlich die Füße geküsst. Du hast mir nicht das Haar mit Öl gesalbt; sie aber hat mir mit ihrem wohlriechenden Öl die Füße gesalbt. Deshalb sage ich dir: Ihr sind ihre vielen Sünden vergeben, weil sie (mir) so viel Liebe gezeigt hat. Wem aber nur wenig vergeben wird, der zeigt auch nur wenig Liebe. Dann sagte er zu ihr: Deine Sünden sind dir vergeben."

Achten Sie darauf, wie gegensätzlich die beiden Charaktere in der Geschichte sind. Maria war ein Mensch, die von einem Leben in Gefangenschaft der Sünde frei werden wollte - und sie wusste ganz genau, dass Jesus sie befreien konnte. Sie wusste, dass sie sich in einer verzweifelten Lage befand, und Jesus war ihre einzige Hoffnung. Sie hatte in ihrem ganzen Leben noch nie bedingungslose Liebe erfahren, und Jesus hatte einen unbegrenzten Vorrat an Liebe. Völlig gebrochen warf sie sich Jesus zu Füßen und zeigte damit ihre Demut und ihre Haltung der Umkehr.
Beachten Sie, wer in dieser Geschichte die Erquickung durch Jesu Liebe, Barmherzigkeit und Gunst empfing. Es war nicht der mit den glanzvollen, religiösen Referenzen und dem (vermeintlichen) blitzsauberen Lebensstil. Nein, es war die Frau mit dem demütigen Herzen!

Neben unserem Stolz gibt es auch noch andere Dinge, die uns das Umkehren erschweren. Das könnte zum Beispiel Angst sein. Einige Dinge, die wir vielleicht fürchten, wenn wir über Umkehr sprechen, sind möglicherweise Bloßstellung, Angst, abgelehnt zu werden, Angst vor Strafe oder Angst, ausgenutzt zu werden - von Gott oder von anderen. Wir können jedoch sicher sein, dass Gott ein liebender Vater ist, der sich danach sehnt, uns zu vergeben und unsere Beziehung zu ihm wiederherzustellen (Psalm 103,8-14; Hosea 14,1-2+4-6). Seine Liebe kann unsere Angst überwinden, denn: „Furcht gibt es in der Liebe nicht, sondern die vollkommene Liebe vertreibt die Furcht. Denn die Furcht rechnet mit Strafe, und wer sich fürchtet, dessen Liebe ist nicht vollendet" (1. Johannes 4,18). Diese Art von Furcht war es, die Adam und Eva dazu gebracht hatte, sich im Garten Eden vor Gott zu verstecken, anstatt demütig ihre Sünde zu bekennen. Wir wollen nicht denselben Fehler begehen.

Das Hindernis der Unversöhnlichkeit

Ein weiterer Punkt, der uns daran hindert, demütig zu sein und ein Leben der Umkehr zu führen, ist die Unversöhnlichkeit. Vergebung eine zwiefältige Tugend. Wir müssen die Demut haben, um Vergebung zu bitten (und sie zu empfangen), wenn wir sie von Gott und anderen brauchen. Aber wir müssen auch die Gnade haben, anderen Vergebung zu gewähren, wenn es notwendig ist, egal, ob der andere uns darum bittet oder nicht. Jesus war schnell bereit zu vergeben, egal wie sehr er verletzt wurde (1. Petrus 2,21-24). Den größten Beweis dafür lieferte Jesus am Kreuz, als er denen vergab, die ihn gekreuzigt hatten (Lukas 23,34).

Um zu verstehen, wie Unversöhnlichkeit uns daran hindert, ein Leben der Umkehr zu führen und wie sie den uneingeschränkten Strom der Liebe und der Kraft Gottes in unserem Leben blockiert, stellen Sie sich Ihr Herz als einen Fluss vor. Jede Verletzung oder Enttäuschung, mit der Sie in Ihrem Leben in Berührung kommen, ist wie ein Stein. Einige sind groß, andere vielleicht klein: ein unfreundliches Wort, ein kleines Missverständnis, eine angespannte Beziehung. Eine Zeit lang findet das Wasser seinen Weg noch um den Stein oder Felsen herum und scheint sich nicht daran zu stören. Aber im Laufe des Lebens werden wir immer wieder enttäuscht, Erwartungen erfüllen sich nicht und wir werden betrogen. Bald sammeln sich immer mehr Verletzungen und Missverständnisse an, wie ein großes Wirrwarr an verstreuten Zweigen und Blättern, und immer mehr Steine lagern sich im Strom unseres Herzens ab. Bevor wir merken, was passiert ist, wird unser Fluss - das heißt unser Herz - erfolgreich von einem Staudamm aus Unversöhnlichkeit und Bitterkeit blockiert. Wenn das geschieht, sammelt sich ein Tümpel aus stehendem Gewässer an, der allmählich anfängt zu stinken - was man besonders dann bemerkt, wenn die Temperaturen steigen.

Übertragen Sie das auf Ihr eigenes Herz und Ihr Leben. Gibt es bei Ihnen - in Bezug auf Ihre Seele - eine Ansammlung von Schutt und Müll, der weggeräumt werden muss? Man sagt, dass durchschnittlich 80 Prozent des typisch menschlichen Denkprozesses von kritischen, negativen Gedanken gekennzeichnet sind. Wenn wir einmal genau auf die Gespräche mit anderen Menschen, die wir an einem Tag oder in einer Woche führen, achten, stellen wir oft fest, dass sie von den Ungerechtigkeiten in unserem Leben handeln - ob diese nun wirklich passiert oder nur eingebildet sind. Wir zählen noch einmal all die Dinge auf, die Menschen uns angetan oder nicht getan haben oder was sie hätten tun sollen. Wir berichten von unserer Opferrolle und zählen alle Beleidigungen und Schwierigkeiten auf, die wir erlebt haben - an denen unserer Ansicht nach meistens die anderen schuld sind. Oft ist diese Haltung ein Zeichen dafür, dass sich in unserem Leben viel Unversöhnlichkeit, Bitterkeit, Groll und/oder Ärger angesammelt haben. Aber wenn wir in dieser Unversöhnlichkeit leben, ist das unser eigener Schaden. Unversöhnlichkeit ist wie eine Krebserkrankung, die schonungslos an uns nagt und es uns nahezu unmöglich macht, uns vollkommen an Gott (oder anderen Menschen) zu freuen und ein erneuertes Leben in Demut und Umkehr zu leben.

Vergebung ist ein fundamentaler Schlüssel zu einem „Leben in Freiheit" in unserer Beziehung zu Gott, zu uns selbst und zu anderen. Die Fähigkeit, Gottes Gnade und Barmherzigkeit auf andere Menschen anzuwenden, ist ein derart wichtiger und fundamentaler Bestandteil eines „Lebens in Freiheit", dass wir diesen Punkt in den nächsten Kapiteln noch eingehender beleuchten werden. Sie erfahren, wie Sie herausbrechen können aus jahrelangen Enttäuschungen in Beziehungen, aus Missbrauch und Bitterkeit - und wie Sie den Weg in die Freiheit der Vergebung finden.

KAPITEL 4
Die Freiheit der Vergebung

Vor mehreren Jahren saß ich einmal einem Mann gegenüber, der als Missionar in Asien tätig gewesen war. Er erzählte mir seine Geschichte, wie er wegen einer Familientragödie vom Missionsfeld nach Hause zurückgerufen wurde. Seine erwachsene Tochter, die in den USA lebte und eine gläubige Christin war, war von zwei Fremden überfallen, vergewaltigt und skrupellos ermordet worden.

Er erzählte mir, wie es war, als er sich die Polizeifotos ansehen musste, die den brutal behandelten Körper seiner Tochter zeigten. Er berichtete, wie quälend der Prozess, der Anblick der Fotos und die Tatsache, dass er die beiden jungen Männer, die seine Tochter getötet hatten, täglich im Gerichtssaal sehen musste, für ihn waren. Auch Jahre danach war er beim Erzählen noch sehr aufgewühlt.

Ich wollte wissen, wie er und seine Frau mit diesem traumatischen Erlebnis fertig wurden. Seine Antwort war kurz und bündig, und er sprach mit einer Überzeugung, die ich nie mehr vergessen werde: „VERGEBUNG". Es war die einzige Lösung, die es gab. Er musste lernen, unaufhörlich Vergebung zu üben und die Gerechtigkeit Gott und der Regierung zu überlassen.

Was ist Vergebung? „Vergeben", „verzeihen" und „entschuldigen" sind Synonyme, die im „Webster´s Dictionary" folgendermaßen definiert werden: „Einen Täter aus seiner Schuld uns gegenüber entlassen ohne zu erwarten, dass er für diese Schuld bestraft wird; einen Täter von der rechtlichen Strafe für seine Schuld freistellen; ihm eine Ausnahme, den Erlass seiner Schuld gewähren und garantieren." Genau das hat Jesus bei unserer Erlösung getan und tut es immer noch für uns, die wir seine Kinder sind: „Ja, Gott war es, der in Christus die Welt mit sich versöhnt hat, indem er den Menschen ihre Verfehlungen nicht anrechnete und uns das Wort von der Versöhnung (zur Verkündigung) anvertraute" (2. Korinther 5,19). Das gehört mit zu dem großen Vorrecht der Vergebung, die uns durch den Tod Jesu und seine Auferstehung zugesichert wird. Wenn wir sündigen und Gott um Vergebung bitten, spricht er uns von unserer Schuld und der Strafe frei, die andernfalls gerechtfertigt wäre. Welch eine Freiheit!

Die Worte Jesu über „Vergebung"

Vergebung ist eine Tugend, die in zwei Richtungen läuft. Sie ist keine Einbahnstraße. Freiheit bedeutet, in der Lage zu sein, nach Belieben die Vergebung Gottes für sich selbst zu suchen und zu empfangen, während man sie, wenn notwendig, gleichzeitig auch anderen gewähren kann. Jesus sprach oft über die Vergebung, und was er sagte, war sehr tiefgehend und überzeugend.

Einen anschaulichen und bewegenden Bericht über die Vergebung finden wir in der Geschichte vom Verlorenen Sohn (Lukas 15,11-27). In diesem klassischen Gleichnis entehrt der Sohn den Vater und handelt auf eine Art und Weise, die (in der nahöstlichen Kultur) den Vater zutiefst blamiert und demütigt. Er verlangt sein Erbe im Voraus und führt anschließend ein zügelloses und schändliches Leben, in dem er all sein Geld vergeudet. Schließlich, so wird uns berichtet, weiß er nicht mehr aus noch ein und kehrt in seiner Verzweiflung zurück nach Hause zu seinem Vater, um ihm seine Schuld zu bekennen.

Der Vater, der schon voller Sorge auf den jungen Mann wartet, verhält sich eher ungewohnt: Er rennt ihm entgegen, umarmt ihn und spricht ihm seine Vergebung zu. Er gibt ihm alle Vorrechte und Befugnisse wieder zurück, die er als Sohn hat und veranstaltet eine große Party, zu der er das gesamte Dorf einlädt. Die ganze Schande, die sein Sohn über ihn gebracht hat und mit der er ihn gekränkt hat, schiebt er beiseite und segnet ihn, indem er ihm noch mehr Ehre und Anerkennung zukommen lässt und ihm eine noch höhere Position einräumt, als er vor seiner Rebellion und seinem schändlichen Verhalten gehabt hat. Das ist radikale Vergebung!

Jesus sprach auch einige Warnungen in Bezug auf die Vergebung aus. Er machte uns darauf aufmerksam, dass es unsere Verantwortung ist zu vergeben und dass wir gerichtet werden, wenn wir uns weigern. Um das zu veranschaulichen, erzählte er ein weiteres Gleichnis über einen König, der seinem Diener eine große Schuld erließ, die dieser unmöglich zurückzahlen konnte. Danach ging derselbe Mann zu einem anderen, der ihm einen geringeren Betrag schuldete als der, den der König ihm gerade erlassen hatte. Er verlangte von ihm die Rückzahlung seiner Schuld, gewährte seinem Schuldner jedoch nicht die Vergebung, die er selbst erlangt hatte.

Als der König hörte, was sein Diener getan hatte, erklärte er seine barmherzige Tat für ungültig und ließ den Diener ins Gefängnis werfen, wo dieser für seine unbezahlte Schuld gefoltert wurde. Jesus fasste das Gleichnis so zusammen: „Ebenso wird mein himmlischer Vater jeden von euch behandeln, der seinem Bruder nicht von ganzem Herzen vergibt" (Matthäus 18, 35).

Jesus erklärte weiter, wie wir das Problem angehen sollen. „Und erlass uns unsere Schulden, wie auch wir sie unseren Schuldnern erlassen haben", lehrte Jesus seine Jünger, als er ihnen beibrachte, wie sie zu ihrem himmlischen Vater beten sollten (Matthäus 6,12). Er ermahnte sie auch, großzügig zu geben und den anderen nichts vorzuenthalten - und damit meinte er auch die Vergebung:

„Richtet nicht, dann werdet auch ihr nicht gerichtet werden. Verurteilt nicht, dann werdet auch ihr nicht verurteilt werden. Erlasst einander die Schuld, dann wird auch euch die Schuld erlassen werden. Gebt, dann wird auch euch gegeben werden. In reichem, vollem, gehäuftem, überfließendem Maß wird man euch beschenken; denn nach dem Maß, mit dem ihr messt und zuteilt, wird auch euch zugeteilt werden" (Lukas 6, 37-38). Jesus sprach sehr klar und deutlich davon, wie wichtig es ist, ein Leben in Vergebung zu führen. Aus der Lehre Jesu wird deutlich, dass das Zahlungsmittel in Gottes Reich die Vergebung und in Satans Reich die Unversöhnlichkeit ist.

In der Bibel gibt es zahlreiche Beispiele für radikale Vergebung, wie zum Beispiel bei Josef im Alten Testament (Genesis 37-50). Es gibt aber auch viele zeitgenössische Beispiele, wie etwa das Leben von Corrie ten Boom, die Heldin im bekannten Buch und Film „Die Zuflucht".

Während des Zweiten Weltkriegs waren Corrie ten Boom und ihre geliebte Schwester, Betsie im Gefängnis von Ravensbrück den Gräueltaten des Holocaust ausgesetzt. Einige Monate, nachdem der Krieg beendet und Corrie aus dem Konzentrationslager entlassen war, begegnete sie einem ihrer früheren Wächter - ausgerechnet in einem Gottesdienst. Es war im Jahre 1947, und sie war mit einer Botschaft von der Vergebung Gottes in das besiegte Deutschland zurückgekommen.

Als sie ihren Vortrag beendet hatte, sah sie, wie sich dieser Mann einen Weg durch die Menge zu ihr nach vorne bahnte. Die Erinnerung an Ravensbrück kam wie ein Blitz: Sie konnte immer noch die zierliche Gestalt ihrer Schwester sehen, die gemeinsam mit den anderen Gefangenen in der Reihe vor ihr lief. Sie konnte sehen, wie abgemagert sie war und die Schande ertragen musste, nackt vor den Wächtern herzugehen, vorbei an diesem Mann, der nun rasch auf Corrie zulief.

Er streckte ihr die Hand entgegen. „Sie haben in Ihrem Vortrag gerade Ravensbrück erwähnt", sagte er. „Ich bin dort Aufseher gewesen." Er erinnerte sich nicht mehr an Corrie.

„Aber seit damals", fuhr er fort, „bin ich Christ geworden. Ich weiß, dass Gott mir die grausamen Taten vergeben hat, die ich dort begangen habe. Aber ich würde es auch gerne von Ihren Lippen hören. Können Sie mir vergeben?"

Den Rest der Geschichte erzähle ich in Corries eigenen Worten, weil sie so beeindruckend sind:

Vielleicht waren es nur Sekunden, die er dort - mit ausgestreckter Hand - vor mir stand. Aber mir kamen sie vor wie Stunden. Es war der schwerste Kampf, den ich jemals ausgefochten hatte. Immer noch stand ich da und Kälte umklammerte mein Herz. „Jesus, hilf mir!", betete ich im Stillen. „Ich kann zwar meine Hand hochheben. Soviel schaffe ich noch. Aber du musst mir das richtige Gefühl dazu schenken."

Hölzern, mechanisch legte ich meine Hand in die ausgestreckte Hand des Mannes. Während ich das tat, geschah etwas Unglaubliches. Es begann in meiner Schulter, strömte dann durch meinen Arm und schnellte schließlich in unsere beiden Hände. Dann kam es mir vor, als ob eine heilende Wärme mein ganzes Sein durchflutete. Tränen traten mir in die Augen.

„Ich vergebe dir, Bruder!", weinte ich. „Von ganzem Herzen."

Einen Moment lang hielten wir die Hand des anderen fest - der ehemalige Wärter und die ehemalige Gefangene. Niemals zuvor hatte ich Gottes Liebe so stark wie in diesem Moment verspürt. Trotzdem war mir klar, dass diese Liebe nicht aus mir selbst kam. Ich hatte es versucht, hatte aber nicht die Kraft dazu gehabt. Es war die Kraft des Heiligen Geistes, die Gottes Liebe in mir freigesetzt hatte.[4]

Wiedergewinnen, was durch Unversöhnlichkeit an Satan verloren gegangen ist

Warum ist die Vergebung in Gottes Reich so wichtig? Die Bibel lehrt uns, dass jeder Ärger und jede Unversöhnlichkeit, die wir gegen andere hegen, dem Teufel eine weitere Tür zu unserem Leben öffnet. „Lasst euch durch den Zorn nicht zur Sünde hinreißen! Die Sonne soll über eurem Zorn nicht untergehen. Gebt dem Teufel keinen Raum!" (Epheser 4,26-27).

Manche Bibelübersetzungen verwenden anstelle von „Raum" das Wort „Chance" (HfA, Neues Leben, Gute Nachricht). Das Wort, das hier im griechischen Text des Neuen Testaments verwendet wird, lautet „topos". Damit wird ein greifbarer Ort angedeutet, so wie es auch für Maria und Josef keinen „topos" (Raum) in der Herberge gab (Lukas 2,7) und Jesus gegangen ist, um einen „topos" (Platz) für uns im Himmel vorzubereiten (Johannes 14,3).

Quellenangaben zur Bibel weisen darauf hin, dass die ältesten, eindeutigen Verwendungen des Wortes „topos" sich auf einen bestimmten Ort beziehen - auf ein bestimmtes Gebiet, einen Bereich oder ein Land. Es kann sich auch auf einen Stadtteil, eine Stadt oder einen Wohnort beziehen.[5] Das englische (und auch deutsche) Wort „Topografie" ist davon abgeleitet. „Topos" könnte auch übersetzt werden, um einen Ort der Rechtssprechung zu beschreiben oder einen Ort, an dem sich jemand Rechte verschafft hat. Epheser 4,26-27 bedeutet demnach, dass jemand ein Kind Gottes sein kann, Satan aber trotzdem, wenn er einen „topos" hat, über einen rechtmäßigen Ort verfügt, wo er im Leben eines Menschen agieren kann. Das ist möglich, wenn ihm dieser Ort durch sündiges Verhalten oder durch eine sündhafte Reaktion auf Verletzungen und Ungerechtigkeiten eingeräumt wurde.

Wenn wir dem Feind durch Unversöhnlichkeit erst einmal den „topos" - oder die „Gelegenheit" - eingeräumt haben, kann sich aus diesem Kreislauf leicht eine Spirale tiefer Gebundenheit und destruktiven Verhaltens entwickeln. Dieser Kreislauf kann und muss unterbrochen werden, damit wir wirklich ein „Leben in Freiheit" führen können. Wir wollen in unserem Leben Vergebung und Nachsicht üben, damit wir uns immer mehr vor Verletzungen schützen können.

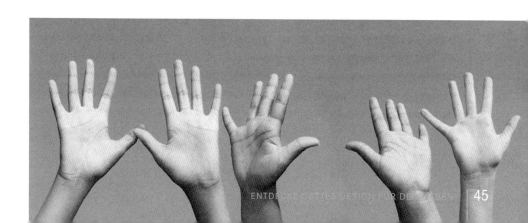

Können wir uns vor Verletzungen schützen?[6]

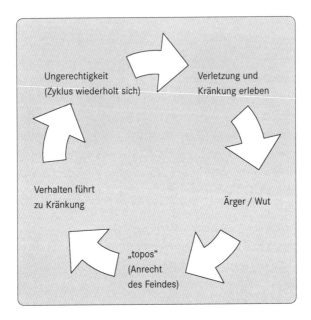

Ja, wir können uns schützen - indem wir vergeben und aus dem Kreislauf ausbrechen. Erinnern Sie sich an das Bild, bei dem ich unser Herz mit einem Fluss verglichen habe. Man kann sich den Vergebungsakt so vorstellen, dass dabei jedes Mal ein Stein aus einem aufgestauten Fluss entfernt wird. Jede kleinste Kränkung oder Bitterkeit, die wir hegen und pflegen, gibt dem Teufel das Recht, einen Stein der Bitterkeit oder Unversöhnlichkeit abzulegen. Nach einer bestimmten Zeit füllen diese Steine unseren Herzensstrom immer mehr auf. Das blockiert das Wirken des Heiligen Geistes in unserem Leben und behindert unsere Beziehungsfähigkeit zu Gott und den Menschen - auch zu denen, die wir am meisten lieben. Das erlebte auch Diana, die uns berichtete, wie ein Leben in Ablehnung, Verlassenheit, emotionalem, körperlichem und sexuellem Missbrauch sich auf sie auswirkte:

„Mit jedem Jahr wurde die Kälte in meinem Herzen größer. Mein Körper wurde von Ärger und Bitterkeit vergiftet. Als Symptom von allem, was ich mit mir herumtrug, bekam ich Migräneanfälle. Ich versuchte, meinen ganzen Schmerz mit Drogen, Alkohol und Jungenfreundschaften zu betäuben -, aber das machte alles nur noch schlimmer. Allein die Erwähnung eines Namens löste in mir erneut tiefe Verletzungen aus. Das gab dem Ärger und Hass, den ich in mir trug, immer wieder neue Nahrung. Mein Motto war: ‚Vertraue niemandem, vor allem nicht denen, die behaupten, dass sie dich lieben.' Die Unversöhnlichkeit in

meinem Herzen wurde zu einer Festung, die ich bereitwillig verteidigte. Die Auswirkungen waren jedoch noch schädlicher, als die des eigentlichen körperlichen und seelischen Missbrauchs, die ich erlebt hatte. Weil ich anderen nicht vergeben konnte, wurde mein Leben vergiftet. Alles, was ich tat und jede Beziehung, die ich hatte, war gezeichnet von meiner Unversöhnlichkeit.

Mit neunzehn heiratete ich und brachte alles, was ich mit mir herumtrug, in die Ehe mit hinein. Unsere Beziehung wurde dadurch so chaotisch, dass wir uns mehrere Male beinahe scheiden ließen. Nur weil ich umkehrte und die Sünde der Unversöhnlichkeit losließ, konnte Heilung stattfinden und ich konnte in die Freiheit eintreten."

Es ist leicht zu erkennen, wie wir in einen endlosen Kreislauf des Grolls hineingeraten können und anschließend Qualen leiden, weil wir die Kränkungen nicht vergessen können. Typischerweise reagieren wir auf Kränkungen oder Verletzungen auf sündhafte oder gottlose Weise (was sogar verständlich ist). Und doch können wir aus dem oben gezeigten Diagramm erkennen, dass die sündhafte Reaktion (z. B. Unversöhnlichkeit, Bitterkeit, Ärger, Hass, Misstrauen, Minderwertigkeitsgefühle oder was Ihnen sonst noch einfällt) zur Folge hat, dass Satan und seine dämonischen Mächte „topos" - also Raum - in Ihrem Leben gewinnen.

Wenn Sie es zulassen, dass „topos" in Ihrem Leben bleibt, schlägt der Feind Wurzeln und richtet sich bei Ihnen ein, damit er in Ihrem Leben wirken kann. Das ist der dritte Schritt, den der oben abgebildete Kreislauf veranschaulicht. Dann breitet er die Wertvorstellungen und Lügen des Königreichs Satans in Ihrem Leben aus, so dass Ihr Denken, Ihre Haltung und Ihre Taten auf gottlose Weise beeinflusst werden. Das hat wiederum Auswirkungen auf Ihr Verhalten, ja, Ihr Verhalten wird dadurch sogar festgelegt. Zumindest wird dann Ihr Verhalten von einer gewissen Stimmung oder Einstellung begleitet.

Der vierte Schritt ist: Wenn Sie verletzt worden sind oder Ungerechtigkeiten erlebt haben, bauen Sie typischerweise eine Mauer des Selbstschutzes in Ihrem Verhalten auf, um sich vor weiteren Verletzungen zu schützen. Dadurch erreichen Sie aber stattdessen nur, dass andere sich von Ihnen verletzt fühlen oder eine Abwehrhaltung Ihnen gegenüber entwickeln, weil Ihr Verhalten aus einer gottlosen Reaktion auf Verletzungen und Ungerechtigkeiten entstanden ist.

Die klassische Folge davon zeigt der fünfte Schritt: Andere reagieren auf Ihr Verhalten so, dass Sie wieder verletzt werden oder ungerecht behandelt werden. Der Kreislauf wiederholt sich erneut - nur dass er dieses Mal noch tiefer geht und sich noch destruktiver auswirkt.

Das entspricht nicht Gottes ursprünglichem Design für unser Leben. Jesus hat gesagt, dass sein Plan für die Menschen darin besteht, dass „aus ihrem Inneren Ströme des lebendigen Wassers fließen" (Johannes 7,38). Wenn wir vergeben, holen wir uns das Land zurück, das durch die Sünde der Verletzung an den Feind verloren gegangen ist. Unsere Beziehung zu Gott und zu den Menschen wird wiederhergestellt. In der Vergebung liegt eine große Kraft, denn wenn wir vergeben,

- schüttet Gott seinen himmlischen Segen aus.
- werden destruktive geistliche Einflüsse zunichte gemacht.
- werden wir frei, Gottes Kraft in einem wiederhergestellten Leben in Freiheit zu erfahren.
- können wir in unserem Leben Rettung und Heilung erfahren.
- üben wir damit einen Akt des „Lösens" aus (Matthäus 18,18).

Diana, deren Geschichte wir oben erzählt haben, hat genau das getan: Sie hat denen vergeben, die sie ihr ganzes Leben lang verletzt und missbraucht haben. Lassen wir sie wieder in ihren eigenen Worten berichten, was geschah, als sie das tat:

„Jetzt, wo ich vergeben habe, ist der Schleier verschwunden, der meine Sicht vernebelt hat, und ich kann die Menschen (einschließlich mich selbst) mit anderen Augen sehen. Ich kann Gott bitten, mir zu zeigen, wie er jeden einzelnen Menschen sieht. Ich kann ihn bitten, dass er mir dasselbe Herz für sie gibt, das auch er hat, und dass er mir zeigt, wie ich für sie beten soll. Ich kann jeden Gedanken gefangen nehmen und durch sein Wort filtern, denn jetzt weiß ich, dass mir der Feind nichts als Lügen zuflüstert.
Vergebung hat mir die Freiheit geschenkt zu lieben. Diese Liebe hat das wiederhergestellt, was der Feind gestohlen hatte. Sie gibt all jenen Hoffnung, die vielleicht glauben, dass ihnen niemals vergeben werden kann.
Ich bin auch körperlich geheilt worden. Ich habe keine Migräneanfälle mehr. Vor mehreren Jahren ist mir eine Geschwulst entfernt worden. Der Arzt hatte gesagt: ‚Die ist durch das Trauma in ihrer Kindheit entstanden.' Ich glaube, durch die Vergebung hat Gott mir gezeigt, dass mein Trauma jetzt sowohl körperlich als auch seelisch entfernt wurde. Gott hat mich wirklich unermesslich gesegnet!"

Der Wille geht voran, die Gefühle folgen erst später

Denken Sie daran, dass die Freiheit des Vergebens ein Akt der Befreiung und nicht unbedingt ein Akt der Annahme ist. Von Ihnen wird nicht verlangt, dass Sie Zuneigung für den „Täter" empfinden. Vergebung erfordert nicht, dass wir mit denen, die uns missbraucht haben, beste Freunde werden. Allerdings sollte unser Herz durch die Kraft der Liebe verwandelt werden, damit wir mit Gottes Liebe lieben (1. Korinther 13,4-7) und die segnen können, die uns verletzt haben. Das ist der übernatürliche Lebensstil, in dem wir nach Gottes Willen leben sollen. Das war die Botschaft Jesu an uns:

Matthäus 5,43-45
Ihr habt gehört, dass gesagt worden ist: Du sollst deinen Nächsten lieben und deinen Feind hassen. Ich aber sage euch: Liebt eure Feinde und betet für die, die euch verfolgen, damit ihr Söhne eures Vaters im Himmel werdet; denn er lässt seine Sonne aufgehen über Bösen und Guten, und er lässt regnen über Gerechte und Ungerechte.

Vergebung bedeutet, einen Menschen von seiner Verpflichtung freizusprechen, die er Ihnen durch sein falsches Verhalten schuldet - wobei die Verpflichtung das ist, was dieser Mensch nach Gottes Standard der Wahrheit und Liebe hätte tun oder sagen sollen. Deshalb sprechen wir ihn von seiner Schuld frei und legen ihn in Gottes Hand.
Wie schwer das sein kann, erkannte Rick, nachdem er zusammen mit einem langjährigen Arbeitskollegen, der kein Christ war, ein Unternehmen gründete. Der Mann war vor kurzem zum zweiten Mal in Konkurs gegangen und hatte sich von seiner Frau und den Kindern getrennt. Rick und seine Frau Laura halfen ihm, ein Appartement und später ein Haus zu finden. Sie hatten viel Spaß bei gemeinsamen sportlichen Aktivitäten und bei gemeinsamen Ausflügen zu Wildwasserkanufahrten. Sie wurden nicht nur Geschäftspartner, sondern auch Freunde.
Nach einigen Jahren geriet das Unternehmen jedoch in Schwierigkeiten. Mit einem Mal hatte Ricks Geschäftspartner unzählige Ausreden, warum er die Rechnungen für seine Arbeit nicht mehr eintreiben konnte. Seine Papiere und Unterlagen waren nicht in Ordnung, und sie hatten allmählich große Mühe, ihre Konten abzugleichen.
Eines Tages, als Rick und Laura aus dem Urlaub zurückkamen, fanden sie nicht nur hohe Rechnungen vor, sondern auch den eindeutigen Hinweis, dass ihr Partner Geld veruntreut hatte - sehr viel Geld - Hunderttausende von Dollar. Er hatte die Situation von Ricks und Lauras Abwesendheit ausgenutzt und die Unterschlagung in ihrer Abwesenheit sogar noch forciert. Ihr Anwalt informierte sie, dass sie ihren Partner nicht sofort entlassen konnten, weil zuerst noch ein rechtliches Verfahren gegen ihn eingeleitet werden musste. Der Mann eröffnete noch weitere Konten auf den Firmennamen, belastete sie mit betrieblichen

Ausgaben und nahm sogar noch mehr Schulden auf, um neues Inventar zu besorgen, mit dem er eine eigene Firma gründen wollte.

Innerhalb weniger Wochen war Ricks und Lauras komfortabler Lebensstil der völligen Pleite gewichen. Sie mussten ihr Ferienhaus und alles andere verkaufen, was sie zu Geld machen konnten, damit sie sich über Wasser halten konnten. Sie finanzierten ihr Haus, das schon fast abbezahlt war, wieder neu. Danach hatten sie keine Möglichkeiten mehr. Sie hatten kein Geld und fast nichts mehr zu essen im Schrank. Der letzte harte Schlag traf sie, als ihr Ex-Partner Konkurs anmeldete, damit sie keinen Schadenersatz von ihm einfordern konnten.

Als Rick und Laura zu mir kamen, damit ich mit ihnen betete, waren sie voller Verzweiflung und Demut. Sie wollten nicht einfach nur eine schnelle Lösung ihrer Probleme; sie wünschten sich, dass der Feind absolut keinen Raum mehr in ihnen hatte. Gott sprach sie auf mehrere Dinge an: sie sollten ihren Stolz und ihre Unabhängigkeit von ihm bekennen, die sie in der Zeit vor der Veruntreuung aufgebaut hatten, in der sie sich auf ihren eigenen Reichtum und ihre Fähigkeit, diesen Reichtum zu produzieren, verlassen hatten; sie sollten ihrem Geschäftspartner vollständig und bedingungslos vergeben.

Rick und Laura waren völlig zerbrochen. Sie waren abhängig von Gottes Vergebung und von der Kraft des Heiligen Geistes, damit sie ihren Stolz und ihre Bitterkeit ablegen konnten. Sie legten Gott alles hin. Sie ließen alles los. Und der Friede Gottes begann, ihre Herzen zu regieren.

Einige Monate später traf Rick seinen ehemaligen Geschäftspartner in einem Baumarkt. Er winkte ihm zu und rief „hallo". Der Mann sah aus, als würde er durch ihn hindurch blicken, so, als ob Rick überhaupt nicht da war. Rick ließ sich nicht entmutigen. Er erklärte ihm, dass er ihm alles vergeben habe und dass er und Laura für ihn beten würden.

Die Augen des Mannes füllten sich mit Tränen. „Ich weiß nicht, was ich jetzt sagen soll", sagte er immer wieder.

„Du musst dazu nichts mehr sagen", erklärte ihm Rick. „Du sollst einfach nur wissen, dass ich dir vergeben habe."

Rick drehte sich um und ging weg, aber in seinem Herzen war etwas Wichtiges geschehen. Eine schwere Last löste sich von seinen Schultern. Er war frei von aller Unversöhnlichkeit gegenüber seinem Ex-Partner - und frei, Gottes Segen und Wiederherstellung in seinem eigenen Leben zu empfangen.

Danach erlebten Rick und Laura die Fürsorge Gottes in großen und kleinen Dingen und manchmal auch auf „zufällige" Art und Weise. Einmal, zum Beispiel, brauchte das Ehepaar dringend 700 Dollar, um einige Rechnungen zu bezahlen. In derselben Woche lag ein Rückvergütungsscheck über etwas mehr als 700 Dollar in ihrem Briefkasten. Es war eine Rückerstattung für eine fehlerhafte Hausverkleidung, die sie vier Jahre zuvor beantragt hatten.

Ganz allmählich hat Gott Ricks und Lauras Herz durch Vergebung in verschiedenen Bereichen wiederhergestellt. Gleichzeitig wurden sie auch auf andere, greifbare Weise gesegnet. Rick ist wieder im Geschäftsleben tätig, und Gott segnet sie auch finanziell. Wenn sie anderen ihr Zeugnis weitergeben, weisen sie sie auf Matthäus 18,21-35 hin, wo Jesus uns daran erinnert, dass uns allen eine so große Schuld vergeben ist, die wir von uns aus nie zurückzahlen könnten. Und das hat sie ihrer Meinung nach befreit, dasselbe auch zu tun.

Vielleicht fragen wir uns, ob Gott manchmal Ungerechtigkeiten in unserem Leben nicht deshalb zulässt, um uns zu prüfen und zu zeigen, wie es in uns aussieht. Die Ungerechtigkeiten, die Josef ins Gefängnis nach Ägypten brachten, waren geplant, um ihn bis in sein Inneres zu testen: „Doch hatte er ihnen einen Mann vorausgesandt: Josef wurde als Sklave verkauft. Man spannte seine Füße in Fesseln und zwängte seinen Hals ins Eisen bis zu der Zeit, als sein Wort sich erfüllte und der Spruch des Herrn ihm Recht gab" (Psalm 105,17-19).

Es erfordert wirklich eine übernatürliche Lebensweise und Kraft, um auf authentische Weise ein Leben der Vergebung zu führen. Vergebung ist in Gottes Reich von wesentlichem Wert. In Satans Reich gibt es allerdings keine Vergebung. Dieser Begriff ist den dunklen Mächten völlig fremd, denn es besteht aus Lügen, Zerstörung, Verwüstung und Tod. Aber weil Christus uns vergeben hat, ist die Fähigkeit, anderen zu vergeben ein wesentlicher Bestandteil für ein Leben in Freiheit. Im nächsten Kapitel werden wir uns eingehender mit den praktischen und biblischen Schritten beschäftigen, die uns helfen zu vergeben.

KAPITEL 5
Die Kraft der Vergebung freisetzen

In den meisten Kulturen kommt der „Kreislauf der Unversöhnlichkeit" auf eine bestimmte Weise zum Ausdruck; oder es gibt einen ähnlichen Kreislauf der Vergeltung. In Amerika ist es die legendäre Fehde zwischen zwei Familien- den Hatfields und den McCoys - in der östlichen Hügellandschaft der Vereinigten Staaten. Heute können wir sehen, wie überall auf der Welt zwischen Völkern und Nationen dieser Kreislauf stattfindet. So sagt auch der Schreiber des Buches Prediger in der Bibel, dass es nichts Neues unter der Sonne gibt. Eine fundamentale List des Feindes, die er von Anfang an gegen die Menschheit gerichtet hat, liegt darin, uns zum Zorn zu provozieren und in die Falle des Kreislaufs von Sünde, Zorn und Unversöhnlichkeit zu locken (siehe Genesis 4,7; 2. Korinther 2,11; Epheser 4,26-27; 1. Petrus 5,8).

Den „Kreislauf der Unversöhnlichkeit" durchbrechen

In diese Falle können wir alle tappen. Auch wenn Sie vielleicht nicht aktiv Rache an einer Person üben, gegen die Sie unversöhnliche Gedanken hegen, kann es doch sein, dass Sie in einen Kreislauf der Verletzung, des Grolls und der Bitterkeit hineingeraten. Der einzige Ausweg ist die echte und vollständige Vergebung! Dieser Prozess lässt sich natürlich an jedem Punkt stoppen - aber es ist leichter, es sofort zu tun, nachdem uns jemand verletzt oder Unrecht getan hat, noch ehe die Verletzung Wurzeln schlägt und Bitterkeit in uns aufkeimen kann. Der Schreiber des Hebräerbriefes warnt uns (und hat dabei möglicherweise diese Art von Kreislauf vor Augen): „Seht zu, dass niemand die Gnade Gottes verscherzt, dass keine bittere Wurzel wächst und Schaden stiftet und durch sie alle vergiftet werden" (Hebräer 12,15).
Es kann sein, dass Sie mehr als nur einmal vergeben müssen, wenn dieselben Verletzungen immer wieder in Ihnen hochkommen. Lassen Sie nicht zu, dass der Feind in Ihrem Leben Fuß fasst. Manchmal kann ein bestimmter Vorfall so schmerzhaft sein, dass Sie ihn wiederholt aufarbeiten und vergeben müssen. Wenn das in Ihrem Leben nötig ist, lassen Sie nicht nach! Vielleicht hat Jesus genau daran gedacht, als er zu Petrus sagte, dass wir nicht siebenmal, sondern unter Umständen sogar siebzigmal siebenmal vergeben müssen (s. Matthäus 18,22).
Wie finden wir also aus diesen Verletzungen heraus und beginnen in der Freiheit der Vergebung zu leben? Die folgende Grafik veranschaulicht den Kreislauf der Unversöhnlichkeit und zeigt, wie er an jedem Punkt durch die biblische Vergebung unterbrochen werden kann: [7]

Der Kreislauf der Unversöhnlichkeit

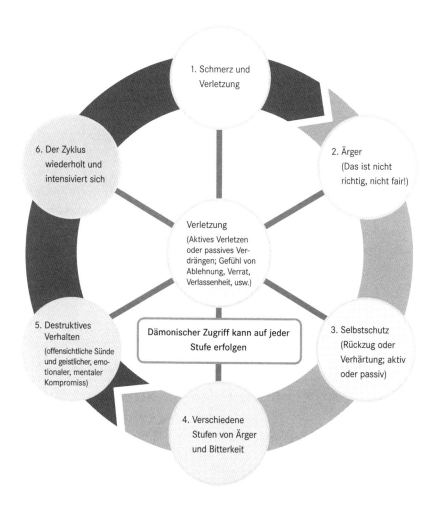

Ausstieg an der ersten Haltestelle: Der Umgang mit Zorn

Es ist wichtig zu erkennen, dass Zorn an sich nicht immer falsch ist. Zorn ist ein Teil von Gottes Charakter. Er reagiert damit auf Ungerechtigkeit, Unterdrückung und Sünde. Der Zorn soll jedoch nicht gehegt und gepflegt werden, denn dadurch geben wir der Bitterkeit Raum und bekommen Rachegedanken. Selbst wenn Gott seinen gerechten Zorn walten lässt, bleibt er doch nicht zornig (Psalm 103,9). Gottgefälliger Zorn - wenn er als normale Reaktion auf Ungerechtigkeit und Unterdrückung richtig wahrgenommen wird - kann als diagnostischer Hinweis und als Katalysator dienen, was zu einem leidenschaftlichen Wunsch nach Veränderung und Heiligkeit führen kann. Er kann eine antreibende Kraft sein, eine gute Lösung für das Problem zu finden, anstatt ein Saatbeet des Selbstmitleids und der Rachegedanken zu sein.

Die andere Art des Zorns dagegen - der egoistische Zorn, der in uns aufsteigt, um uns selbst zu schützen und/oder durchzusetzen, stellt für den Feind eine offene Tür in unser Leben dar und ist die erste Haltestelle im Kreislauf der Unversöhnlichkeit. Wir können diesen Kreislauf jedoch umgehen, wenn wir sozusagen bereit sind, an der ersten Haltestelle auszusteigen. Hier sind einige praktische Erkenntnisse und Anwendungsmöglichkeiten, wie Sie auf gottgefällige Art und Weise vergeben können:

1. **Seien Sie schonungslos ehrlich.** Bitten Sie Gott, dass er Ihnen durch seinen Heiligen Geist jede Art von Zorn und/oder Bitterkeit in Ihrem Herzen aufzeigt. Rufen Sie mit David aus: „Erforsche mich, Gott, und erkenne mein Herz, prüfe mich und erkenne mein Denken! Sieh her, ob ich auf dem Weg bin, der dich kränkt, und leite mich auf dem altbewährten Weg!" (Psalm 139,23-24).

   Seien Sie auch auf emotionaler Ebene ehrlich. Wagen Sie einen Blick auf den Zorn und die Bitterkeit, die Sie lieber nicht dort sehen würden. Nennen Sie die Sünde, die Ihnen angetan wurde, beim Namen. Bagatellisieren Sie sie nicht. Schwächen Sie sie nicht ab, besonders dann nicht, wenn Ihnen jemand, dem Sie nahe stehen oder zu dem Sie eine enge Beziehung hatten, Unrecht getan hat, egal ob es sich dabei um Familienangehörige oder Freunde handelt. Nennen Sie die Sünde bei ihrem richtigen Namen (z. B. Verrat, Missbrauch, Manipulation, Ablehnung, Vorurteil, Eifersucht, sexueller Missbrauch). Wenn Gefühle, wie Zorn, Wut, Schmerz oder Trauer in Ihnen aufsteigen, ist es gut und richtig, sie zu identifizieren und auszudrücken. Achten Sie aber darauf, dass Ihnen die Gefühle nicht entgleisen oder dass Sie sich darin festfahren - verarbeiten Sie sie. Zögern Sie den Heilungs- und Befreiungsprozess an diesem Punkt nicht hinaus!

2. **Geben Sie Ihre Rachegedanken auf.** Vergebung ist nicht selbstverständlich oder einfach. Tatsächlich ist es so: Je mehr wir die wahre biblische Vergebung verstehen, desto mehr wird uns klar, dass sie eng mit dem Charakter Gottes verbunden und, so gesehen, übernatürlich ist. Nahezu jedem von uns geht es irgendwann so, dass uns Vergebung nicht leicht fällt. Für mich ist es hilfreich, wenn ich den Grund, warum ich Schwierigkeiten habe, jemandem zu vergeben, genauer definieren kann. Auf diese Weise kann ich das Problem eher mit geistlichen Hilfsmitteln angehen.

   Eine innere Haltung, die mich daran hindern kann, jemandem zu vergeben, ist der Wunsch nach Rache. Das klingt dann vielleicht so: „Er (oder sie) soll dafür bezahlen!" Das ist eine menschliche Reaktion. Eine übernatürliche Reaktion - zu der wir, wenn wir in Christus sind, durch die Kraft von Gottes Geist in der Lage sind – wäre das, was der Apostel Paulus stattdessen vorschlägt: „Rächt euch nicht selber, liebe Brüder, sondern lasst Raum für den Zorn (Gottes); denn in der Schrift steht: Mein ist die Rache, ich werde vergelten, spricht der Herr. Vielmehr: Wenn dein Feind Hunger hat, gib ihm zu essen, wenn er Durst hat, gib ihm zu trinken; tust du das, dann sammelst du glühende Kohlen auf sein Haupt. Lass dich nicht vom Bösen besiegen, sondern besiege das Böse durch das Gute!" (Römer 12,19-21).

3. Hören Sie auf, sich selbst zu rechtfertigen. Eine weitere Haltung, die uns bei der restlosen Vergebung im Weg steht ist die Selbstrechtfertigung. Wir rechtfertigen unseren Widerwillen zu vergeben. Einige Gedanken, die eine solche Haltung möglicherweise begleiten, könnten beispielsweise sein: „Ich werde vergeben, wenn er/sie sich ändert", oder „Ich habe ein Recht darauf, wütend zu sein". Wir führen innerlich unaufhörlich Selbstgespräche, in denen wir wieder und wieder die Gründe wiederholen, warum wir im Recht sind und der andere falsch liegt. Wir meinen im Recht zu sein, wenn wir dem anderen nicht vergeben, weil die Verletzung, die er uns angetan hat, so schlimm war. Auch das ist eine menschliche Reaktion. Ein „Leben in Freiheit" bedeutet jedoch, den Anspruch auf unser persönliches Recht so loszulassen, wie Jesus das tat. Jesus starb für uns, als wir noch Sünder waren und hat uns auf diese Weise gezeigt, wie wir anderen vergeben sollen (Römer 5,8). In Christus haben wir die Freiheit, anderen diese radikale und selbstverleugnende Art der Liebe und Vergebung zu gewähren.

4. Treten Sie nicht in die Falle der Selbstgerechtigkeit. Manchmal werden wir einen Kampf mit Selbstgerechtigkeit ausfechten. Bei dieser Haltung sagen wir: „Ich bin im Recht; ich will Gerechtigkeit." Das ähnelt der Selbstrechtfertigung, hat aber noch einen etwas religiöseren Touch. Damit gehen wir noch einen Schritt weiter, als bloß zu sagen: „Ich habe recht." Wir drücken damit aus: „Ich bin frommer als der andere." Mit dieser Einstellung verlieren wir die Tatsache aus den Augen, dass auch wir Vergebung nötig hatten, nötig haben und immer nötig haben werden. Ein Beispiel dafür sehen wir im Bericht über den Verlorenen Sohn, wo der ältere Bruder sich darüber ärgerte, dass sein Vater seinem Bruder auf so maßlose Weise vergab (Lukas 15,28). Der ältere Sohn erinnerte seinen Vater daran, dass er immer gehorsam und treu gewesen war. Sein Bruder dagegen war durch die Welt gezogen und hatte sich vergnügt. Aufgrund dieser Tatsache war er der Meinung, dass er eine bessere Behandlung verdient hätte. Der ältere Bruder ließ die Barmherzigkeit seines Vaters nicht gelten und lebte stattdessen ein leistungsorientiertes Gerechtigkeitsdenken, das der überschwänglichen Gnade Gottes keinen Raum gibt.

5. Spielen Sie nicht das Opfer. Eine weitere Haltung, die wir einnehmen können, wenn wir anderen eigentlich vergeben sollten, ist die des Selbstmitleids. Dabei machen wir vielleicht Aussagen wie: „Es ist zu schmerzhaft, ihm/ihr zu vergeben; du kannst nicht erwarten, dass ich die Sache einfach so durchgehen lasse." Die Opferrolle verlangt von Ihnen, dass Sie sich baden in Ihren Verletzungen. Sie warten darauf, dass die andere Person zuerst auf Sie zugeht, denn schließlich waren Sie es, dem Unrecht getan wurde. Wer in einer Opferrolle lebt, wird anderen immer wieder von seiner Verletzung erzählen und damit ihr Mitleid und ihren Beistand heraufbeschwören. Wenn wir das Opfer spielen, vergessen wir ebenfalls unsere eigene Sünde und die Barmherzigkeit und Gnade die Gott uns erweist. „Darum bist du unentschuldbar - wer du auch bist, Mensch -, wenn du richtest", erklärte Paulus den Römern. *„Denn worin du den andern richtest, darin verurteilst du dich selber, da du, der Richtende, dasselbe tust"* (Römer 2,1; Hervorhebung durch den Autor).

6. **Tun Sie nicht einfach so, als habe die Verletzung überhaupt nicht stattgefunden.** Wenn wir anderen vergeben, drücken wir damit nicht aus, die Ungerechtigkeit habe nie wirklich stattgefunden. Das Gegenteil ist der Fall: Sie nennen die Verletzung, die Ihnen zugefügt wurde und die Sie dem anderen vergeben, ehrlich beim Namen. Wenn Sie anderen vergeben, sagen Sie damit nicht aus, dass Sie einfach alles unter den Tisch kehren und vergessen wollen. Sie sehen nicht darüber hinweg; Sie gehen einfach nur auf eine gottgefällige, initiative und aktive Weise damit um. Das ist genau der Schritt, der Sie auf den Weg zu einem „Leben in Freiheit" führt.

Die oben genannten Formen der Unversöhnlichkeit zeigen allesamt einen tiefgehenden Mangel an Verständnis (und sogar Dankbarkeit) für das, was alles zu Gottes Vergebung dazugehört. Jeder von uns braucht Vergebung. Oft merken wir gerade in den Zeiten, wo wir anderen vergeben sollten, dass wir uns eingehender mit unserem eigenen Herzen beschäftigen sollten, als uns nur mit der Ungerechtigkeit auseinanderzusetzen, die wir vergeben müssen. Häufig wird in diesen Momenten unser eigener Stolz offengelegt; unsere eigene Selbstgerechtigkeit kommt zu Tage. Wir stellen fest, dass tief unter unserem Zorn Rachegedanken verborgen liegen oder dass wir uns in unserer Opferrolle festgefahren haben. Oft ist das Werk, das in unserem eigenen Leben geschieht, gerade in den Zeiten, wo wir anderen vergeben, tiefgehender als wir es erwartet haben - aber, ach, wie befreiend ist es doch, wenn wir es ans Licht bringen und loslassen!

Vergebung zu üben, setzt voraus, dass wir einen gesunden, bewussten Prozess durchlaufen. Das folgende Diagramm veranschaulicht nicht nur, wie wir vergeben können, sondern es ist auch ein Bild des Lebens und der Freiheit, die entstehen, wenn wir die einzelnen Punkte anwenden.

Der Kreislauf der Vergebung[8]

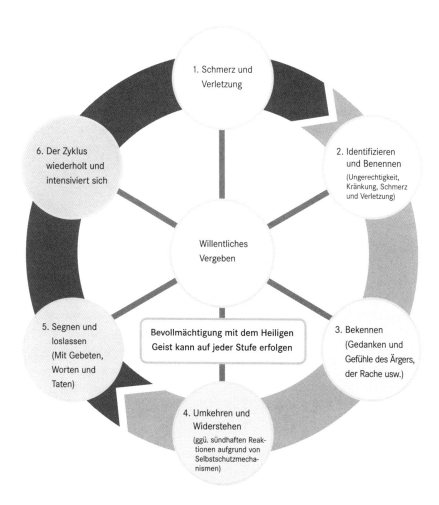

Wenn Sie sich aus dem Kreislauf der Unversöhnlichkeit heraus- und in den Kreislauf der Vergebung hineinbegeben, werden die Gefühle (mit der Zeit und wenn Sie gehorsam sind) folgen. Vergebung beginnt auf der Ebene des Willens. Der Akt des Vergebens erfolgt maßgeblich durch unser Wollen und unseren Verstand; die Gefühle folgen oft erst viel später. Doch das zunehmende Wirken Gottes in unserem Leben wird sich allmählich auch auf unsere Gefühle auswirken und dazu führen, dass wir anderen vergeben. In der Bibel finden wir dafür ein erstaunliches Beispiel im Bericht von Josef, der seinen Brüdern vergab, dass sie ihn verraten und an Sklavenhändler verkauft hatten:

Genesis 45,4-5+7+15

Josef sagte zu seinen Brüdern: Kommt doch näher zu mir her! Als sie näher herangetreten waren, sagte er: Ich bin Josef, euer Bruder, den ihr nach Ägypten verkauft habt. Jetzt aber lasst es euch nicht mehr leid sein und grämt euch nicht, weil ihr mich hierher verkauft habt. Denn um Leben zu erhalten, hat mich Gott vor euch hergeschickt. ... Gott aber hat mich vor euch hergeschickt, um von euch im Land einen Rest zu erhalten und viele von euch eine große Rettungstat erleben zu lassen. ... Josef küsste dann weinend alle seine Brüder. Darauf unterhielten sich seine Brüder mit ihm.

Initiative Schritte zur Vergebung

Als Jesus am Kreuz hing, tat er etwas Ähnliches wie Josef in der oben genannten Bibelstelle: Er sprach denen Vergebung aus, die ihn ungerechterweise und auf grausame Art gekreuzigt hatten. Wenn wir auf dem Gebiet der Vergebung frei sein wollen, müssen wir uns entschliessen, unseren Schuldigern auf die gleiche Weise zu vergeben. Wir müssen unser Recht aufgeben, Gerechtigkeit oder Vergeltung zu fordern oder ihnen vor Augen zu halten, wie groß der Fehler war, den sie begangen haben oder wie sehr sie uns damit verletzt haben. Das bedeutet nicht unbedingt, dass wir das Problem bei ihnen nicht ansprechen, sondern dass wir es mit einer Haltung tun, in der wir innerlich unsere Ansprüche losgelassen haben. Das ist der Punkt, wo wir aus dem Kreislauf der Unversöhnlichkeit heraustreten und uns stattdessen hineinbegeben in den Kreislauf der Vergebung. Die folgenden Schritte verhelfen uns zu einem solchen Durchbruch.

1. Bekennen Sie Ihre Sünde und lassen Sie Ihre sündhaften Reaktionen los. Nachdem wir die Verletzung ehrlich beim Namen genannt und unseren Ärger und unsere Verletzung zugegeben haben (anstatt sie zu rechtfertigen oder zu verdrängen), müssen wir uns noch mit allen anderen sündhaften Reaktionen auf Verletzung oder Ungerechtigkeit beschäftigen. Obwohl die Ungerechtigkeit und die daraus entstehenden Wunden echt und schmerzhaft sind, sind unsere verschiedenen sündhaften Reaktionen darauf nicht gerechtfertigt. Gottes Plan ist, dass sein Charakter in uns sichtbar wird, egal in welchen Umständen wir leben. Sind wir in unserer Verhaltensweise nur auf unser eigenes Wohl bedacht, ist das Sünde. Stellen wir diesen Mechanismus ab, bedeutet das Freiheit.

Diesen Prozess konnte ich bei Andrew beobachten, einem scharfsinnigen, jungen Mann Ende dreißig mit einer verheißungsvollen Karriere, einer wundervollen Frau und drei großartigen Kindern. Sein Leben sah nach außen hin ziemlich geordnet aus bis zu dem Tag, als er nach dem Gottesdienst in Tränen aufgelöst nach vorne kam. Er fing an, mir zu erzählen, dass er pornografiesüchtig und dieser Sucht völlig unterlegen sei - und zwar so stark, dass er sogar mit Selbstmordgedanken kämpfe. Dieses Problem verfolgte ihn schon seit einundzwanzig Jahren. Er hatte sich bereits Hilfe bei Seelsorgern und Selbsthilfegruppen gesucht, sowohl im säkularen als auch im christlichen Bereich.

Ich hatte schon oft mit Leuten zu tun gehabt, die mit sexueller Unmoral kämpften. Deshalb wusste ich, dass diese Dinge nur die Symptome für ein tieferes Problem sind. Während Cindy und ich mit Andrew beteten, spürten wir, dass er sich als kleiner Junge bis ins Teenageralter hinein sehr einsam und verlassen gefühlt hatte und dass er missbraucht worden war. Der Heilige Geist vermittelte uns, dass die Gefühle der Verlassenheit mit seinen Eltern zu tun hatten und dass der Missbrauch sexueller Art gewesen war.

Damit konfrontiert, bestätigte Andrew, dass seine Familie nach Übersee gezogen war, weil seine Eltern dort als Missionare arbeiten wollten. Er war damals noch ein kleiner Junge. Man trennte ihn von seinen Eltern und schickte ihn auf ein Internat für Missionarskinder. Diese Erfahrung war schon traumatisch genug, aber dann wurde er auch noch wiederholt sexuell missbraucht von Erwachsenen, die mit in diesem Internat lebten - besonders von einem. Dieser Missbrauch war so schlimm, dass ihm jeden Tag vor dem Einbruch der Dunkelheit graute.

Andrew hatte ein seelisches Trauma. Sein Vertrauen war missbraucht worden und er hatte sich nicht nur verlassen gefühlt, sondern auch schuldig und schmutzig aufgrund des sexuellen Missbrauchs. Seine Gefühle wurden lahmgelegt, weil das einzige Gefühl, das er noch empfinden konnte, Schmerz war.

Als Andrew für ein Universitätsstudium in die Vereinigten Staaten zurückkehrte, lernte er dort die Welt der Pornografie kennen und wurde süchtig danach. Was war daran so verlockend für ihn? Durch die Pornografie bekam er ein falsches Gefühl der Verbundenheit und der Befriedigung, ohne dabei seine lahmgelegten Gefühle wachrütteln zu müssen. Jeder braucht das Gefühl, etwas zu „fühlen", und der Reiz der Pornografie half Andrew dabei. Es war ein unrechtmäßiges Trostmittel angesichts der Ungerechtigkeit, der Verlassenheit und des Schmerzes, die er erlebt hatte.

Um von seiner Gebundenheit frei zu werden, begleitete ich Andrew dabei, den Menschen zu vergeben, die ihn ungerecht behandelt hatten. Dazu gehörte auch das wohlgemeinte, aber nicht richtige Vorgehen seiner Eltern, ihn aufs Internat zu schicken und ihn nur wenige Wochen im Jahr zu sehen. Auch die, die ihn am Internat missbraucht hatten, gehörten dazu. Andrew bat Gott um Vergebung für seine sündhaften Reaktionen von Groll, Bitterkeit, Zorn und sexueller Unmoral. Er übte seine geistliche Autorität über alle bösen Geister aus, die ihn im Zusammenhang mit der von ihm begangenen Sünde quälten.

Die Gebetszeit, die wir miteinander erlebten war sehr emotional und es dauerte einige Zeit, bis Andrew die zwanzig emotionalen und schmerzhaften Jahre im Gebet loslassen konnte. Aber danach war er ein neuer Mensch. Die Kraft der Vergebung und der Umkehr hatte ihn freigemacht von Pornografie. Er wurde erfüllt mit Freude, Frieden und Zuversicht und lebte weiter in dieser Freiheit. Nicht, dass er nie wieder in Versuchung kam - doch jetzt hatte er die Freiheit und Kraft, „nein" zu sagen. Und nicht nur das, er sah außerdem auch noch um zehn Jahre jünger aus. Seine ganze Haltung strahlte die Vergebung und Freiheit aus, die er für sich in Anspruch genommen hatte.

Wir müssen die sündigen Gedanken und Taten, die durch unsere Reaktion auf Verletzungen in unserem Leben zum Vorschein kommen, unbedingt beim Namen nennen, bekennen und uns vollständig davon lossagen. Dazu können neben dem Ärger auch Bitterkeit, Selbstgerechtigkeit, Rebellion, Selbstmitleid, Trauer, Kontrolle, Rückzug oder Rachegedanken gehören.

Wenn Sie eine sündhafte Reaktion bei sich erkennen, bekennen Sie sie voll und ganz, und empfangen Sie Gottes Vergebung. Sagen Sie sich los davon und lassen Sie sich nicht länger täuschen. Erklären Sie, wie Sie Ihr Verhalten ändern wollen und ab jetzt im Geist der Wahrheit leben werden. Üben Sie dann die Autorität aus, die Sie in Christus durch Ihre Erlösung haben und widerstehen Sie allen Bemühungen des Feindes, das Alte wieder in Ihnen hochkommen zu lassen und in Ihrem Leben „topos" (Raum) zu gewinnen. Beten Sie zum Schluss, dass der Heilige Geist Sie erfüllt, damit Sie ein übernatürliches Leben im Gehorsam, ein „Leben in Freiheit" führen können.

2. Segnen Sie die Menschen, durch die Sie verletzt wurden (mit Worten und Taten).
Jesus hat uns sehr deutlich gemacht, dass wir die Menschen aufrichtig segnen sollen, die uns verletzt oder geschadet haben. Wir müssen die Entscheidung treffen, diese Person(en) im Gebet zu segnen. „Liebt eure Feinde", lehrte Jesus, „und betet für die, die euch verfolgen, damit ihr Söhne eures Vaters im Himmel werdet" (Matthäus 5,44-45). Mit dem Gebet sollte es jedoch nicht getan sein. Gehen Sie noch weiter und lassen Sie sich von Gott zeigen, wie Sie dieser Person auch in praktischer Hinsicht Gutes tun können: „Leistet dem, der euch etwas Böses antut, keinen Widerstand, sondern wenn dich einer auf die rechte Wange schlägt, dann halt ihm auch die andere hin. Und wenn dich einer vor Gericht bringen will, um dir das Hemd wegzunehmen, dann lass ihm auch den Mantel. Und wenn dich einer zwingen will, eine Meile mit ihm zu gehen, dann geh zwei mit ihm" (Matthäus 5,39-41).

Karen, eine Bekannte von uns, lernte, durch den Gehorsam der Vergebung und des Segens in Freiheit zu leben. Sie war in ihrer ersten Ehe extrem missbraucht worden. Die emotionalen Narben, die ihr Ex-Mann hinterlassen hatte, plagten sie unaufhörlich, obwohl sie seitdem einen wundervollen Christen geheiratet hatte. Sie wünschte sich für ihre neue Ehe Freiheit von ihrer Vergangenheit und den Schmerzen. Aufgrund des Missbrauchs und der Ungerechtigkeit - ganz zu schweigen von dem Trauma, das ihre drei Kinder durchlebt hatten - fiel es ihr nicht leicht zu vergeben.

Die Weihnachtszeit war immer besonders schwierig für sie, weil sie dann in den Ferien ihre drei Kinder zu ihrem Ex-Mann und zu seiner neuen Frau brachte. Als sie ihre Kinder einmal am Weihnachtsabend widerwillig für den jährlichen Besuch bei ihrem Vater vorbereitete, erkannte sie den Zustand ihres Herzens und schrie zum Herrn, dass er sie von ihrer Bitterkeit befreien möge.

„Schenk ihm dein Porzellan", hörte sie den Heiligen Geist zu ihr sprechen.

Sie fühlte sich veranlasst, die Hälfte des Porzellans, die ihr gehörte, aus dem Schrank zu holen. Es war ein Hochzeitsgeschenk ihres Ex-Mannes. Die andere Hälfte hatte er mit in sein neues Zuhause genommen, als er sie verlassen hatte. Sie spürte, dass Gott ihr sagte, sie solle es einpacken, „Frohe Weihnachten" darauf schreiben und es den Kindern als Geschenk für ihn mitgeben.

Sie gehorchte zwar, jedoch mehr aus Gehorsam und nicht aus einem Gefühl heraus. Als sie ihren Kindern das Paket in den Arm drückte, wurde ihr plötzlich und auf wundersame Weise die Last der Bitterkeit, des Ärgers und des Grolls vom Herzen genommen. Anstelle der Bitterkeit trat aufrichtiges Mitgefühl und der Wunsch, für ihren Ex-Mann und die Kinder zu beten und ihn zu segnen. In ihrer Freiheit war sie in der Lage, auch ihren Kindern (die heute erwachsen sind) zu helfen, ihre Bitterkeit zu überwinden und zu beiden Elternteilen eine Beziehung aufzubauen.[9]

In diesem Buch werden wir uns später noch mit dem Thema „Segnen" beschäftigen. Da es jedoch mit der Vergebung im Zusammenhang steht, halten wir zunächst Folgendes fest: Wenn wir andere, die uns verletzen, segnen (und Worte des Segens über sie aussprechen), widersetzen wir uns damit dem Feind in aller Öffentlichkeit. Wir holen uns den geistlichen Boden von ihm zurück und geben unsere Schuldiger frei, damit Gott in ihnen wirken kann (Römer 12,19-21). Dazu gehören nicht nur Worte, sondern auch Taten, mit denen wir zeigen, dass wir ihnen vergeben haben und sie segnen wollen. Während wir das tun, wird Gottes Geist immer mehr freigesetzt. Wenn wir aufrichtig anfangen, in der Freiheit und Vergebung zu leben, wird sich dieser Kreislauf sogar wiederholen und intensivieren.

Unversöhnlichkeit im Gebet loslassen

Das folgende Gebet ist ein Modell und keine Formel. Wichtig ist, dass Sie wirklich aus ehrlichem Herzen heraus beten. Hier ist ein Gebet, das Sie sprechen können, wenn Sie in den Prozess treten, Ihrem Schuldiger zu vergeben:

Lieber himmlischer Vater, ich bekenne jetzt vor dir, was mir durch _____ angetan wurde (sprechen Sie den Namen und die Verletzung vor Gott aus.). Was er/sie gemacht hat, war nicht in Ordnung. Ich entscheide mich jetzt dafür, ihm/ihr diese Schuld zu erlassen. Ich spreche _____ frei von meinem Urteil und gebe ihn/sie in deine Hand. Ich vergebe ihm/ihr. Ich segne ihn/sie. Ich entscheide mich dafür, ihm/ihr nichts nachzutragen, nicht darauf zu warten, dass er/sie seine(n)/ihre(n) Fehler zugibt und mich nicht in seine/ihre Probleme einzumischen. Erfülle mich immer mehr mit der Kraft deines Heiligen Geistes und hilf mir, diese Kränkung/Verletzung zu überwinden und dir in meinem Leben weiterhin zu gehorchen.
Herr, ich bekenne auch meinen eigenen Zorn und meine Bitterkeit (bekennen Sie auch alle anderen sündhaften Reaktionen bezüglich dieser Person), und ich empfange deine Vergebung. Ich weise alle bösen Geister zurück, die in meinem Leben Fuß zu fassen versuchen, um Zorn, Bitterkeit und Groll in mir anzufachen. Ich weigere mich, ihnen in meinem Herzen Raum zu geben. Im Namen Jesu befehle ich dem Feind, dass er seinen Einfluss stoppt und von mir weicht.
Herr, ich bitte dich, dass du kommst und mich heilst, wiederherstellst und erquickst und meine Seele mit Frieden und deinem Leben erfüllst. Leite mich durch deinen Geist und zeige

mir, wie ich mit _____ umgehen soll, besonders dann, wenn sich nicht sofort etwas so ändert, wie ich es gerne hätte. Ich gebe dir meine eigenen Erwartungen, Herr, und ich entscheide mich dafür, in Zukunft in deiner Gnade und Freiheit zu leben. Amen.

Der Grund, warum der Kreislauf der Vergebung funktioniert: Die Kraft der geistlichen Transaktionen

Je mehr wir verstehen, was in Freiheit zu leben wirklich heißt, desto mehr werden wir feststellen, dass die radikale, übernatürliche Art der Vergebung nur einer von vielen Bereichen ist, die Jesus Christus in uns verändern will. Uns wird vor allem auffallen, dass es bei der Loslösung von den verschiedenen Bereichen, in denen der Feind sich einen „topos" in unserem Leben einrichten wollte, immer Gemeinsamkeiten gibt. Die einzelnen Bereiche können bei jedem anders sein oder aussehen, aber die Art und Weise, wie wir uns davon befreien, ist ähnlich. Das liegt in der Natur der geistlichen Transaktion.

Tätigen wir im alltäglichen Leben ein wichtiges Geschäft, wird ein Vertrag abgeschlossen und von einem Notar oder einer anderen anerkannten Behörde besiegelt. Der Besitz oder das Vermögen wird auf den anderen übertragen. Durch diese öffentliche Autorisierung ist das Geschäft unanfechtbar geworden. Ähnlich ist das auch auf geistlicher Ebene. Wenn ein Nachfolger Jesu Christi eine Entscheidung trifft, die auf der Wahrheit beruht und diese dann im festen Glauben laut verkündet, werden seine Worte von der höchsten Autorität des Universums besiegelt. Die geistliche Transaktion ist ausgeführt – sie ist abgeschlossen! Eine geistliche Transaktion findet im geistlichen Bereich statt, der wiederum den natürlichen oder physischen Bereich beeinflusst.

Ein Beispiel dafür ist, wenn ein Mensch Jesus Christus als seinen Herrn und Retter annimmt. Seine Worte sind voller Glauben und gründen sich auf Gottes Wahrheit. Er betet überzeugt und aus tiefstem Herzen. Es findet eine geistliche Transaktion statt, die durch die Kraft Gottes besiegelt wird (Römer 10,9). Das Resultat wird in einem veränderten Leben im natürlichen Bereich sichtbar (2. Korinther 5,17; Galater 2,20). Dasselbe passiert, wenn Sie Gebete oder Worte aussprechen, in denen Sie Ihre Bereitschaft zur Umkehr oder zur Vergebung ausdrücken: Eine geistliche Transaktion findet statt, die sich auf den natürlichen Bereich auswirkt. Im Grunde genommen ist das das Prinzip, durch das Gott diese irdische Welt schuf – sie entstand durch nichts anderes als durch die Worte, die er sprach.

Eine weitere deutliche Demonstration dieses Prinzips sehen wir im Jakobusbrief Kapitel vier, wo Jakobus uns vor die Herausforderung stellt, Satan und seinen Dämonen zu widerstehen. An dieser Stelle können wir wirklich die Wahrheiten und die Kraft der geistlichen Transaktionen anwenden: „Ordnet euch also Gott unter, leistet dem Teufel Widerstand; dann wird er vor euch fliehen" (Jakobus 4,7). Jesus widerstand Satan, der ihn in der Wüste versuchen wollte, indem er ihn zurechtwies (Matthäus 4,10). Er wies Satan zurecht, als dieser durch Petrus sprach (Matthäus 16,23). Der Apostel Paulus sprach zu einem dämonischen Geist, der ihn durch ein von Dämonen besessenes Mädchen ständig belästigte (Apostelgeschichte 16,18). In Christus haben wir die Kraft und Autorität, dasselbe zu tun, wenn wir mit dämonischen Einflüssen konfrontiert werden (Lukas 10,17+19; Epheser 1,20-21; 2,6). Unser Widerstand besteht nicht nur in einem rechtschaffenen Leben, sondern auch in Worten der Vollmacht, mit denen wir den Lügen ein Ende bereiten und die Wahrheit verkünden. Vergessen Sie nicht: Das Schwert des Geistes ist das Wort Gottes, das laut ausgesprochen und verkündet werden muss (Epheser 6,17).

Wenn wir in der Vollmacht Jesu Christi die Wahrheit aussprechen und verkünden, findet eine geistliche Transaktion statt. Dabei spielt es keine Rolle, ob wir die Worte im Gebet aussprechen oder bei der geistlichen Kampfführung verwenden, die in Epheser Kapitel sechs beschrieben wird. Das ist ähnlich wie bei dem Gebet, das Sie bei Ihrer Errettung gesprochen haben: Eine geistliche Transaktion fand statt, die sich spürbar auf die irdische Welt auswirkte.

Während Sie der Freiheit nachjagen und das Land („topos") zurückerobern, das Satan Ihnen genommen hat, können Sie eine geistliche Veränderung erleben, wenn Sie dem Feind widerstehen. Weisen Sie ihn zurecht; üben Sie die Autorität aus, die Sie über ihn haben. Gott verspricht in seinem Wort, dass Satan dann fliehen wird. Er floh, als Jesus ihn zurechtwies, und seine Dämonen werden ebenfalls fliehen, wenn Sie sie zurechtweisen.

Das Gebet in vier Schritten: Ein praktisches Anwendungsbeispiel für Jakobus 4

Es gibt ein Modell, das die Prinzipien in Jakobus, Kapitel 4 zusammenfasst. Wir nennen es „das Gebet in vier Schritten". Dieses Modell hilft Ihnen, die Prinzipien zu begreifen und ins Gedächtnis einzuprägen. Sie werden im Folgenden beschrieben und erklärt und sollen Ihnen eine Hilfe sein, wenn Sie für bestimmte Bereiche („topos") beten, die der Feind in Besitz genommen hat oder gegen geistliche Bindungen, die Sie in Ihrem Leben erkannt haben.

1. **Bekennen und empfangen (bekennen Sie Ihre Schuld und empfangen Sie Gottes Vergebung).** Ordnen Sie sich Gott demütig und in einer bußfertigen Haltung unter, und empfangen Sie seine Vergebung durch den Tod und die Auferstehung Jesu. Dazu gehört möglicherweise auch, dass Sie anderen vergeben oder, wenn nötig, um Vergebung bitten müssen.

2. Chronik 7,14
(Wenn dann ...) mein Volk, über das mein Name ausgerufen ist, sich demütigt und betet, mich sucht und von seinen schlechten Wegen umkehrt, dann höre ich es im Himmel. Ich verzeihe seine Sünde und bringe seinem Land Heilung.

Apostelgeschichte 3,19+20
Also kehrt um und tut Buße, damit eure Sünden getilgt werden und der Herr Zeiten des Aufatmens kommen lässt.

2. **Widerstehen und sich lossagen (widerstehen Sie den Dämonen und sagen Sie sich von den Lügen los, die im Gegensatz zur Wahrheit Gottes stehen).** Widerstehen Sie den dämonischen Geistern, die versuchen, „topos" in Ihrem Leben zu gewinnen, indem Sie sie in der Autorität und Kraft von Jesu Tod und Auferstehung zurückweisen. Sagen Sie sich in der Vollmacht Gottes von allen Lügen los, die Sie über sich selbst, über Gott oder über andere geglaubt haben.

Matthäus 4,10
Da sagte Jesus zu ihm: Weg mit dir, Satan! Denn in der Schrift steht: Vor dem Herrn, deinem Gott, sollst du dich niederwerfen und ihm allein dienen.

Lukas 10,17+19-20
Die Zweiundsiebzig kehrten zurück und berichteten voll Freude: Herr, sogar die Dämonen gehorchen uns, wenn wir deinen Namen aussprechen. ... Seht, ich habe euch die Vollmacht gegeben, auf Schlangen und Skorpione zu treten und die ganze Macht des Feindes zu überwinden. Nichts wird euch schaden können. Doch freut euch nicht darüber, dass euch die Geister gehorchen, sondern freut euch darüber, dass eure Namen im Himmel verzeichnet sind.

3. **Ersetzen und erneuern (bekennen Sie sich zu Ihrem verbindlichen Versprechen, dass Sie in der Wahrheit leben und Ihr Denken durch die Wahrheit erneuern lassen wollen).** Suchen Sie die Nähe Gottes. Waschen Sie die Hände von Ihrem sündhaften Verhalten und reinigen Sie Ihr zweifelndes Herz (nach Vers 8). Lassen Sie stattdessen Gott allein in Ihrem Herzen wohnen und unterstellen Sie sich ihm im Gehorsam. Bitten Sie Gott, dass er Ihr Herz, Ihre Gedanken, Ihre Gefühle und Ihren Willen durch die Kraft des Heiligen Geistes erneuert.

Epheser 4,22-24
Legt den alten Menschen ab, der in Verblendung und Begierde zugrunde geht, ändert euer früheres Leben und erneuert euren Geist und Sinn! Zieht den neuen Menschen an, der nach dem Bild Gottes geschaffen ist in wahrer Gerechtigkeit und Heiligkeit.

Römer 12,2
Gleicht euch nicht dieser Welt an, sondern wandelt euch und erneuert euer Denken, damit ihr prüfen und erkennen könnt, was der Wille Gottes ist: was ihm gefällt, was gut und vollkommen ist.

4. Empfangen und sich freuen (empfangen Sie die Erfüllung mit dem Heiligen Geist).
Bitten Sie Gott, dass er Sie mit seinem Heiligen Geist und mit seiner Kraft erfüllt, damit Sie in seinem Willen leben können. Erfreuen Sie sich an der überreichen Gnade und dem Frieden, die der Heilige Geist Ihnen schenkt!

Titus 3,4-6
Als aber die Güte und Menschenliebe Gottes, unseres Retters, erschien, hat er uns gerettet - nicht weil wir Werke vollbracht hätten, die uns gerecht machen können, sondern aufgrund seines Erbarmens - durch das Bad der Wiedergeburt und der Erneuerung im Heiligen Geist. Ihn hat er in reichem Maß über uns ausgegossen durch Jesus Christus, unseren Retter.

Leben in Freiheit, damit wir die Welt sehen können, wie sie wirklich ist

Wenn wir die Wahrheiten herausfinden, die uns zu einem „Leben in Freiheit" verhelfen, erkennen wir, dass unsere Welt eine größere Dimension hat, als wir sie mit unseren fünf Sinnen wahrnehmen können. Wir nehmen unsere Welt in ihrer physischen Dimension wahr, sind uns aber nicht so sehr der geistlichen Dimension bewusst. Es gibt einen unsichtbaren Bestandteil unserer Welt, der sehr real ist! Zu einem „Leben in Freiheit" gehört, dass wir das verlorengegangene Verständnis der Realität wiedergewinnen, nämlich dass unsere eine Welt aus zwei Herrschaftsbereichen besteht. Im nächsten Kapitel prüfen wir, was die beiden Herrschaftsbereiche miteinander zu tun haben. Wir finden heraus, was wir über das Wesen der geistlichen oder unsichtbaren Welt wissen müssen, die uns von allen Seiten umgibt - Wahrheiten, die wir kennen müssen, wenn wir wirkliche Freiheit erleben wollen.

KAPITEL 6

Eine Welt, aber zwei Herrschaftsbereiche

Die Medien überfluten uns heute mit Bildern aus der geistlichen Welt. In unserer Kultur wird die Realität (oder zumindest die Möglichkeit) einer geistlichen Macht anerkannt. Es scheint, als ob die säkulare Gesellschaft begierig ist nach Geschichten und Filmen, wie „Harry Potter", nach Spielen wie Ouija (auch Witchboard oder Hexenbrett genannt), Tarotkarten und okkulten Sendungen im Internet, Radio oder Fernsehen - und alles nur, weil die Menschen hungrig sind nach übernatürlichen Erfahrungen.

Wenn wir so weit zurückblicken, wie die niedergeschriebene Menschheitsgeschichte es zulässt, könnten wir uns fragen, warum die Menschen sich eigentlich immer wieder darum bemühen, mit einer anderen Welt Verbindung aufzunehmen. Vielleicht, weil Gottes ursprünglicher Plan für die Menschheit uns im Wesentlichen bewusst macht, dass es in dieser Welt noch mehr gibt als das, was wir mit unseren Augen sehen. „Er hat die Ewigkeit in alles hineingelegt", wird uns in der Bibel gesagt (Prediger oder Kohelet 3,11).

Die Bibel lehrt, dass die Welt, in der wir leben, tatsächlich in zwei Herrschaftsbereiche aufgeteilt ist: einen physischen Bereich und einen geistlichen Bereich. „Orientiert euch nach oben, nach den geistlichen Realitäten", schrieb der Apostel Paulus. „Konzentriert euch auf den Himmel. Denkt nicht nur über irdische Dinge nach!" (Kolosser 3,1-2, freie Übersetzung).

In dem einen Bereich - dem natürlichen - können wir ganz einfach unsere fünf natürlichen Sinne benutzen: Wir sehen mit unseren Augen, hören mit unseren Ohren, wir riechen, schmecken und tasten. Aber diese fünf Sinne nützen uns im anderen Bereich nur wenig. Man könnte sagen, der eine (natürliche) Bereich ist der materielle oder physische Bereich, und der andere (himmlische) Bereich ist der unsichtbare oder geistliche Bereich.

Doch der himmlische Bereich ist nicht weniger „real", nur weil er für unsere Augen unsichtbar ist. Die Realität und Nähe des himmlischen Herrschaftsbereichs war eine der Wahrheiten, die Jesus mit seinem Kommen wieder in uns lebendig machen wollte. Als er die Jünger in die Städte schickte, damit sie auch praktische Erfahrungen im Dienst sammeln konnten, trug er ihnen auf, jedem zu verkünden: „Das Reich Gottes ist euch nahe" (Lukas 10,11). Mit „nahe" meinte er nicht die zeitliche, sondern die räumliche Nähe.

Leben in zwei Herrschaftsbereichen zugleich

Auch wenn diese beiden Bereiche unterschiedlich sind, wirken sie sich doch zeitgleich auf unser Leben aus. Wie funktioniert das? Zur Veranschaulichung dieser beiden Bereiche gibt es in der Bibel viele Berichte. Aber nur wenige sind so klar dargestellt und so umfassend wie der von Hiob:

Hiob 1,13-19

Nun geschah es eines Tages, dass seine Söhne und Töchter im Haus ihres erstgeborenen Bruders aßen und Wein tranken.

Da kam ein Bote zu Hiob und meldete: „Die Rinder waren beim Pflügen, und die Esel weideten daneben. Da fielen Sabäer ein, nahmen sie weg und erschlugen die Knechte mit scharfem Schwert. Ich ganz allein bin entronnen, um es dir zu berichten."

Noch ist dieser am Reden, da kommt schon ein anderer und sagt: „Feuer Gottes fiel vom Himmel, schlug brennend ein in die Schafe und Knechte und verzehrte sie. Ich ganz allein bin entronnen, um es dir zu berichten."

Noch ist dieser am Reden, da kommt schon ein anderer und sagt: „Die Chaldäer stellten drei Rotten (Räuberbanden) auf, fielen über die Kamele her, nahmen sie weg und erschlugen die Knechte mit scharfem Schwert. Ich ganz allein bin entronnen, um es dir zu berichten."

Noch ist dieser am Reden, da kommt schon ein anderer und sagt: „Deine Söhne und Töchter aßen und tranken Wein im Haus ihres erstgeborenen Bruders. Da kam ein gewaltiger Wind über die Wüste und packte das Haus an allen vier Ecken; es stürzte über die jungen Leute, und sie starben. Ich ganz allein bin entronnen, um es dir zu berichten."

Hiob 2,7-10

Der Satan ging aus der Ratsversammlung hinaus und ließ an Hiobs Körper eiternde Geschwüre ausbrechen; von Kopf bis Fuß war er damit bedeckt. Hiob setzte sich mitten in einen Aschehaufen und kratzte mit einer Scherbe an seinen Geschwüren herum.

Seine Frau sagte zu ihm: „Willst du Gott jetzt immer noch die Treue halten? Verfluche ihn und stirb!"

Aber Hiob antwortete: „Du redest ohne Verstand wie eine, die Gott nicht ernst nimmt! Wenn Gott uns Gutes schickt, nehmen wir es gerne an. Warum sollten wir dann nicht auch das Böse aus seiner Hand annehmen?" Trotz aller Schmerzen versündigte sich Hiob nicht. Er sagte kein Wort gegen Gott.

Hiob wurde offensichtlich nicht nur einmal vom Unglück getroffen, sondern gleich mehrere Male und dies auf sehr tragische Art und Weise. Aber war das einfach nur eine „Reihe unglücklicher Zufälle"? Lesen Sie den folgenden Bibeltext. Daraus können Sie erkennen, dass hier noch mehr im Gange war als nur das, was wir mit unseren menschlichen Augen erkennen können. Versuchen Sie herauszufinden, was „hinter den Kulissen" vor sich ging. Was war in der geistlichen Welt los, dass dadurch die Geschehnisse und die Menschen in der natürlichen Welt so beeinflusst wurden?

Hiob 1,6-12
Nun geschah es eines Tages, da kamen die Gottessöhne, um vor den Herrn hinzutreten; unter ihnen kam auch der Satan.
Der Herr sprach zum Satan: „Woher kommst du?" Der Satan antwortete dem Herrn und sprach: „Die Erde habe ich durchstreift hin und her."
Der Herr sprach zum Satan: „Hast du auf meinen Knecht Hiob geachtet? Seinesgleichen gibt es nicht auf der Erde, so untadelig und rechtschaffen, er fürchtet Gott und meidet das Böse."
Der Satan antwortete dem Herrn und sagte: „Geschieht es ohne Grund, dass Hiob Gott fürchtet? Bist du es nicht, der ihn, sein Haus und all das Seine ringsum beschützt? Das Tun seiner Hände hast du gesegnet; sein Besitz hat sich weit ausgebreitet im Land. Aber streck nur deine Hand gegen ihn aus, und rühr an all das, was sein ist; wahrhaftig, er wird dir ins Angesicht fluchen."
Der Herr sprach zum Satan: „Gut, all sein Besitz ist in deiner Hand, nur gegen ihn selbst streck deine Hand nicht aus!" Darauf ging der Satan weg vom Angesicht des Herrn.

Hiob 2,1-7
Nun geschah es eines Tages, da kamen die Gottessöhne, um vor den Herrn hinzutreten; unter ihnen kam auch der Satan, um vor den Herrn hinzutreten. Da sprach der Herr zum Satan: „Woher kommst du?" Der Satan antwortete dem Herrn: „Die Erde habe ich durchstreift, hin und her."
Der Herr sprach zum Satan: „Hast du auf meinen Knecht Hiob geachtet? Seinesgleichen gibt es nicht auf der Erde, so untadelig und rechtschaffen; er fürchtet Gott und meidet das Böse. Noch immer hält er fest an seiner Frömmigkeit, obwohl du mich gegen ihn aufgereizt hast, ihn ohne Grund zu verderben."
Der Satan antwortete dem Herrn und sagte: „Haut um Haut! Alles, was der Mensch besitzt, gibt er hin für sein Leben. Doch streck deine Hand aus, und rühr an sein Gebein und Fleisch; wahrhaftig, er wird dir ins Angesicht fluchen."
Da sprach der Herr zum Satan: „Gut, er ist in deiner Hand. Nur schone sein Leben!"
Der Satan ging weg vom Angesicht Gottes und schlug Hiob mit bösartigem Geschwür von der Fußsohle bis zum Scheitel.

Es ist offensichtlich, dass die Ursache von Hiobs Katastrophen in einer anderen Welt liegt, in einer Welt, die geistlich und unsichtbar ist. Was in Hiobs Leben passiert war, war eine direkte Folge von Satans Eingreifen und von seiner Macht, mit der er ihn angriff. Wenn wir das Martyrium Hiobs in diesem Licht betrachten, müssen wir vermuten, dass Satan sehr weitreichende Fähigkeiten hat - weitreichender als viele gläubige Nachfolger Jesu es gerne zugeben würden. Satan war in der Lage, den Willen der Menschen so zu beeinflussen, dass sie andere Menschen angriffen, überfielen und ermordeten und dass sie die Schaf- und Viehherden Hiobs vernichteten, die doch sein Einkommen bedeuteten. Satan war in der Lage, das Wetter zu beeinflussen, Hiobs Gesundheit zu beeinträchtigen und Spannungen in seine Ehe hineinzubringen.

Daraus können wir außerdem erkennen, dass Hiobs (und unsere Welt) aus zwei Herrschaftsbereichen besteht - dem natürlichen (oder physischen) Bereich und dem geistlichen Bereich - und dass wir in beiden Herrschaftsbereichen gleichzeitig leben. Ich glaube, dass die Bibel uns zeigt, dass wir nicht unabhängig von dem einen oder anderen Herrschaftsbereich leben können. Beide Bereiche sind ständig miteinander verbunden.

Die beiden Herrschaftsbereiche verstehen

Vermutlich haben wir alle schon Fernsehapparate gesehen, bei denen zur gleichen Zeit mehr als nur ein Film geschaut werden kann, was dem Zuschauer erlaubt, gleichzeitig mehrere Sendungen oder Ereignisse zu verfolgen. Ein solches Programm wird manchmal als „Bild im Bild" bezeichnet. Dabei kann man zum Beispiel eine Nachrichtensendung und gleichzeitig ein Fußballspiel sehen. Seit uns Mittel wie diese zur Verfügung stehen, wird die westliche Welt zunehmend zu einer technologisch hochentwickelten Kultur des Multitasking, bei der man mehrere Dinge gleichzeitig im Blick hat.

Das Gleiche gilt jedoch nicht unbedingt für die geistliche Welt. Ich glaube, dass die Menschen in der westlichen Welt große Probleme damit haben, den geistlichen Herrschaftsbereich zu verstehen und wahrzunehmen. Sensibilität für den geistlichen Bereich ist eine Fähigkeit, die uns auf der Jagd nach Erfahrungen, nach Vernunft und nach Technik weitgehend verloren gegangen ist. Wir nehmen den geistlichen und den natürlichen Herrschaftsbereich normalerweise nicht gleichzeitig wahr. Mir scheint allerdings, dass unsere westliche Welt sich langsam aber sicher immer mehr an diese Realität gewöhnt. Das starke und wachsende Interesse an geistlichen Realitäten wird allerdings nicht immer auf gesunde Art und Weise angeregt, d.h. es stecken oft böse Mächte dahinter, die die Aufmerksamkeit der Menschen häufig auf spektakuläre Unterhaltung, falsche Religionen und gottlose geistliche Erfahrungen lenken. Tatsache ist jedoch, dass der geistliche Herrschaftsbereich immer mehr ins Bewusstsein rückt.

In der Bibel gibt es jede Menge Aussagen über die Realität und Dynamik der unsichtbaren Welt. Um sie richtig wahrnehmen und einordnen zu können, müssen wir darauf achten, was dort steht. Wir müssen wachsamer sein, was die Verbindung zwischen beiden

Herrschaftsbereichen betrifft. Wir müssen sehen und verstehen, wie sich beide Bereiche gleichzeitig auf unser Leben, auf die Menschen, die uns umgeben, auf unsere Kultur, unsere Gesellschaft, unser Volk, unsere Gemeinden usw. auswirken.

Der himmlische Herrschaftsbereich

Was können wir über den himmlischen Herrschaftsbereich lernen? Der Apostel Paulus hat oft darüber gesprochen. In seinem Brief an die Epheser ist er das zentrale Thema. Hier verwendet Paulus für den geistlichen Bereich das typisch neutestamentliche Wort „epouranios", das mit „himmlischer Bereich" oder mit „Himmelswelt" übersetzt wird und insgesamt fünf Mal erwähnt wird (s. Epheser 1,3+20; 2,6; 3,10; 6,12). Dieser Bereich schließt alles mit ein, was geistlich und unsichtbar und mit unseren natürlichen Sinnen nicht wahrnehmbar ist. Gott ist Geist (Johannes 4,24) und der Heilige Geist ist natürlich auch Geist. Engel und Dämonen, Flüche und Segen sind alle geistlicher Natur; deshalb gehören sie alle zum „himmlischen Bereich".

Dieser Bereich ist nicht ein räumlicher Ort, sondern vielmehr ein Existenz-, Wirtschafts- und Funktionsbereich. Wenn wir uns Gottes schöpferische Ordnung anschauen, stellen wir fest, dass der „himmlische" Bereich bereits existierte, bevor Gott den natürlichen Bereich geschaffen hat (Genesis 1,2). Dieser Bereich ist nicht nur „irgendwo da draußen", sondern befindet sich in unmittelbarer Nähe von uns allen.

Der Heilige Geist wohnt in jedem Menschen, der Jesus Christus als seinen Retter angenommen hat (Epheser 1,13-14). Die Bibel lehrt außerdem, dass die Engel uns sehr nahe sind und sich für den Schutz der Gläubigen einsetzen (Psalm 34,7; Hebräer 1,14). Ebenso wissen wir durch die Bibel, dass auch die dämonische Welt auf das menschliche Leben einwirkt. Das sehen wir anhand der vielen Beispiele, wo Jesus Menschen frei machte, die in ihrem Leben von dämonischen Mächten kontrolliert wurden. Mit diesem Verständnis wird uns bewusst, dass der „himmlische" Bereich in enger, räumlicher Nähe zu uns steht.

Der natürliche Herrschaftsbereich

Der natürliche Bereich dagegen schließt alles mit ein, was wir durch die natürlichen Sinne in der physischen Welt wahrnehmen können. Alle unsere fünf Sinne - sehen, hören, riechen, tasten und schmecken - funktionieren im natürlichen Bereich sehr gut. Beide Bereiche sind vollkommen real; Ereignisse in dem einen haben einen direkten Einfluss auf den anderen. Das folgende Bild verdeutlicht, dass unser Leben ständig in Verbindung zu beiden Bereichen steht. In Wirklichkeit überlappen sich die beiden Bereiche eigentlich vollständig, aber der Deutlichkeit halber sieht es auf diesem Bild so aus, als wenn sie sich nur teilweise überschneiden.

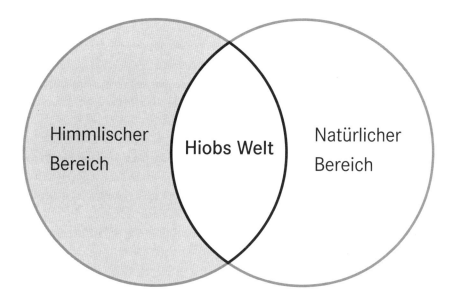

Die Wechselbeziehung zwischen beiden Bereichen

Wo ist die Verbindung zwischen den beiden Bereichen zu erkennen? Wie sieht das im realen Leben aus? Daniel 10,2-21 zeigt diese Verbindung auf anschauliche Weise: Der Staatsmann und Prophet Daniel hatte Gottes Angesicht gesucht und leidenschaftlich für Israels Zukunft gebetet. Drei Wochen lang musste er vergeblich auf eine Antwort warten; nichts schien sich zu bewegen. In Wahrheit tobte aber ein heftiger Krieg im „himmlischen" Bereich.

Ob bewusst oder unbewusst - durch seine Gebete führte Daniel einen Krieg gegen einen dämonischen „Engelfürsten" (oder Prinzen), zu dessen geistlichem Revier auch das physische Revier, das Königreich von Persien, gehörte (Daniel 10,13). Dieser Geist hatte offensichtlich eine dämonische Sperre im himmlischen Bereich errichtet, um zu verhindern, dass Daniel eine Antwort auf seine Gebete bekam - eine Antwort, die die Zukunft seines Volkes aufdeckte.

Schließlich wurde Michael, einer der höchsten Engelfürsten, in den Kampf gesandt, und irgendwie überschnitten sich Daniels Gebete mit dem himmlischen Kampf. In der Bibel wird berichtet, dass der Engel vom ersten Tag an, als Daniel zu beten begann, den Befehl erhielt, ihm die Botschaft zu bringen. Da es im himmlischen Bereich jedoch einen heftigen Kampf gab, wurde er davon abgehalten (Daniel 10,13).

Daniel 10,12-13

Dann sagte er zu mir: „Daniel, du (von Gott) geliebter Mann, achte auf die Worte, die ich dir zu sagen habe. Stell dich aufrecht hin; denn ich bin jetzt zu dir gesandt."

Als er so mit mir redete, erhob ich mich zitternd. Dann sagte er zu mir: „Fürchte dich nicht, Daniel! Schon vom ersten Tag an, als du dich um Verständnis bemühtest und dich deswegen vor deinem Gott beugtest, wurden deine Worte gehört, und wegen deiner Worte bin ich gekommen. Der Engelfürst des Perserreiches hat sich mir einundzwanzig Tage lang entgegengestellt, aber Michael, einer der ersten unter den Engelfürsten, kam mir zu Hilfe. Darum war ich dort bei den Königen von Persien entbehrlich."

Zu beachten ist, dass dieser Botschafter Daniel erklärte, dass er umkehren und den Kampf gegen den Prinzen oder Engelfürsten des Perserreiches fortführen sollte. Er berichtete über die baldige Ankunft des „Engelfürsten von Griechenland" und schloss daraus, dass er auch in den Kampf gegen diesen dämonischen Fürsten verwickelt sein würde. Aus geschichtlichen Aufzeichnungen wissen wir, dass das Griechische Weltreich erst etwa 200 Jahre nach diesem Bericht aus dem Buch Daniel auftauchte, doch seiner Ankunft ging dieser Kampf im himmlischen Bereich voraus.

Daniel 10,20-21

Er sagte: „Weißt du, warum ich zu dir gekommen bin? Ich muss bald zurückkehren und mit dem Engelfürsten von Persien kämpfen. Wenn ich mit ihm fertig bin, dann wird der Engelfürst von Griechenland kommen. Vorher aber will ich dir mitteilen, was im Buch der Wahrheit aufgezeichnet ist. Doch keiner hilft mir tatkräftig gegen sie außer eurem Engelfürsten Michael."

Dieser Bericht macht klar, dass das, was im natürlichen Bereich geschieht, eine Folge dessen sein kann, was sich im himmlischen Bereich abgespielt hat (und abspielt). Daniels Gebete waren der Anlass, dass Gott einen Engel zu ihm sandte und anschließend ein Kampf im himmlischen Bereich zwischen geistlichen Engelfürsten stattfand. Die Geschehnisse in dem einen Bereich hatten direkte Auswirkungen auf den anderen Bereich. Es gibt in der Tat eine Verbindung zwischen den beiden Herrschaftsbereichen in dieser Welt. Jetzt in diesem Moment sind sie in unserem Leben, unserer Familie, in Kultur, Gesellschaft, unserem Volk und der kirchlichen Gemeinde aktiv.

„Leben in Freiheit" - durch das Verständnis und die bewusste Lebensweise in diesen beiden Herrschaftsbereichen

Leider haben die meisten in unserer westlichen Kultur größtenteils die Fähigkeit verloren, das Leben unter dem Aspekt von zwei Herrschaftsbereichen zu betrachten. Generell verlassen wir uns zu sehr auf unsere fünf Sinne. Unser empirisch begründeter Rationalismus lähmt uns geistlich gesehen und hat demzufolge Auswirkungen auf unsere Fähigkeit, das Leben und unseren Dienst mit der geistlichen Kraft zu bewältigen, die wir so dringend nötig haben.

Christen in der westlichen Kultur neigen dazu, Dämonen oder böse Geister ins Abseits zu drängen und jeden, der ihrer Realität Glauben schenkt, als „primitiv" zu betrachten. Der Realität von Engelswesen, der Kraft unserer Worte, die Segen oder Fluch bewirken und den übernatürlichen Mächten des Lebens - einschließlich Satans Königreich und seiner dämonischen Welt - wird zu wenig Bedeutung beigemessen. Wir überspringen oder finden Erklärungen für Bibelstellen, die uns eindeutig zu einer übernatürlichen Denk- und Lebensweise anleiten und ermahnen.

Wenn Jesus heute unter uns leben würde, wäre es tatsächlich so, dass sein Dienst wahrscheinlich vielen (wenn nicht sogar den meisten) Christen in der westlichen Welt fragwürdig vorkäme, weil er an die Realität des geistlichen Herrschaftsbereiches glaubte. Er nahm die Rolle, die die Dämonen im Leben der Menschen spielten, sehr ernst. Er lebte und handelte in der festen Überzeugung, dass er Vollmacht über sie hatte, dass Menschen auf übernatürliche Weise geheilt werden können und dass er allein durch seine Worte selbst das Wetter beeinflussen konnte. In meinem eigenen Leben gehörte zu dem Prozess, ein „Leben in Freiheit" zu führen dazu, dass ich lernte, dieselben Erwartungen zu haben, die Jesus hatte.

Einmal waren Cindy und ich auf dem Weg nach Hawaii, wo wir uns nach einer langen und anstrengenden Dienstphase ausruhen und erholen wollten. Steigt man in ein Flugzeug und weiß, dass man ins Land der Sonne und Palmen reist, ist das ein wundervolles Gefühl. Alle Schwierigkeiten und Strapazen scheinen sich in Luft aufzulösen, während man es sich in seinem Sitz gemütlich macht und eine Stewardess einen Tropenfruchtsaft serviert! Wir erwarteten eine Reise ohne Zwischenfälle.

Der Flug verlief ruhig und wir waren nur noch etwa eine Stunde vom Flughafen in Hawaii entfernt, als plötzlich die Stimme des Piloten aus dem Lautsprecher erklang. Er bat alle - auch die Flugbegleiter - sich hinzusetzen und fest anzuschnallen, da er von anderen Piloten in der Nähe die Meldung von „extremen" Turbulenzen bekommen hatte. Die meisten Menschen sind von solchen Nachrichten nicht gerade begeistert. Das Flugzeug war voll besetzt mit jungen Familien und Kindern, die alle in den Urlaub reisten. Cindy wusste, dass es gerade für die Kinder an Bord eine beängstigende Erfahrung sein würde. Sie hatte außerdem das Gefühl, dass die Turbulenzen geistlicher Natur waren, als ob es sich um ein teuflisches Vorhaben handelte, den Flug, der bisher so ruhig und friedlich verlaufen war, in eine Atmosphäre der Angst und Unruhe zu verwandeln. Es schien, als ob diese Turbulenzen nicht einfach nur natürlicher Art waren.

Cindy sprach mit mir über den Eindruck, den sie hatte, und wir begannen, leise und einmütig gegen die Mächte anzubeten, die ihrer Meinung nach nicht von Gott stammten. Sie erklärte Gott als den Herrn über alle Dinge, auch über das Wetter und über alle bösen

Geister, die versuchen könnten, es zu beeinflussen (wie wir das bereits im Buch Hiob gelesen haben). Während sie weiter leidenschaftlich den Herrn anflehte, dachte sie an die Geschichte in den Evangelien des Neuen Testaments, wo Jesus dem Sturm auf dem See Genezareth Einhalt geboten hatte. Der Heilige Geist hatte Jesus dazu veranlasst und ihm die Kraft gegeben, dieses Wunder zu vollbringen. Hatten wir nicht denselben Heiligen Geist und die Vollmacht in Christus bekommen?

Cindy dachte außerdem an die Geschichte im Matthäusevangelium, wo Jesus von einem Glauben sprach, der groß genug ist, dass dadurch Berge im Meer versinken können (s. Matthäus 21,21). Sie hatte den Eindruck, dass sie nicht nur Gott um sein Eingreifen bitten sollte, sondern dass er von ihr wollte, dass sie die Luftströmungen und den Angriff vom Feind zum Stillstand bringen sollte, so wie Jesus das getan hatte. Von ganzem Herzen überzeugt und mit der Vollmacht, die Christus ihr über alle Mächte des Feindes gegeben hatte, sprach sie ein stilles Gebet, in dem sie die Furcht der Passagiere und die Turbulenzen, die vor uns in der Luft lagen, zurückwies. Cindy spürte, wie ein Friede sie überkam, und sie war sich sicher, dass ihr Gebet erhört worden war.

Kurz bevor wir landeten, ertönte noch einmal die Stimme des Piloten durch die Lautsprecher. Er sagte, er habe keine Ahnung, was mit den Turbulenzen geschehen sei. Es scheine sie seien einfach verschwunden!

Wie diese Geschichte verdeutlicht, ist ein wichtiger Bestandteil eines „Lebens in Freiheit", dass unsere Fähigkeit, gleichzeitig gegenüber dem himmlischen und dem natürlichen Herrschaftsbereich sensibel zu sein, wiederhergestellt wird und ein Verständnis dafür zu bekommen, wie diese beiden Bereiche miteinander verknüpft sind. Wir leben in einer überaus geistlichen Welt, in der es geistliche Mächte gibt. Wir leben in einer Kriegszone, wo die Kämpfe grundsätzlich und vornehmlich im geistlichen Bereich ausgefochten werden. Der Apostel Paulus schrieb in seinem Brief an die Epheser:

Epheser 6,12
Denn wir haben nicht gegen Menschen aus Fleisch und Blut zu kämpfen, sondern gegen die Fürsten und Gewalten, gegen die Beherrscher dieser finsteren Welt, gegen die bösen Geister des himmlischen Bereichs.

Wir können es uns nicht leisten, diese Realität zu ignorieren. Wir leben zwar in einer Welt - aber in dieser Welt gibt es zwei Herrschaftsbereiche und in beiden leben wir. Wir müssen lernen, uns Fragen zu stellen, wie z. B. die folgenden:

- Ist diese schwierige Situation „einfach nur das Produkt eines Zufalls"?
- Ist meine schlechte Laune „einfach nur das Produkt eines Zufalls"?
- Ist die Spannung in meiner Ehe „einfach nur das Produkt eines Zufalls"?

- Ist die bedrückte Stimmung während unseren Anbetungszeiten im Gottesdienst einfach nur auf das Wetter und die Jahreszeit zurückzuführen?
- Warum gibt es in der Kirche oder Gemeinde einen Geist der Selbstsucht und des Geizes (oder der Spaltung, der Rebellion oder ...), der schon seit Generationen andauert?
- Ist ein beständiger Mangel an Freude oder Eifer einfach nur auf die Persönlichkeit eines Menschen zurückzuführen?
- Sind Fanatismus, Vorurteile und ethnische Säuberungen „einfach nur das Produkt eines Zufalls"?
- Ist eine schlechte Gesundheit „einfach nur das Produkt eines Zufalls"?
- Sind Kriege „einfach nur das Produkt eines Zufalls"?
- Sind Hungersnöte „einfach nur das Produkt eines Zufalls"?
- Sind finanzielle Abschwünge „einfach nur das Produkt eines Zufalls"?
- Sind Depressionen „einfach nur das Produkt eines Zufalls"?

Als ich das erste Mal von diesen Wahrheiten hörte (und mir bewusst wurde, dass ich in einer Welt mit zwei Herrschaftsbereichen lebe), litt ich plötzlich unter starken, permanenten Halsschmerzen, die lange Zeit anhielten. Die Schmerzen machten sich besonders dann bemerkbar, wenn ich predigen sollte, aber sie waren eigentlich immer da. Das waren keine normalen Halsschmerzen, die man ganz einfach mit Halsbonbons lindern konnte, sondern Schmerzen, die tiefer gingen und stärker waren. Es fühlte sich an, als ob jemand tief innen in meinem Hals mit einem Messer herumstocherte. Wenn ich sprach, wurde der Schmerz noch viel schlimmer.

Ich ging zum Arzt. Der führte verschiedene Untersuchungen durch, konnte aber keine eindeutige Ursache für die Schmerzen in meinem Hals finden. Das ging fast ein Jahr so. Ich kann immer noch nicht glauben, dass es so lange dauerte, bis ich mir endlich die entscheidende Frage stellte: „Sind diese Halsschmerzen einfach nur ‚Zufall'"? Als ich es aber doch tat, rief ich unser Gebetsteam zusammen und bat sie, Gott nach der eigentlichen Ursache zu fragen. Alle im Team hatten den eindeutigen Eindruck, dass die Schmerzen geistlicher Natur und ein Versuch waren, meinen Dienst für Gott zu beeinträchtigen.

In der Autorität, die ich in Christus habe, begann ich, gemeinsam mit meinem Gebetsteam gegen die Angriffe auf meinen Körper zu beten und allen Plänen oder Flüchen des Feindes im Namen Jesu Christi Einhalt zu gebieten. Innerhalb mehrerer Stunden spürte ich eine deutliche Befreiung und die Schmerzen waren verschwunden. Einige Monate später bemerkte ich, dass derselbe Schmerz wieder auftauchen wollte, und augenblicklich nahm ich im Namen Jesu Macht über ihn ein. Ich erklärte, dass ich Gottes Wort und seine Wahrheit verkünden und mich nicht davon abhalten lassen würde. Bis zum heutigen Tag sind diese Halsschmerzen nicht mehr wiedergekommen. Ich habe meine Lektion gelernt, dass ich nicht mehr so lange warte, bis ich auf scheinbar natürliche Probleme geistliche Antworten suche!

Prüfen Sie Ihre Haltung gegenüber dem himmlischen Bereich

Lebt man mitten in einer Kultur oder Mentalität, ist es manchmal schwer, ihre Merkmale zu erkennen. Wir realisieren nicht, wie sehr unser Weltbild und unser Denken von einer bestimmten Weltanschauung beeinflusst sind. Der folgende Test soll uns erkennen helfen, ob wir vom westlichen Rationalismus so sehr beeinflusst sind, dass er uns daran hindert, mit einer biblischen Sicht des geistlichen Bereiches zu leben. Kreuzen Sie alles an, was auf Sie zutrifft:

- ❏ Ich betrachte Dinge gerne auf logische Weise. Ich habe Mühe, Dinge anzunehmen, die wissenschaftlich nicht erwiesen und/oder anscheinend unlogisch sind.
- ❏ Ich empfinde Menschen, die an Engel und Dämonen glauben oder Segen und Flüche ernst nehmen, als „extrem".
- ❏ Ich suche immer zuerst nach den logischen und natürlichen Gründen für die Ursache eines Problems, bevor ich den Heiligen Geist um Weisheit und Verständnis bitte.
- ❏ Ich verlasse mich gerne auf meinen Verstand und meine intellektuellen Fähigkeiten, um das Leben zu meistern.
- ❏ Es fällt mir oft schwer, mit den „Augen des Glaubens" zu sehen. Ich verliere schnell den Mut, weil ich die Macht Gottes zur Veränderung unterschätze.
- ❏ Meine Familie legt hohen Wert auf klares und logisches Denken und darauf, dass man gute, solide Argumente hat für das, was man denkt oder glaubt.
- ❏ Ich suche selten nach den unsichtbaren geistlichen Gründen für ein natürliches Problem oder eine Sache (Krankheit, Beziehungsstress, finanzielle Engpässe, etc.).
- ❏ Ich glaube zu verstehen, dass der Kampf vor allem etwas Geistliches ist, aber mir ist wohler dabei, selbst nach einer Lösung zu suchen, anstatt Gott zu bitten, dass ich die Situation aus seiner Perspektive sehe.
- ❏ Ich habe große Mühe zu glauben, dass der unsichtbare Bereich real ist und unseren Alltag beeinflussen kann.
- ❏ Ich scheine nicht ganz zu begreifen, was es mit dem himmlischen Bereich auf sich hat, und deshalb schenke ich ihm kaum Beachtung.
- ❏ Ich glaube, dass die Vorstellung von Engeln und Dämonen ein wenig primitiv, abergläubisch und/oder irrelevant ist.
- ❏ Ich bin mir sicher, dass ich nur „das Wort" verstehen und danach leben muss. Der übernatürliche Bereich ist nicht meine, sondern Gottes Verantwortung.

Welchen Einfluss haben wir auf den himmlischen Bereich (und wie beeinflusst er uns)?

Vielleicht können wir den himmlischen Bereich physisch in seinem vollen Umfang nicht so leicht wahrnehmen wie den natürlichen Bereich, aber dadurch wird er nicht weniger real. Das, was im himmlischen Bereich geschieht, wirkt sich auch auf unser Leben aus (und beeinflusst unser Leben oft stark). Ich würde sogar soweit gehen zu behaupten, dass die Ereignisse in unserer physischen Welt meistens auf das zurückzuführen sind, was bereits vorher im himmlischen Bereich geschehen ist. Im Gegenzug dazu kann auch die Art, wie wir unser Leben im natürlichen Bereich leben, Einfluss haben auf das, was im himmlischen Bereich passiert.

Bei der Aussendung seiner Jünger (s. Lukas 9 und 10) beauftragte Jesus sie, die Menschen zu segnen, ihre Krankheiten zu heilen, ihre Vollmacht über den Feind auszuüben und zu verkünden, dass das Königreich Gottes nahe ist. Das waren alles Aktivitäten aus dem natürlichen Bereich. Später offenbarte Jesus ihnen, welchen Einfluss ihre Taten auf den himmlischen Bereich hatten: „Ich sah den Satan wie einen Blitz vom Himmel fallen" (Lukas 10,18). Das Verhalten und die Taten der Jünger im natürlichen Bereich hatten unmittelbaren Einfluss auf das, was im himmlischen Bereich geschah. Das wiederum beeinflusste die Erfahrungen, die die Jünger im natürlichen Bereich machten: „Herr", berichteten sie Jesus bei ihrer Rückkehr voller Freude, „sogar die Dämonen gehorchen uns, wenn wir deinen Namen aussprechen" (Lukas 10,17).

Der Feind weiß: Das, was wir im natürlichen Bereich tun oder sagen, hat Auswirkungen auf den himmlischen Bereich. Er versuchte Jesus, vom höchsten Punkt des Tempels zu springen und wusste, dass er dadurch die Engel Gottes in Bewegung setzen würde, damit sie ihn beschützten (Matthäus 4,6). Jesus weigerte sich. „Leistet dem Teufel Widerstand", schrieb der Apostel Jakobus - wobei der Widerstand eine Tat im natürlichen Bereich ist - „dann wird er vor euch fliehen" (Jakobus 4,7).

Diese Wahrheit über die beiden Bereiche ist etwas, was der römische Hauptmann verstand, als er zu Jesus kam und ihn bat, seinen Diener zu heilen. Er hatte begriffen, dass Jesus nicht körperlich anwesend sein musste, um seinen Diener gesund zu machen, und er wusste, dass die eigentliche Tat im himmlischen Bereich stattfinden würde. Er sagte zu Jesus: „Herr, bemüh dich nicht! Denn ich bin es nicht wert, dass du mein Haus betrittst. Deshalb habe ich mich auch nicht für würdig gehalten, selbst zu dir zu kommen. Sprich nur ein Wort, dann muss mein Diener gesund werden. Auch ich muss Befehlen gehorchen und ich habe selber Soldaten unter mir; sage ich nun zu einem: Geh!, so geht er, und zu einem andern: Komm!, so kommt er, und zu meinem Diener: Tu das!, so tut er es" (Lukas 7,6-8).

Auch wir können und sollen in dieser Realität leben. Es ist ein grundlegender Bestandteil eines „Lebens in Freiheit". Im nächsten Kapitel sehen wir uns an, wie wir durch die Kraft Gottes, die auch wir in Jesus Christus haben, immer mehr im himmlischen Bereich leben und uns vollmächtig darin bewegen können.

KAPITEL 7
Leben in der Kraft des Geistes

Unser himmlischer Vater hat uns alles zur Verfügung gestellt, was wir brauchen, um in beiden Bereichen, im „natürlichen" und im „himmlischen", zu leben. Das Fundament ist natürlich unsere Erlösung durch Jesus Christus. Aber er hat uns auch eine Beziehung mit dem Heiligen Geist geschenkt, die uns erlaubt in der Kraft Gottes im natürlichen Bereich tätig sein zu können.

Ohne die Kraft des Heiligen Geistes wären wir nicht in der Lage, Jesus in unserem Alltag nachzufolgen. Wir wären unfähig, Gott in allem zu gehorchen, was er von uns verlangt, oder über Satan und dessen finstere Pläne die Oberhand zu gewinnen. Ohne diese Kraft könnten wir den Auftrag und den Dienst Jesu Christi nicht ausführen. Es ist die Erfüllung mit dem Heiligen Geist, die uns zu einem „Leben in Freiheit" befähigt, damit wir nach Gottes ursprünglichem Design wiederhergestellt werden und den Auftrag Jesu in unserem Leben ausführen können.

In beiden Bereichen gleichzeitig leben

Jesus lebte und arbeitete durch die Kraft des Heiligen Geistes in beiden Herrschaftsbereichen gleichzeitig. Die Wunder, die er vollbrachte, tat er auf die Anweisung des Vaters hin und in der Kraft des Heiligen Geistes. Obwohl er wahrhaft Gott war, verzichtete er, als er Mensch wurde, eine Zeit lang auf seine göttlichen Vorrechte oder Eigenschaften, damit er ganz und gar Mensch sein konnte. Die Dinge, die er tat, tat er nicht, weil er Gott war. Er tat sie als ein Mann, der mit Gottes Heiligem Geist erfüllt war.

Das ist der Grund, warum er uns versprechen konnte, dass wir seinen Dienst fortführen können, wenn er uns den Heiligen Geist sendet. „Wer an mich glaubt, wird die Werke, die ich vollbringe, auch vollbringen und er wird noch größere vollbringen, denn ich gehe zum Vater" (Johannes 14,12), sagte er zu den Jüngern. Beachten Sie, dass Jesus hier sagt, „wer" an mich glaubt. Damit ist jeder gemeint, nicht nur die Apostel. Später erklärte Jesus seinen Jüngern: „Und ich werde die Gabe, die mein Vater verheißen hat, zu euch herabsenden. Bleibt in der Stadt, bis ihr mit der Kraft aus der Höhe erfüllt werdet" (Lukas 24,49). Jesus wusste, dass es nicht leicht sein würde, nach seinen Geboten zu leben und seinen Auftrag und Dienst fortzusetzen. Jesus erklärte seinen Jüngern, dass sie Gottes Kraft vom Himmel empfangen mussten, um fähig zu sein, in beiden Bereichen - dem natürlichen und dem geistlichen - gleichzeitig zu leben:

Apostelgeschichte 1,4-5
Beim gemeinsamen Mahl gebot er ihnen: Geht nicht weg von Jerusalem, sondern wartet auf die Verheißung des Vaters, die ihr von mir vernommen habt. Johannes hat mit Wasser getauft, ihr aber werdet schon in wenigen Tagen mit dem Heiligen Geist getauft.

Apostelgeschichte 1,8
Aber ihr werdet die Kraft des Heiligen Geistes empfangen, der auf euch herabkommen wird; und ihr werdet meine Zeugen sein in Jerusalem und in ganz Judäa und Samarien und bis an die Grenzen der Erde.

Jesus hat tatsächlich den Heiligen Geist gesandt, wie er es versprochen hat. Er kam an Pfingsten (Apostelgeschichte 2). Die Veränderung, die diese Tat auf das Leben der Gläubigen in Jesus Christus hatte, war unvorstellbar. Die Christen waren ab jetzt in der Lage, in der übernatürlichen Kraft Gottes zu leben - nämlich in der Kraft, in der auch Jesus Christus gelebt hatte, die Kraft, durch die Christus von den Toten auferstanden war!
Auf diese Weise können auch wir in beiden Herrschafts-bereichen gleichzeitig leben - durch die Kraft des Heiligen Geistes. Es gibt absolut keine Möglichkeit, wie wir nach Gottes Geboten ohne seine Kraft leben können; das geht über unser Leistungsvermögen. Der Heilige Geist entwickelt in uns die Eigenschaften Christi (die Früchte des Heiligen Geistes, die in Galater 5,22-23 aufgeführt werden) und er befähigt uns, sein Leben durch uns wirken zu lassen.
Wir haben nicht nur den Auftrag, unser Leben vom Heiligen Geist füllen zu lassen. Der Apostel Paulus gab diesbezüglich klare Anweisungen: „Berauscht euch nicht mit Wein - das macht zügellos -, sondern lasst euch vom Geist erfüllen!" (Epheser 5,18). Dieser Vers kommt uns vielleicht unwichtig vor, aber in ihm steckt eine große Kraft. Die grammatikalische Struktur dieses Verses deutet tatsächlich auf einen Befehl hin; es handelt sich nicht nur um eine Ermahnung. Die Hauptaussage in diesem Vers ist, dass wir unaufhörlich mit dem Geist Gottes erfüllt sein sollen. Im wörtlicheren Sinne könnte man es auch als einen Befehl übersetzen, dass wir „jederzeit mit dem Geist Gottes erfüllt sein sollen". Je mehr wir von ihm erfüllt sind, desto mehr kann er in und durch uns arbeiten.
Der Theologe Wayne Grudem liefert uns hierzu eine Analogie, die uns das Erfülltsein mit dem Geist Gottes veranschaulichen soll. Stellen Sie sich einen mit Luft gefüllten Ballon im Gegensatz zu einem mit Flüssigkeit gefüllten Glas vor.[10] Die Flüssigkeit kann das Volumen des Glases nicht ausdehnen. Bei einem Ballon ist das anders: Je mehr Luft, desto größer wird das Volumen. So ist das auch mit unserem Leben. Je mehr wir mit dem Geist Gottes erfüllt sind, desto eher sind wir in der Lage, das übernatürliche Leben und die Kraft Gottes zu erfahren und auszuüben. So wie ein Heißluftballon im Verhältnis zu der Luft, die er aufnehmen kann, nach oben steigt, so steht auch unser Leben unter dem Einfluss des Heiligen

Geistes. Je mehr wir mit ihm erfüllt sind, desto mehr kann (und wird) Gott unser Leben bevollmächtigen und beeinflussen.

Unsere Beziehung zum Heiligen Geist

Wie empfängt man den Heiligen Geist? Jeder, der Jesus Christus in sein Leben aufnimmt und ihm nachfolgt, bekommt den Heiligen Geist bei seiner Bekehrung. Es ist sogar ein Merkmal, das Sie als wahren Christen kennzeichnet - ähnlich wie ein Siegel oder Stempel die Gültigkeit einer Rechtsurkunde gewährleistet.

Römer 8,9
Ihr aber seid nicht vom Fleisch, sondern vom Geist bestimmt, da ja der Geist Gottes in euch wohnt. Wer den Geist Christi nicht hat, der gehört nicht zu ihm.

Epheser 1,13
Durch ihn habt auch ihr das Wort der Wahrheit gehört, das Evangelium von eurer Rettung; durch ihn habt ihr das Siegel des verheißenen Heiligen Geistes empfangen, als ihr den Glauben annahmt.

Bei Ihrer Bekehrung (wenn Sie Jesus Christus in Ihrem Leben angenommen haben) wird Ihr Körper ein Tempel des Heiligen Geistes: „Oder wisst ihr nicht, dass euer Leib ein Tempel des Heiligen Geistes ist, der in euch wohnt und den ihr von Gott habt?" (1. Korinther 6,19). Sie sind gewaschen und erneuert durch den Heiligen Geist (Titus 3,5). Der Heilige Geist zieht bei Ihnen ein und wohnt in Ihnen. Zu diesem Zeitpunkt empfangen Sie den Heiligen Geist vollständig. Es ist nicht so, dass Sie bei Ihrer Bekehrung nur zehn Prozent des Heiligen Geistes empfangen und dann im Laufe Ihres geistlichen Lebens schrittweise immer mehr. Es gibt jedoch Ihr ganzes Leben hindurch verschiedene Ausdrucksformen und Freisetzungen des Heiligen Geistes. Das wird in Ihrem Leben Spuren hinterlassen und dementsprechend auch Veränderungen mit sich bringen. Welche Dinge tut der Heilige Geist denn in und durch uns? Auch wenn die folgende Liste nicht vollständig ist, gibt sie doch einen Einblick in die Person und das Werk des Heiligen Geistes in unserem Leben. Er:

- erneuert uns (Johannes 3,5-7; Titus 3,4-6).
- gibt unserem geistlichen Leben Kraft (Johannes 6,63; 2. Korinther 3,6).
- bevollmächtigt uns für den Dienst Jesu (Johannes 4,14; 7,37-39; Apostelgeschichte 1,8; 1. Korinther 14,26).
- tröstet/ermutigt uns (Johannes 14,16; Apostelgeschichte 9,31; 1. Korinther 14,3; 2. Korinther 1,3-7).

- lehrt uns (Johannes 14,26; 16,13; 1. Korinther 2,6-16; 1. Johannes 2,20+27).
- legt Fürsprache für uns ein (Römer 8,26-27).
- spricht zu uns (Apostelgeschichte 13,2; Hebräer 10,15-16).
- zeigt uns, wie und wer Jesus ist (Johannes 15,26+27).
- überführt uns von Sünde (Johannes 16,7-11; 1. Korinther 14,24+25).
- verteilt geistliche Gaben (1. Korinther 12,11).

Die Erfüllung mit dem Heiligen Geist birgt zwei Dimensionen in sich, die wir uns bewusst sein müssen. Erstens gibt es ein kontinuierliches Erfülltsein mit dem Heiligen Geist, das ein permanentes Merkmal unseres geistlichen Lebens sein soll. Das lesen wir in Epheser 5,18. Wir müssen uns ständig auf Gottes Heiligen Geist verlassen, um ein übernatürliches Leben führen zu können.

Zweitens gibt es in unserem Leben aber auch dramatische oder krisengeschüttelte Momente[11], in denen wir auf besondere Weise mit dem Geist Gottes erfüllt sein müssen. Zwar leben wir jeden Tag in der Kraft des Geistes Gottes, aber in diesen Momenten brauchen wir sie ganz besonders und individuell. Das sind zum Beispiel Zeiten wie bei Petrus, als er berufen wurde, vor Tausenden von Menschen zu sprechen, die das Werk Gottes in Frage stellten (Apostelgeschichte 2). Petrus wurde augenblicklich mit dem Heiligen Geist erfüllt und trat vor, um zu der Menge zu sprechen. Seine vom Heiligen Geist inspirierten Worte „trafen sie mitten ins Herz" (Vers 37), und daraufhin wurden an einem Tag 3000 Menschen dem Reich Gottes hinzugefügt.

In der Bibel gibt es noch einen weiteren Bericht, wo Petrus und Johannes einen Mann heilten, der von Geburt an gelähmt war (s. Apostelgeschichte 3). Dazu brauchten sie Gottes Kraft ganz bestimmt auf besondere Weise! In Apostelgeschichte 4 musste Petrus einer ganzen Gruppe von Anführern in Jerusalem Rede und Antwort stehen, die sehr wütend waren über die Wunder, die die Apostel taten und darüber, dass sie den Namen Jesus bekanntgaben. Mit dem Heiligen Geist erfüllt war Petrus in der Lage, auf kraftvolle und übernatürliche Weise zu erklären und zu verteidigen, was geschehen war (Apostelgeschichte 4,8). An späterer Stelle in Apostelgeschichte 4 beteten die Jünger zu Gott, dass er sie befähigte und ihnen Mut schenkte, das Evangelium zu verkündigen. Sie flehten ihn an, dass er seine starke Hand ausstreckte, um zu heilen und Zeichen und Wunder zu tun. Vers 31 berichtet, dass der Ort, an dem sie sich versammelt hatten, nach ihrem Gebet bebte. Sie wurden alle mit dem Heiligen Geist erfüllt und bevollmächtigt, das Wort Gottes mutig zu verkünden. Und wieder wurden Petrus und Johannes mit dem Heiligen Geist erfüllt - in nur wenigen Kapiteln geschah das gleich mehrere Male.

Manifestationen der Geisterfüllung

Wie kann die Geisterfüllung heute für uns aussehen? Das ist schwer zu sagen. So wie jeder ein anderes Bekehrungserlebnis hat, ist auch die Geisterfüllung eine unterschiedliche Erfahrung. Die Geisterfüllung findet auf vielfältige Art und Weise statt und ist gleicherweise von vielfältigen Manifestationen gekennzeichnet. Oft fällt es uns schwer, das Zeugnis eines Menschen hinsichtlich solcher Geisterfüllungen genau nachzuvollziehen, weil sie so persönlich und für jeden Menschen individuell ist.

Cindy hatte zum Beispiel einmal ein dramatisches Erlebnis mit dem Heiligen Geist während ich mich im selben Zimmer mit ihr befand. Und doch bemerkte ich nichts von dem kraftvollen, geistlichen Werk, das direkt vor meiner Nase geschah! Wir waren mit unseren Gemeindeleitern auf einer Winterfreizeit. Jeder schlief in einer anderen Hütte. Die Schlafzimmer hatten Stockbetten - Cindy entschied sich, oben zu schlafen, also nahm ich das untere Bett. Wir hatten die Heizung in der Hütte fast ganz heruntergeschaltet, damit es nachts nicht zu heiß wurde.

Wir glitten beide in den Schlaf und erwarteten eine friedvolle Nacht. Ungefähr um 2 Uhr morgens wurde Cindy plötzlich hellwach und spürte die starke Gegenwart des Herrn in unserem Zimmer. Sie drehte sich mit geöffneten Augen auf den Rücken und blickte auf die Decke. Später beschrieb sie, dass sie das Gefühl hatte, ihr ganzes Inneres wurde nach außen mitgerissen, nur um dann rasch - mit einer deutlichen Kraftwoge - wieder in den Normalzustand zurückzukehren. Dann wurde das Zimmer mit einer Wärme erfüllt, die sie später nicht anders als „himmlisch" beschreiben konnte. An dieser Stelle wachte ich auf und bemerkte die Wärme im Zimmer. Auch ich spürte die Gegenwart Gottes, obwohl ich zu diesem Zeitpunkt noch nicht wusste, warum. Ich hatte auch keinerlei geistliche Erfahrungen wie Cindy, die die Auswirkungen körperlich gespürt hatte.

Von diesem Tag an erlebte Cindy immer häufiger, wie sich die Kraft Gottes in ihrem Leben zeigte und freigesetzt wurde, während sie anderen Menschen auf verschiedene Art und Weise diente. Dazu gehörten auch Krankenheilungen und prophetische Dienste. Cindy hatte bei verschiedenen Anlässen - wenn sie einen neuen Lebensabschnitt oder einen neuen Dienst begann - ähnliche und immer sehr persönliche Erlebnisse.

Erfahrungen wie diese sind sehr persönlich; sie sind normalerweise von Gottes Timing abhängig, nicht von unserem eigenen. Es gibt eine einheitliche Art und Weise, wie jeder von uns langsam und unentwegt mit dem Heiligen Geist erfüllt werden kann. Das geschieht, wenn wir konsequent Gottes Wort lesen, beten und ihm gehorchen (denken Sie an die Analogie des Ballons). Manchmal geschieht es auch in einer Zeit des Leidens, wenn wir uns selbst für Gott aufgeben - ähnlich wie bei Paulus´ Erfahrung mit dem „Dorn im Fleisch" (2. Korinther 12,8-10).

Möglich ist auch, dass wir in der Gemeinschaft mit anderen vom Heiligen Geist erfüllt werden. Wir haben vorhin schon einmal die Geschichte von Petrus und Johannes erwähnt. Nachdem sie in Apostelgeschichte 4 nach ihrer Gefangennahme und Freilassung wieder zur Gemeinde zurückgekehrt waren, betete die ganze Gemeinde. Sie beteten auch dafür, dass sie das Evangelium freimütig verkündigen und den Namen Jesu bekanntmachen würden. Sie baten Gott, dass er ihnen übernatürliche Kraft gab, die Menschen zu heilen und Zeichen und Wunder zu tun. Das Ergebnis war eine dramatische Geisterfüllung:

Apostelgeschichte 4,29-31
Doch jetzt, Herr, sieh auf ihre Drohungen und gib deinen Knechten die Kraft, mit allem Freimut dein Wort zu verkünden. Streck deine Hand aus, damit Heilungen und Zeichen und Wunder geschehen durch den Namen deines heiligen Knechtes Jesus. Als sie gebetet hatten, bebte der Ort, an dem sie versammelt waren, und alle wurden mit dem Heiligen Geist erfüllt und sie verkündeten freimütig das Wort Gottes.

Bevor ich irgendwo einen Dienst beginne, bete ich eigentlich immer dafür, dass Gott mich mit seinem Heiligen Geist erfüllt - egal ob ich in der Öffentlichkeit spreche, predige oder lehre, einem Ungläubigen das Evangelium erkläre, einen Heilungsdienst verrichte, einen Menschen von dämonischen Mächten befreie, die Bibel lese, seelsorgerlich tätig bin oder irgendetwas tue, wozu ich Gottes Kraft und Offenbarung brauche. Manchmal spüre ich körperlich überhaupt nichts davon, aber im Glauben vertraue ich darauf, dass Gott mich für diese Aufgabe mit dem Heiligen Geist erfüllt hat. Es kann aber auch vorkommen, dass ich ein brennendes Gefühl in der Brust spüre oder ich plötzlich mit Mut und Zuversicht erfüllt bin. Hin und wieder bin ich auch emotional zutiefst berührt oder mein Herz ist voller Freude und Anbetung - manchmal sogar so sehr, dass ich mit Worten nicht beschreiben kann, was ich fühle. Zeitweise habe ich ein feines Gespür für die Stimme Gottes, wenn ich mich in meinem Dienst in einer bestimmten Situation befinde oder mit einem Menschen spreche. In all den Jahrhunderten und überall auf der Welt hat es unzählige Christen gegeben, die individuelle Erfahrungen mit der Geisterfüllung Gottes gemacht haben, was ihr Leben und ihren Dienst so dramatisch beeinflusst hat, dass es nie wieder so war wie vorher. D. L. Moody, ein amerikanischer Evangelist des 19. Jahrhunderts, hatte in seinem Leben mehrere Erlebnisse, bei denen er auf individuelle Weise mit Gottes Heiligem Geist erfüllt wurde. Diese Erlebnisse nannte er „Taufen im Heiligen Geist". Er erinnert sich:

„Eines Tages, mitten in New York (bei der Wall Street) - o, welch ein Tag! - ich kann es nicht beschreiben. Ich rede nur selten darüber; diese Erfahrung ist fast zu heilig, um darüber zu sprechen. Ich kann nur sagen, dass Gott sich mir offenbarte. Ich hatte ein solches Erlebnis seiner heiligen Liebe, dass ich ihn bitten musste einzuhalten. Als ich dann wieder predigte, waren meine Predigten nicht anders. Die Wahrheiten, die ich predigte, waren dieselben, und doch bekehrten sich Hunderte von Menschen. Ich möchte nie mehr dahin zurückkehren, wo ich vor dieser gesegneten Erfahrung gestanden habe - für keinen Preis der Welt - er wäre wie Staub auf der Waagschale."[12]

Die Erfüllung mit dem Heiligen Geist kann in manchen Fällen so sein, wie Moody es beschreibt - eine Erfahrung geistlicher, emotionaler oder körperlicher Art. In der Bibel lesen wir von vielen Menschen, die nach der Erfüllung mit dem Heiligen Geist anfingen, auf prophetische Weise zu sprechen oder zu beten oder eine prophetische Gabe empfingen. Manche konnten danach Gottes Wahrheit besser verkündigen oder ihn mutiger bezeugen. Andere empfingen eine geistliche Gabe, die Gott dann in ihrem Leben für seine göttlichen Ziele gebrauchte. Diese Erfahrungen gibt es auch heute noch.

Manche Menschen hatten verschiedene körperliche Empfindungen, als sie auf individuelle Art mit dem Geist Gottes erfüllt wurden. Viele stellen fest, dass sie plötzlich in Zungen oder Sprachen sprechen können, die sie nicht auf natürliche Weise gelernt haben. In diesem Fall drückt die Zungenrede oder das Sprachengebet eine Anbetungshaltung aus, für die die eigenen Worte nicht ausreichen würden. Manchmal wird das Sprachengebet in Fürbittegebeten oder geistlicher Kampfführung zum Ausdruck gebracht.

Es gab Zeiten, in denen Cindy und ich nach einem Gottesdienst für Menschen beteten, dass sie mit Gottes Geist erfüllt würden. Sie wurden so von Gottes Liebe, Freude und/oder Frieden überwältigt, dass sie anfingen, in einer ihnen unbekannten Sprache zu sprechen! Manche waren davon völlig überrascht, aber ihnen wurde bewusst, dass sie dem Geist Gottes begegnet und sie nun für immer verändert waren.

Trotzdem müssen wir vorsichtig sein und darauf achten, dass wir nicht irgendwelchen Zeichen oder emotionalen Erfahrungen nachjagen, wenn wir darum bitten, mit dem Heiligen Geist erfüllt zu werden. Ich warne eindringlich davor, sich nicht in der Suche nach geistlichen Erfahrungen zu verfangen. Auf Ihrem Weg mit Gott werden Sie wichtige und unvergessliche Erlebnisse mit ihm haben, die jeden Bereich Ihres Seins mit einschließen. Die Erfahrungen und Empfindungen an sich sollten aber nicht das sein, wonach Sie suchen, damit Sie dem Satan dadurch nicht eine Möglichkeit geben, Sie zu täuschen. Er würde Sie liebend gerne dazu bringen, dass Sie sich in trügerischen geistlichen Erfahrungen verfangen. Ihr wirkliches Ziel sollte einfach nur das Streben nach einer tieferen Beziehung mit Jesus Christus sein. Wenn Sie das tun, können Sie sicher sein, dass Sie als Folge Ihrer Beziehung mit dem Heiligen Geist wundervolle und unvergessliche Erlebnisse haben werden.

Die sicheren Hinweise auf eine echte Erfüllung mit dem Heiligen Geist sind folgende: Zunächst werden Sie Gottes Liebe, die er für Sie empfindet und seine Liebe, die in und durch Sie lebt, intensiver erfahren (1. Korinther 13,4-7). Außerdem werden Sie vertrauter werden mit Gott und mit seinen Wegen. Ein weiteres Anzeichen ist, dass Sie mit Freude und mit der Frucht des Heiligen Geistes überströmt werden (Galater 5,22-23). Sie werden in der

Lage sein, die Sünde noch konsequenter und endgültiger zu besiegen und Jesus Christus mutiger zu bekennen. Des Weiteren wird die geistliche Frucht in Ihrem Leben immer deutlicher erkennbar sein und Gottes Kraft wird zunehmend in Ihnen freigesetzt, damit Sie einen übernatürlichen Dienst ausführen können.

Wie wird man mit dem Heiligen Geist erfüllt?

Für die Erfüllung mit dem Heiligen Geist gibt es keine genaue Formel; man muss einfach nur mit Gott leben und nach seinen Grundsätzen und Wahrheiten handeln. Es geschieht aus einer Beziehung heraus, nicht aufgrund von religiösen Formen.
Zwar ist die Erfüllung mit dem Heiligen Geist in erster Linie ein Werk Gottes, doch wir sind dafür verantwortlich, unser Leben so zu führen, dass es vom Heiligen Geist erfüllt wird. Es handelt sich wieder um eine menschlich-göttliche Kooperation, eine Transaktion, die Gottes Werk ist, aber davon abhängt, dass ein Mensch die Initiative ergreift und seinen Teil dazu beiträgt. So wie der Bediener eines Heißluftballons das Feuer „anheizen" und den Ballon mit mehr Luft füllen kann, damit er höher steigt, gibt es auch einige Dinge, die wir selbst tun können, um das geistliche Feuer anzufachen, damit die Kraft des Heiligen Geistes in unserem Leben mehr Raum bekommt.

1. Erforschen Sie Ihr Herz und kehren Sie von jeder Sünde um, die Ihnen bewusst ist (Psalm 139,23-24; Apostelgeschichte 3,19-20).

2. Stellen Sie Ihr ganzes Leben Gott wieder neu zur Verfügung (Römer 12,1).

3. Gestehen Sie sich ein, dass Sie Gott brauchen und von ihm abhängig sind.

4. Bekennen Sie, wenn Sie sich gegen den Heiligen Geist gewehrt, ihn gefürchtet, sich ihm widersetzt oder ihn verdrängt haben. Bitten Sie Gott um Vergebung und nehmen Sie seine Vergebung an.

5. Bitten Sie Gott im Glauben, dass er Sie neu mit seinem Heiligen Geist erfüllt und bevollmächtigt (Apostelgeschichte 4,29-31).

6. Glauben Sie daran, dass Gott Ihr Gebet beantwortet hat und leben Sie danach. Danken Sie ihm für sein Werk in Ihrem Leben.

Die Bedeutung der Handauflegung

Eine andere Art, wie Gott dafür gesorgt hat, dass wir mit dem Heiligen Geist erfüllt werden können, ist die Handauflegung. Die „Handauflegung" im weiteren Sinne bedeutet, dass Gott durch das Leben, die Taten oder Worte einer Person im Leben eines bestimmten Menschen eine geistliche Transaktion bewirkt. Ein Beispiel dafür finden wir im Alten Testament, als Samuel Saul zum König salbte und über ihm betete. Saul wurde daraufhin mit dem Heiligen Geist erfüllt. Laut dem biblischen Bericht begann er, prophetisch zu reden und Gott gab ihm ein neues Herz (1. Samuel 10,1+9-10).

In den Evangelien lesen wir, dass Jesus zu Menschen sprach, für sie betete und sie berührte, worauf sie geheilt oder frei wurden: „Als die Sonne unterging, brachten die Leute ihre Kranken, die alle möglichen Leiden hatten, zu Jesus. Er legte jedem Kranken die Hände auf und heilte alle" (Lukas 4,40). Das war nicht nur ein einmaliges Ereignis - es war das Vorbild, das Jesus ständig vorlebte (s. Matthäus 8,3; 17,7; 20,34; Markus 1,41; Lukas 5,13; 22,51). Die Handauflegung an sich ist nicht immer ein besonders dramatischer Akt. In Apostelgeschichte 19 lesen wir, dass Paulus den Menschen einfach nur die Hände auflegte und sie daraufhin mit dem Heiligen Geist erfüllt wurden:

Apostelgeschichte 19,2+6
Er traf einige Jünger und fragte sie: Habt ihr den Heiligen Geist empfangen, als ihr gläubig wurdet? Sie antworteten ihm: Wir haben noch nicht einmal gehört, dass es einen Heiligen Geist gibt. Paulus legte ihnen die Hände auf und der Heilige Geist kam auf sie herab; sie redeten in Zungen und weissagten.

Die Apostel und die erste Gemeinde folgten dem Beispiel Jesu und legten den Menschen (zur Übertragung geistlicher Fähigkeiten) die Hände auf (s. Apostelgeschichte 8,18; 19,6; 1. Timotheus 4,14; 2. Timotheus 1,6). Der Schreiber des Hebräerbriefes führte es als eine der wesentlichen Lehren des christlichen Glaubens auf (Hebräer 6,1-3). Selbst Ungläubigen fiel auf, dass die Auflegung der Hände kraftvolle, geistliche Konsequenzen hatte (Apostelgeschichte 8,18-19).
Auch wir sollten in Erwägung ziehen, ob wir nicht anderen auch die Hände auflegen, wenn wir für sie beten, dass Gott sie mit seinem Heiligen Geist erfüllt (oder wenn wir andere für uns beten lassen) - nicht als Ritual oder Formel, sondern als Zeichen unseres Glaubens und unserer Erwartung, dass Gott etwas Übernatürliches tun wird. Wir können anderen die Hände auflegen, wenn wir für sie beten, dass Gott in ihren körperlichen, emotionalen oder geistlichen Zustand eingreift. Wir können dabei zum Beispiel um Heilung beten, so wie Jesus in Matthäus 8,3 für den Leprakranken, oder um Bevollmächtigung zum Dienst, wie bei Barnabas und Paulus, als sie den Auftrag bekamen auf Missionsreise zu gehen

(Apostelgeschichte 13,2-3). Vielleicht bedeutet es aber auch, dass wir wie die Apostel ein neues Werk des Heiligen Geistes auf andere übertragen (Apostelgeschichte 8,17) oder wie Timotheus durch Paulus eine geistliche Gabe empfangen (2. Timotheus 1,6).

Ich habe das selbst erlebt. Manchmal, wenn Menschen für mich gebetet und mir die Hand aufgelegt haben, spürte ich, dass Gottes Kraft mich besonders stark erfüllte. Das machte sich dann anschließend in meinem Leben und meinem Dienst bemerkbar. Eine solche Gelegenheit hatte ich während einer Konferenz, bei der der Redner mit großer Vollmacht gepredigt hatte. Im Anschluss an die Predigt konnte man nach vorne kommen, um für sich beten zu lassen. Ich ging mit vielen anderen nach vorne, ohne dabei eine bestimmte Erwartung zu haben. Dieser bestimmte Redner, dessen Leben und Dienst zutiefst von Gottes Kraft erfüllt war, kam nun, scheinbar zufällig, auf mich zu. Er sprach ein kurzes Gebet für mich und ging dann weiter zum Nächsten. Ich stand einfach nur da vor dem Herrn, und in weniger als einer Minute kam derselbe Mann wieder zu mir zurück. Er erklärte mir, dass er von Gott den Eindruck bekommen hatte, dass er noch einmal für mich beten sollte. Wieder war es nur ein kurzes Gebet, aber während er sprach, hatte ich das Gefühl, als ob in meiner Brust ein Feuer entfacht wurde. Nachdem er gegangen war, blieb ich vor Gott stehen und nahm im Glauben die Tatsache an, dass ich neu und vollständig mit Gottes Geist erfüllt worden war. Mein Leben und Dienst bekamen eine neue Dimension und Dynamik. Seit diesem Vorfall bin ich nicht mehr derselbe.

Einmal hatte Cindy einen Traum, dass eine bestimmte Frau aus unserer Gemeinde auf uns zukommen und um Gebet bitten würde. Im Traum wurde Cindy gezeigt, dass wir für diese Frau beten und ihr die Hände auflegen sollten, damit Gottes Geist sie erfüllte und sie einen dynamischen, prophetischen Dienst beginnen konnte. Wir mussten sie nicht irgendwo suchen - sie würde von selbst auf uns zukommen.

Tatsächlich rief uns diese bestimmte Frau ungefähr einen Monat später an und erzählte uns, dass sie auch einen Traum gehabt hatte. In diesem Traum kam sie zu uns, um für sich beten zu lassen und eine geistliche Gabe zu empfangen, die sie zu einem prophetischen Dienst befähigen würde (was zu diesem Zeitpunkt noch nicht der Fall war). Sie fragte, ob sie kommen dürfe, damit wir für sie beteten. Und das taten wir dann auch. Wir legten ihr die Hände auf, und sie wurde vom Heiligen Geist erfüllt. Die Folge war eine starke prophetische Begabung, die sie für den Dienst an Menschen nutzen konnte.

Bei all dem müssen wir unbedingt verstehen, dass die Erfüllung mit dem Heiligen Geist aus der Beziehung mit Gott heraus und durch unseren Lebensstil entsteht. Aber wenn es eine Möglichkeit gibt, dass andere, die von Gott eine besondere Fähigkeit für ihren Dienst bekommen haben, für Sie beten, ermutige ich Sie dazu, sich das zu Nutze zu machen - egal ob die Veranstaltung öffentlich oder privat stattfindet. Sie werden Ihr Leben danach nur noch in der Fülle und Kraft des Heiligen Geist leben wollen. Das nächste Kapitel handelt von der Tatsache, dass nicht nur Gottes Kraft, sondern auch seine Autorität in uns wohnt - nämlich durch unsere Beziehung mit Jesus Christus. Ein übernatürliches „Leben in Freiheit", das sowohl im himmlischen als auch im natürlichen Bereich eingebunden ist, ist nur durch die Kraft des Heiligen Geistes und durch die Autorität Jesu Christi möglich.

KAPITEL 8
In Gottes Kraft und Autorität leben

Ein Leben in der übernatürlichen Kraft Gottes ist das erstaunliche Recht und Privileg jedes Christen. Das hat Jesus versprochen. Die frühchristliche Gemeinde hat diese Kraft empfangen und daraus gelebt. Der Apostel Paulus behauptete sogar, dass er sich durch den Heiligen Geist, durch aufrichtige Liebe und durch das Verkünden der Wahrheit in der Kraft Gottes „als Diener Gottes erweist" (s. 2. Korinther 6,6-7).

Was bedeutet Kraft und Autoriät?

Das Wort „Kraft" ist eine Übersetzung des griechischen Wortes „dynamis", das auch Stärke, Macht oder Fähigkeit bedeutet.[13] Es verweist auf die im Wesen einer Sache innewohnende Kraft und auf die Kraft, Wunder zu wirken. Unser Wort „Dynamit" geht darauf zurück.

Im Leben Jesu und in seinem Dienst gibt es aber noch eine weitere wichtige Komponente. Das Lukasevangelium berichtet von Menschen, die erstaunt und erschrocken von ihm sagten: „Was ist das für ein Wort? Mit Vollmacht und Kraft befiehlt er den bösen Geistern, und sie fliehen" (Lukas 4,36). Obwohl Jesus wahrer Gott war, lebte er ganz als Mensch - ausgestattet mit der Kraft Gottes. Darüber hinaus besaß er auch noch die Autorität Gottes. Dadurch war er nicht nur bewaffnet, sondern für seine Feinde auch gefährlich!

„Autorität" ist eine Übersetzung des griechischen Wortes „exousia". Es wird manchmal auch mit „Vollmacht" übersetzt, bezieht sich aber mehr auf die verliehene Vollmacht, das heißt, auf das Recht oder Privileg, Autorität auszuüben. Es kann sich auf die Vollmacht einer Regierung beziehen oder auf die Vollmacht einer Person oder Behörde, deren Willen und Befehl sich andere unterordnen müssen.[14]

Jesus hat in seinem ganzen Leben sowohl übernatürliche Kraft (dynamis) als auch Autorität (exousia) bewiesen. Er hat jeder Versuchung Satans widerstanden. Er hat Satans Reich an jeder Front überwunden - indem er Menschen heilte und von Dämonen befreite. Wo immer Jesus auftauchte, musste Satan fliehen. Diese Wahrheit hat Jesus während seines ganzen Lebens hier auf der Erde immer wieder verkündet und demonstriert:

Matthäus 12,28-29
Wenn ich aber die Dämonen durch den Geist Gottes austreibe, dann ist das Reich Gottes schon zu euch gekommen. Wie kann einer in das Haus eines starken Mannes einbrechen und ihm den Hausrat rauben, wenn er den Mann nicht vorher fesselt? Erst dann kann er sein Haus plündern.

Apostelgeschichte 10,38

... wie Gott Jesus von Nazaret gesalbt hat mit dem Heiligen Geist und mit Kraft, wie dieser umherzog, Gutes tat und alle heilte, die in der Gewalt des Teufels waren; denn Gott war mit ihm.

Die Bibel stellt eindeutig klar, dass Jesus nicht bloß gekommen ist, um Satan zu ärgern, ihn auf die Palme zu bringen oder zu quälen. Er kam in Kraft und in Autorität, um Satan und seine Werke vollständig zu zerstören (1. Johannes 3,8). Auch Satan war entschlossen, Jesus zu vernichten – er wusste, es war ein Kampf bis zum bitteren Ende. Und Sie können sicher sein, dass Satan diesen Kampf nicht seinen Dämonen überlassen hat; er führte die schonungslosen Angriffe persönlich an. Jesus widerstand allen Angriffen Satans – seinen Plänen, seinen sündhaften Versuchungen und seiner bösen Macht – in vollkommener Gerechtigkeit.

Jesus nahm die ganze Wut der Hölle mitsamt ihren Lügen, Schlägen, dem Gespött und den bösartigen Angriffen von Menschen und dämonischen Mächten auf sich. Aber das war mehr als nur ein physischer Kampf; im Grunde genommen war dieser Kampf geistlicher Natur. Jesus nahm die Verantwortung für die Sünde dieser Welt auf sich. Er bezahlte die Strafe für das Urteil Gottes und für die Sünde der ganzen Menschheit. Sein Einsatz war hoch. Manche behaupten, dass das im himmlischen Bereich die größte Demonstration von Satans Macht war, die er jemals im Kampf gegen Gott aufgebracht hat.

Als Jesus schließlich gestorben war, muss Satan in diesem Moment geglaubt haben, dass Gott jetzt nicht mehr länger gegen sein Reich kämpfen würde, und damit seine Herrschaft und sein Reich auf der Erde sichergestellt war. Aber Jesus hat Satan, die Sünde und den Tod besiegt, als er an jenem Sonntagmorgen von den Toten auferstand. Durch diese Tat wurde Satan entwaffnet. Er verlor seine Autorität und Vollmacht. Durch Jesu Tod und Auferstehung ermöglicht Gott denen, die durch Jesus Christus erlöst sind, von Satans Macht und Herrschaftsbereich befreit zu werden und in Gottes Kraft und Autorität zu leben. Diese Wahrheit hat Jesus dem Apostel Paulus persönlich offenbart, als er ihm mitteilte: „Ich will dich vor dem Volk und den Heiden retten, zu denen ich dich sende, um ihnen die Augen zu öffnen. Denn sie sollen sich von der Finsternis zum Licht und von der Macht Satans zu Gott bekehren und sollen durch den Glauben an mich die Vergebung der Sünden empfangen und mit den Geheiligten am Erbe teilhaben" (Apostelgeschichte 26,18).

„Leben in Freiheit" bedeutet, von der Kraft und Autorität Satans befreit und frei zu sein, in der Kraft und Autorität Gottes zu leben und zu handeln. Wie sind wir dazu in der Lage? Das ist durch unsere Stellung in Jesus Christus und durch unsere persönliche Beziehung mit ihm möglich.

Zu sehen, wie ein gläubiger Mensch auf diese Art verwandelt und die Autorität Gottes in seinem Leben freigesetzt wird, ist erstaunlich. In unserer Gemeinde gab es dafür ein anschauliches Beispiel. Unsere Hausgruppen hatten sich speziell zum Ziel gesetzt, ihre

Nachbarschaft „betend zu evangelisieren" (das heißt, bevor sie die Verlorenen für Christus gewinnen wollten, leisteten sie zunächst „Vorarbeit" im himmlischen Bereich, indem sie dafür beteten). Mehrere Hausgruppen erlebten, wie sich viele Nachbarn innerhalb kürzester Zeit zu Christus bekehrten. Einer dieser Neubekehrten - er hieß Mark - hatte sein Leben lang mit Drogen- und Alkoholmissbrauch, Ärger und häuslicher Gewalt zu tun gehabt. Die Veränderung in seinem Leben war bemerkenswert. Was aber noch bemerkenswerter war, war die Autorität und Unerschrockenheit, die er innerhalb kürzester Zeit in seinen Gebeten zeigte.

Nachdem Mark und seine Lebensgefährtin (die er später heiratete) Christ wurden, lief Marks neue Hausgruppe weiter betend durch die Nachbarschaft, und Mark schloss sich ihnen an. Auf ihrer „Gebetsroute" stand ein Haus, das von Drogenmissbrauch, Kriminalität und Bandengewalt gekennzeichnet war. Daneben stand ein leer stehendes Gebäude. Mark fühlte sich gedrängt anzuhalten und für zwei Dinge zu beten. Zuerst stellte er - zur Überraschung der restlichen Gruppe - laut und bestimmt das gesamte Anwesen des Drogenhauses unter die Autorität des Herrn Jesus und erklärte die Nachbarschaft frei von jeglichen dämonischen Einflüssen, die mit diesem Haus in Verbindung standen. Dann bat er Gott, eine christliche Familie zu schicken, die in das leere Haus einzog. Die Hausgruppenteilnehmer waren verblüfft über Marks vollmächtige und unerschrockene Art zu beten. Woher wusste er, dass er so beten sollte? Würde es „funktionieren"?

Diese Begebenheit liegt einige Jahre zurück. Das Drogenhaus wurde später durchsucht, geräumt und abgerissen. An derselben Stelle wurde ein neues, wunderschönes Haus gebaut. Das leer stehende Gebäude wurde tatsächlich von einer christlichen Familie gekauft und bezogen - sie leben heute immer noch dort!

Wie Marks Erfahrung zeigt, bedeutet ein „Leben in Freiheit" unter anderem, von der Kraft und Autorität Satans befreit und frei zu sein, in der Kraft und Autorität Gottes zu leben und zu handeln. Wie können wir das tun? Unsere Stellung in Jesus Christus und unsere persönliche Beziehung zu ihm berechtigen uns dazu.

Die Kraft und Autorität Jesu

Vierzig Tage nach der Auferstehung Jesu von den Toten fuhr er in den Himmel auf, wo Gott ihm den Platz zu seiner Rechten zuwies. Der Ausdruck „rechte Hand Gottes" verweist symbolisch gesehen auf die Autorität Gottes. Nachdem Jesus Satan und sein Reich besiegt hatte, wurde er von Gott, dem Vater geehrt, indem dieser ihm den Platz zu seiner Rechten zuwies und ihn damit weit über Satan und alle seine dämonischen Wesen stellte.

Epheser 1,19-22

... und wie überragend groß seine Macht sich an uns, den Gläubigen, erweist durch das

Wirken seiner Kraft und Stärke. Er hat sie an Christus erwiesen, den er von den Toten auferweckt und im Himmel auf den Platz zu seiner Rechten erhoben hat, hoch über alle Fürsten und Gewalten, Mächte und Herrschaften und über jeden Namen, der nicht nur in dieser Welt, sondern auch in der zukünftigen genannt wird. Alles hat er ihm zu Füßen gelegt und ihn, der als Haupt alles überragt, über die Kirche gesetzt.

Beachten Sie, dass Jesus nicht nur an einem bestimmten Platz im Himmel ist, irgendwo in einer entfernten Ecke des Universums. Er ist uns im unsichtbaren Bereich sehr nahe - nämlich im himmlischen Bereich, den wir an früherer Stelle bereits erwähnten. Durch die Kraft des Heiligen Geistes wohnt er außerdem in uns - wenn wir an seine Erlösung glauben. „Nicht mehr ich lebe", sagte Paulus, „sondern Christus lebt in mir" (Galater 2,20).
Gleichzeitig ist Jesus die höchste Autorität über alle Geistwesen im unsichtbaren Bereich - Satan eingeschlossen. Satan ist nur eines der Wesen, die von Gott geschaffen wurden; er ist Jesus keineswegs und auch nicht annähernd gleichgestellt. Im Epheserbrief, Kapitel eins lesen wir, dass Jesus „hoch über alle Fürsten und Gewalten (exousia), Mächte (dunamis) und Herrschaften" erhoben ist. Niemand und nichts hat mehr Autorität oder größere Macht als Jesus Christus - noch nicht einmal annähernd. Gott hat ihm buchstäblich alles zu Füßen gelegt!

Der Dienst Jesu in und unter der Autorität Gottes

Obwohl Jesus (Gott, der Sohn) Gott, dem Vater untergeordnet ist, hat er gleichzeitig mehr Autorität als die gesamte Schöpfung und als alle Geschöpfe. Er diente in göttlicher Kraft und Autorität. Aber er selbst diente ebenfalls unter einer Autorität. Jesus wirkte jederzeit unter der Leitung und Autorität Gottes. Sein Handeln und die Art, wie er handelte, geschahen nicht aufgrund unabhängig getroffener Entscheidungen. Tatsächlich sprach er kein Wort, es sei denn, er bekam von seinem Vater den Auftrag zu reden (Johannes 8,26; 12,49).
Genau so hat Jesus gedient. Auf diese Weise lebte er „gesalbt", das heißt bevollmächtigt vom Heiligen Geist. Jesus, der sowohl wahrer Gott als auch wahrer Mensch war, diente als ein Mensch, der unter der Autorität Gottes, des Vaters stand. Das sehen wir in den folgenden Versen:

Johannes 5,30
Von mir selbst aus kann ich nichts tun; ich richte, wie ich es (vom Vater) höre, und mein Gericht ist gerecht, weil es mir nicht um meinen Willen geht, sondern um den Willen dessen, der mich gesandt hat.

Johannes 7,16
Darauf antwortete ihnen Jesus: „Meine Lehre stammt nicht von mir, sondern von dem, der mich gesandt hat."

Johannes 8,26-28
Ich hätte noch viel über euch zu sagen und viel zu richten, aber er, der mich gesandt hat, bürgt für die Wahrheit, und was ich von ihm gehört habe, das sage ich der Welt. Sie verstanden nicht, dass er damit den Vater meinte. Da sagte Jesus zu ihnen: „Wenn ihr den Menschensohn erhöht habt, dann werdet ihr erkennen, dass ich es bin. Ihr werdet erkennen, dass ich nichts im eigenen Namen tue, sondern nur das sage, was mich der Vater gelehrt hat."

Johannes 12,49-50
Denn was ich gesagt habe, habe ich nicht aus mir selbst, sondern der Vater, der mich gesandt hat, hat mir aufgetragen, was ich sagen und reden soll. Und ich weiß, dass sein Auftrag ewiges Leben ist. Was ich also sage, sage ich so, wie es mir der Vater gesagt hat.

In Gottes Ordnung ist es extrem wichtig, dass wir sowohl unter als auch in der Autorität des Vaters leben und wirken. Unter seiner geistlichen Autorität leben bedeutet unter anderem, dass wir ein Leben im Gehorsam gegenüber Gott führen. Wir werden auf die Autoritätsstrukturen Gottes ausgerichtet; unser körperliches und geistliches Wohlergehen steht unter seinem Schutz. Das bedeutet auch, dass wir uns der Autorität Christi unterstellen, und dadurch nicht nur Macht über den Feind, sondern auch Kraft im Gebet und in der Verkündigung bekommen.
Weil Jesus unter der Autorität des Vaters diente, konnte er in großer Autorität dienen. Es ist entscheidend, dass auch wir lernen, unser Leben und Wirken mit der Autorität Gottes in Einklang zu bringen, damit seine Kraft in und durch uns fließen kann und wir, wie Jesus, in göttlicher Vollmacht leben können:

Matthäus 9,6-8
„Ihr sollt aber erkennen, dass der Menschensohn die Vollmacht hat, hier auf der Erde Sünden zu vergeben." Darauf sagte er zu dem Gelähmten: „Steh auf, nimm deine Tragbahre, und geh nach Hause!" Und der Mann stand auf und ging heim. Als die Leute das sahen, erschraken sie und priesen Gott, der den Menschen solche Vollmacht gegeben hat.

Matthäus 10,1
Dann rief er seine zwölf Jünger zu sich und gab ihnen die Vollmacht, die unreinen Geister auszutreiben und alle Krankheiten und Leiden zu heilen.

Lukas 24,47+49

Und in seinem Namen wird man allen Völkern, angefangen in Jerusalem, verkünden, sie sollen umkehren, damit ihre Sünden vergeben werden. (...) Und ich werde die Gabe, die mein Vater verheißen hat, zu euch herabsenden. Bleibt in der Stadt, bis ihr mit der Kraft aus der Höhe erfüllt werdet.

Damit wir wirklich in Freiheit leben und Jesu Dienst auf Erden so weiterführen können, wie er und die frühchristliche Gemeinde es getan haben, müssen wir Gottes Kraft und Autorität empfangen und darin leben. Als Nachfolger Jesu Christi werden wir entdecken, dass wir Gottes übernatürliche Kraft in unserem Leben brauchen, um der Mensch zu sein, der wir sein sollen, um so zu leben, wie wir leben sollen und um das zu tun, was wir tun sollen. Das ist der Grund, warum „Jesus seine Jünger zu sich rief und ihnen Autorität über alle Dämonen und die Macht zur Heilung von Krankheiten gab" (s. Lukas 9,1). Das ist der Grund, warum Jesus vor seiner Himmelfahrt den Jüngern sagte, sie sollten darauf warten, bis der Heilige Geist vom Himmel käme und sie mit der Kraft Gottes erfüllte.

Lukas 24,49

Und ich werde die Gabe, die mein Vater verheißen hat, zu euch herabsenden. Bleibt in der Stadt, bis ihr mit der Kraft aus der Höhe erfüllt werdet.

Apostelgeschichte 1,8

Aber ihr werdet die Kraft des Heiligen Geistes empfangen, der auf euch herabkommen wird; und ihr werdet meine Zeugen sein in Jerusalem und in ganz Judäa und Samarien und bis an die Grenzen der Erde.

Jesus gewährt den Gläubigen seine Kraft und Autorität

In seinem Brief an die Epheser beschreibt Paulus immer wieder, welche Auswirkungen die Autorität Jesu auf die Menschheit hat. Früher standen wir unter der Herrschaft der Hölle, unter Satan und seinen Dienern. Wir wurden von unserer sündhaften, fleischlichen Natur beherrscht und standen unter dem Einfluss der Welt (s. Epheser 2,1-3). Jesus ist gekommen, um uns von der Herrschaft (der Kraft und Autorität) Satans zu befreien und in sein Reich zu versetzen. Das Erstaunlichste an dieser unglaublich guten Nachricht ist, dass uns Jesus nicht nur von Satans Herrschaft befreit hat, um uns in seinen Herrschaftsbereich zu stellen, sondern er hat uns auch herausgeholt und uns den Platz neben sich im „himmlischen Bereich" gegeben. Das bedeutet, dass die Autorität, die Jesus von seinem Vater bekommen hat, auch uns gegeben ist!

Epheser 2,4-6
Gott aber, der voll Erbarmen ist, hat uns, die wir infolge unserer Sünden tot waren, in seiner großen Liebe, mit der er uns geliebt hat, zusammen mit Christus wieder lebendig gemacht. Aus Gnade seid ihr gerettet. Er hat uns mit Christus Jesus auferweckt und uns zusammen mit ihm einen Platz im Himmel gegeben.

Jesus herrscht über den ganzen himmlischen Bereich; er sitzt auf dem Platz der höchsten Autorität - und wir herrschen mit ihm. Wir teilen seine Autorität im himmlischen Bereich. Das ist eine Tatsache, die schon heute, nicht erst in der Zukunft, Realität ist. Wir besitzen schon jetzt durch Jesus Christus jeden geistlichen Segen im himmlischen Bereich (s. Epheser 1,3).

Die unten stehende Tabelle zeigt, welche geistliche Autorität wir, die wir eine persönliche Beziehung zu Jesus Christus haben und von ihm erlöst sind, besitzen. Beachten Sie die unterschiedliche Position zwischen denen, die an Jesus Christus glauben und ihm nachfolgen und denjenigen, die nicht an ihn glauben.

Es ist eine Darstellung der Autoritätshierarchie in der Welt. Beachten Sie, dass eine Person, wenn sie Christ wird, auf der Autoritätsleiter direkt auf den Platz unter Jesus Christus versetzt wird.[15]

Ungläubige	Gläubige	
Jesus Christus Epheser 1,22	**Jesus Christus** Epheser 1,22	Dies repräsentiert die Hierarchie der geistlichen Welt. Bemerke: Wenn jemand Christ wird, nimmt er/sie neu den Platz direkt unter Jesus Christus ein.
	Gläubige Epheser 2,6	
Satan Epheser 2,2	**Satan** Epheser 2,2	
Geister Lukas 13,11	**Geister** Lukas 13,11	
Menschen Genesis 1,26	**Menschen** Genesis 1,26	
Tiere Psalm 8,6-8	**Tiere** Psalm 8,6-8	

Wie hat Jesus seine Autorität auf der Erde ausgeübt?

Jesus zeigte mit seinem Leben, was es heißt, wenn Gottes Kinder die Autorität des Vaters bekommen und darin leben. Er machte deutlich, dass die Kraft Gottes nicht nur in ihm wohnte, sondern dass er außerdem auch befugt und berechtigt war, sie auszuüben. Er heilte Kranke, erweckte Tote zum Leben und vergab den Menschen ihr Sünden. Mit einem Befehl stillte er den Sturm und das Meer und schlug den Feind mit einem Schwert in die Flucht.

Aber Jesus behielt diese Autorität nicht für sich allein. Er übertrug sie auf seine zwölf Jünger und später noch auf zweiundsiebzig andere. Als Jesus sie aussandte, um anderen zu dienen und sie später zu ihm zurückkehrten, waren sie erstaunt über die Kraft, die von der Autorität Jesu ausging:

Lukas 9,1
Dann rief er die Zwölf zu sich und gab ihnen die Kraft und Vollmacht, alle Dämonen auszutreiben und die Kranken gesund zu machen.

Lukas 10,17-19
Danach suchte der Herr zweiundsiebzig andere aus und sandte sie zu zweit voraus in alle Städte und Ortschaften, in die er selbst gehen wollte. (...)
Die Zweiundsiebzig kehrten zurück und berichteten voll Freude: Herr, sogar die Dämonen gehorchen uns, wenn wir deinen Namen aussprechen. Da sagte er zu ihnen: Ich sah den Satan wie einen Blitz vom Himmel fallen. Seht, ich habe euch die Vollmacht gegeben, auf Schlangen und Skorpione zu treten und die ganze Macht des Feindes zu überwinden. Nichts wird euch schaden können.

Galten diese Anweisungen nur ihnen? Oder waren sie auch für uns bestimmt? Beachten Sie, dass Jesus seinen Jüngern später erklärte: „Amen, ich versichere euch: Wer im Glauben mit mir verbunden bleibt, wird die gleichen Taten vollbringen, die ich tue. Ja, er wird sogar noch größere Taten vollbringen" (Johannes 14,12). Jesus wollte nicht, dass wir ihm die ganze Arbeit überlassen, das Königreich Gottes auf der Erde zu verkündigen und aufzubauen. Er wollte seine Kraft und Autorität unbedingt mit uns teilen! Als Jesus für seine Jünger betete (s. Johannes 17), sagte er, dass er seine Jünger genauso in die Welt sendet, wie Gott, der Vater ihn gesandt hat. Er betete weiter und sagte, dass dieses Gebet nicht nur unmittelbar den elf Jüngern galt, sondern allen, die durch das Wort der Jünger an ihn glaubten (Verse 18 und 20). Damit sind auch Sie und ich gemeint!
Unsere Verantwortung ist es, in dieser Wahrheit zu leben. Wir müssen lernen, unsere mächtigen, geistlichen Waffen einzusetzen, unsere Autorität auszuüben und den Kampf

im himmlischen Bereich zu führen, um das Territorium des Feindes zurückzuerobern und das Reich Satans auf der Erde zu plündern. Das ist der Grund, warum wir hier auf der Erde sind - um Jesu Dienst zu tun und sein Reich zu vergrößern - wobei wir in unserem eigenen Leben und Einflussbereich anfangen müssen. Das Leben und der Dienst Jesu sind unser Vorbild, wie wir leben sollen und wie die Kirche heute ihre Arbeit ausführen soll. Wir müssen darauf vorbereitet sein, die Autorität Christi auszuüben, wo auch immer sich das Werk des Feindes in unserem Leben und darüber hinaus bemerkbar macht - selbst dann, wenn es völlig unerwartet kommt.

Das erlebte ich einmal als Pastor auf einer Gemeindefreizeit. Die Atmosphäre schien ziemlich harmonisch zu sein. Die Gruppe war großartig und Cindy und ich hatten einen direkten, guten Draht zu den Teilnehmern. Sie waren offen und aufgeschlossen und bereit für alles, was der Herr für sie auf Lager hatte - sowohl persönlich als auch in der Gemeinschaft.

Eines Tages, am Ende meiner Predigt, begann ich, die Leute einzuladen, im Gebet Vergebung auszusprechen und diejenigen loszulassen, die ihnen Unrecht angetan oder sie verletzt hatten. Die Gegenwart des Herrn war deutlich zu spüren.

In diesem Moment fingen ein paar Frauen im Raum plötzlich an zu kreischen. Anstatt der Gegenwart des Herrn lag nun Angst in der Luft. Es war nur unschwer zu erkennen, dass dies ein geistlicher Kampf war.

Sofort übte ich meine Autorität über diese Situation aus und wandte mich mit lauter Stimme an die dämonischen Geister, die die Frauen quälten: „Im Namen Jesu, hört damit auf! Seid still! Ihr habt hier nichts zu melden." Als ich das gesagt hatte, waren die Frauen augenblicklich still. Im Anschluss an den Gottesdienst hatten wir natürlich ein seelsorgerliches Gespräch mit ihnen.

Dieser Moment war für die Gemeinde sehr real; es war eine gute Gelegenheit, über dieses Thema zu lehren. Den Rest des Wochenendes lehrte ich über die Autorität, die wir in Christus haben und über die Kraft und Vollmacht, die Gott uns in ihm geschenkt hat. Dieser Vorfall war ein anschauliches und perfektes Beispiel für die Tatsache, dass wir tatsächlich Autorität über die ganze Macht des Feindes haben (Lukas 10,19) - und dass wir sie vertrauensvoll anwenden müssen.

Immer wieder lesen wir in der Bibel, dass Satans Reich einen Machtkampf mit dem Reich Gottes nicht überleben kann. Er ist besiegt worden! Als Gläubige müssen wir anfangen, die Kraft und Autorität Jesu Christi, die er auch uns gegeben hat und die in uns wohnt, zu verstehen und regelmäßig einzusetzen. Die einzigen Waffen, die Satan besitzt, sind Lügen, Tarnungen, Täuschungen, Einschüchterung und Verbreitung von Angst. Er kann den Machtkampf gegen Gottes Kinder, die sich auf die Gerechtigkeit, Heiligkeit und Autorität Christi berufen, nicht aushalten. Die Kirche muss sich dieser Realität bewusst werden!

Die Ausübung der Autorität, die wir in Christus haben

Wenn Sie an Jesus Christus glauben und mit seiner Autorität ausgestattet sind, sind Sie vergleichbar mit einem Polizisten, der für die Bundesregierung arbeitet. Stellen Sie sich einen Polizeibeamten vor, der sich weigert, einen Kriminellen zu verhaften und zu einer Person, die ein offenkundiges Verbrechen gegen die Regierung begangen hat, sagt: „Ich bin nicht der Bundeskanzler oder der Ministerpräsident unseres Landes und fühle mich deshalb nicht befugt, Sie festzunehmen." Die Polizisten sind doch dazu beauftragt worden, genau diesen Job zu erledigen. Die höchste Autorität hat zwar die Regierung. Aber der Beamte hat die Aufgabe, die Autorität auszuüben, die ihm von der Regierung übertragen wurde. So ist das auch mit der geistlichen Kraft und Autorität, die uns aufgrund unserer Beziehung mit Jesus Christus übertragen wurde. Um also über die Pläne und Strategien des Feindes Herr zu werden, müssen wir diese Autorität regelmäßig ausüben. Alles, was Satan zugrunde richtet, wie das Leben und die Ehen der Menschen, Familien, Gemeinden, Unternehmen, Erziehungsmaßnahmen, Regierungen, die Unterhaltungsbranche usw., können wir nur so seinem Machtbereich entreißen. Denken Sie nicht auch, dass es Zeit ist für die Kirche, Jesu Auftrag auszuführen und sich gegen Satans Reich zu erheben, ihn bloßzustellen und machtvoll gegen ihn anzurücken?

Wie könnte das in der Praxis aussehen? Oft bedeutet es einfach nur, die Kraft und Autorität Jesu in unseren Alltag und in unsere Beziehungen mit hinein zu nehmen.

Eines Tages erhielt Cindy einen Anruf aus einer anderen Gegend des Landes. Man teilte ihr mit, dass eine Freundin aus ihrer Kindheit in einer Krebsklinik unserer Stadt im Sterben lag. Debbie war bereits in ein tiefes Koma gefallen. Ihr Körper funktionierte nur noch an einer Beatmungsmaschine, und die Ärzte gaben ihr nur noch drei Tage zu leben. Ihre beiden erwachsenen Kinder waren aus Ohio angereist, um sich gemeinsam mit ihrem Vater von Debbie zu verabschieden. Die Freundin fragte Cindy am Telefon, ob sie bereit sei, zu ihnen zu gehen und für sie zu beten.

Cindy nahm noch eine Freundin mit, die sie begleitete. Ihr war sehr wohl bewusst, dass das eine Riesenherausforderung für ihren Glauben bedeutete. Die Worte aus Johannes 14,12-14 schossen ihr durch den Kopf: „Amen, amen, ich sage euch: Wer an mich glaubt, wird die Werke, die ich vollbringe, auch vollbringen und er wird noch größere vollbringen, denn ich gehe zum Vater. Alles, um was ihr in meinem Namen bittet, werde ich tun, damit der Vater im Sohn verherrlicht wird. Wenn ihr mich um etwas in meinem Namen bittet, werde ich es tun."

Während Cindy sich Debbies Bett näherte, fragte sie den Herrn, was sie beten sollte. Ihr fiel die Geschichte von Jesus ein, als er Petrus´ Schwiegermutter von ihrem hohen Fieber geheilt hatte (Lukas 4,38-39). Sie wusste, dass auch sie die Kraft und Autorität besaß, die Jesus allen Gläubigen geschenkt hat. Mit diesem Wissen und den Worten aus Johannes 14,12-14, die so voller Kraft und Wahrheit sind, wurde ihr bewusst, dass sie jetzt die

Gelegenheit hatte, ihren Glauben an das zu beweisen, was die Bibel über die Ausübung dieser Kraft und Autorität lehrte.

Sie betete ungefähr folgendermaßen: „Herr, ich trete jetzt vor dich aufgrund der Autorität und Kraft, die du mir durch Jesus gegeben hast. Du hast gesagt, dass wir dieselben Dinge vollbringen würden wie Jesus und sogar noch größere, weil wir diese Kraft auch in uns haben. Jesus, du hast mir in Johannes 15 gesagt, dass ich dich, wenn ich in dir bleibe und du in mir, um alles bitten kann, was ich will, und du wirst es mir gewähren, damit der Vater durch den Sohn verherrlicht wird. Also weise ich jetzt im Namen und in der Autorität Jesu, die in mir ist, den Krebs und den Tod zurück. Und in Jesu Namen spreche ich jetzt Heilung und Leben im Überfluss über Debbie aus."

Es war kein herausragendes und auch kein lautes oder stürmisches Gebet, sondern ein einfaches Gebet, das im Glauben und in der Autorität des Namens Jesus ausgesprochen wurde und sich auf die Bibel gründete. In diesem Moment geschah nichts. Cindy und ihre Freundin verabschiedeten sich und machten sich auf den Heimweg.

Ungefähr eine Woche später klingelte das Telefon. Dieses Mal war Debbie selbst am Apparat. Sie erzählte, dass sie während des Komas drei Tage und Nächte lang das Gefühl gehabt hatte, dass ein Engel bei ihr am Bett stand. Am dritten Tag wachte sie auf und wusste, dass sie geheilt war. Sie bat die Krankenhausmitarbeiter, sie von allen lebenserhaltenden Maschinen loszumachen und sie erneut zu untersuchen. Die Ergebnisse zeigten, dass sie tatsächlich geheilt war! Bis zum heutigen Tag ist der Krebs nicht wiedergekehrt. Aufgrund von Debbies Heilung nahmen ihre Söhne Jesus Christus als ihren persönlichen Herrn und Retter an und stehen jetzt aktiv und begeistert im Dienst für den Herrn.

In der Bibel steht, dass Satan ein Lügner, ein Dieb und ein Mörder ist. Ansonsten kann er gar nichts. Er lügt, stiehlt und tötet. Das tut er in jedem Leben, jeder Ehe, Familie, Gemeinde, Institution, in jeder Gesellschaft, Stadt und in jedem Volk überall auf der Welt. Wie sieht die Lüge aus, die er Ihnen erzählt hat? Auf welche Weise hat er Ihnen etwas gestohlen? Was hat er in Ihrem Leben und in Ihren Beziehungen getötet? Was hat er in Ihrem Dienst und in Ihrer Berufung zerstört? Wie hält er Sie in Gebundenheiten durch Gewohnheitssünden und Bindungen (über die wir später noch mehr erfahren werden)?

Es wird Zeit, dass Sie, ich und alle, die Jesus Christus hingebungsvoll nachfolgen uns gegen Satan und sein Reich erheben. Es wird Zeit, dass wir die Kraft und Autorität Gottes ausüben, die durch Jesus Christus in uns ist. Diese Kraft ist dieselbe, die Jesus Christus von den Toten auferweckt hat (Epheser 1,19-20). Im nächsten Kapitel sehen wir uns die Wahrheiten und praktischen Schritte an, die uns befähigen, uns mutig dem Reich Satans zu stellen - und ihn zu besiegen!

KAPITEL 9

Dem Reich Satans mutig entgegentreten

Jesus demonstrierte regelmäßig Gottes Kraft und Autorität über den Feind. Ein großer Teil seines Dienstes hier auf der Erde bestand darin, sich direkt und wirksam gegen die Geistwesen aus Satans Reich zu richten, die die Bibel als „Dämonen" bezeichnet. Andere Berichte im Neuen Testament zeigen auf, dass dieser Dienst nicht nur auf Jesus beschränkt war. Auch andere sprachen die dämonischen Geister direkt an, wobei sie die Autorität Jesu in Anspruch nahmen, die er ihnen gegeben hatte. In Apostelgeschichte 16,18 gebrauchte Paulus seine Vollmacht über einen dämonischen Geist, der von einem jungen Dienstmädchen Besitz ergriffen hatte und durch sie wirkte. Dasselbe tat Philippus in Apostelgeschichte 8; dort lesen wir, dass „aus vielen Besessenen unter lautem Geschrei die unreinen Geister" ausfuhren und dass auch „viele Lahme und Krüppel geheilt" wurden (Vers 7).

Viele von uns, die an Jesus Christus glauben, nutzen nicht die Unerschrockenheit, die Jesus uns gibt, wenn wir uns der Realität von dämonischen Geistern zuwenden. Ich erinnere mich noch, als ich das erste Mal mit der Realität dämonischer Geister konfrontiert wurde. Das war in der Kirche, in der ich als Pastor tätig war. Der Gottesdienst, in dem einer der Hilfspastoren gepredigt hatte, war gerade zu Ende. Natürlich hatte ich schon gehört, dass es sie (sprich die Dämonen) in anderen Ländern gibt – besonders in Ländern der Dritten Welt – aber doch nicht bei uns. Ehrlicherweise war ich irgendwie überrascht, dass sie sogar in der Lage waren, Einreisevisa für die Vereinigten Staaten zu bekommen!

Im Ernst, ich muss zugeben, dass ich mich ziemlich beklommen fühlte. Ich dachte über den Bericht in der Apostelgeschichte nach, wo die sieben Söhne des jüdischen Oberpriesters versucht hatten, Vollmacht über einen Dämon auszuüben, die sie gar nicht hatten (Apostelgeschichte 19,13-17). Er setzte ihnen so zu, dass sie nackt und blutend vor ihm fliehen mussten. Aber sowohl unsere Gemeinde als auch ich lernten und verstanden bald, dass die Autorität Gottes in uns, die wir glauben, eine machtvolle Realität ist!

In diesem bestimmten Fall war ein junger Mann nach vorne gekommen, um nach dem Gottesdienst für sich beten zu lassen. Doch kurz nachdem wir angefangen hatten, für ihn zu beten, übernahm der Feind die Kontrolle über seine Stimme und seine Bewegungen und wir brauchten mehrere Männer, um ihn zu überwältigen. Das war das erste Mal, dass die meisten von uns etwas Derartiges sahen. Mit der Zeit lernten wir jedoch, dass wir nicht nur unsere Autorität in Christus ausüben können, sondern dass wir auch die Vollmacht besitzen, den dämonischen Geistern, wenn sie auftauchen, zu gebieten, dass sie gehen

- so wie Jesus das getan hatte. Die dämonischen Geister müssen wirklich auf uns hören und uns gehorchen, wenn wir in Gottes Gerechtigkeit und Autorität leben (Lukas 10,17 und 20)! Es war erstaunlich, mit anzusehen, wie aus der ängstlichen und furchtsamen Haltung der Menschen in unserer Gemeinde im Laufe der Zeit eine Haltung entstand, die Glauben und Autorität ausstrahlte. Als unsere Gemeinde zum ersten Mal der Vorstellung ausgesetzt war, ihre Autorität, die sie in Christus hatte, über die Dämonen auszuüben, waren alle stark eingeschüchtert. Tatsächlich konnten die Leute an einem Sonntagmorgen während der Lehre - dem Zeitpunkt, als sie zum ersten Mal damit konfrontiert wurden - das Wort „Dämon" nicht einmal gemeinsam laut aussprechen, ohne dabei von Furcht übermannt zu werden. Wir lehrten und unterrichteten sie in diesen Wahrheiten. Sie hörten zu und lernten. Bald darauf war jeder Dämon, der sich vor unserer Gemeinde zeigte, nur noch ein bemitleidenswertes Etwas! Man bedenke, dass es sich hier nicht um Pastoren und ausgebildete Bibelschüler handelte; es waren ganz gewöhnliche, durchschnittliche Laien, die Jesus liebten und im Gehorsam und in der Vollmacht als seine Jünger leben wollten - egal was von ihnen verlangt wurde! Wenn nötig würden sie auch die Autorität Christi, die sie in sich trugen, vertrauensvoll anwenden, sich erheben und sich mutig den bösen Geistern stellen, sollten sich diese zeigen. Sie waren sich nun sicher, wie sie mit ihnen umzugehen hatten.
Andere Gemeinden in unserer Gegend erfuhren von dem Dienst in unserer Gemeinde und fingen an, uns Menschen zu bringen, die Hilfe brauchten, Menschen, gegen deren Probleme sie sich auf diese Weise nicht gewappnet fühlten. Wir waren froh, dass wir in der Lage waren, anderen Gliedern im Leib Christi zu dienen. Dadurch bekamen wir die Gelegenheit, mit anderen Gemeinden und Leitern auf ganz natürliche und praktische Art darüber zu reden, was Gott uns über die Autorität in Christus, die wir über die gesamte Macht des Feindes haben, lehrte. Tatsächlich war das Bedürfnis nach dieser Art von Dienst an anderen Gemeinden (sowohl in unserem Staat als auch überall auf der Welt) der Anlass zur Entstehung von internationalen Konferenzen und schließlich auch zum Kurs „Leben in Freiheit" und dem Buch, das Sie jetzt in Händen halten.
Einzelne und Familien fingen an, diese Prinzipien (und die Autorität, die sie besaßen) in ihrem Alltag immer dann umzusetzen, wenn sie spürten, dass der Feind hinter den Schwierigkeiten und Problemen stecken könnte, denen sie begegneten. Ich erinnere mich an eine Mutter, die mir erzählte, dass sie sich noch nicht allzu große Sorgen machte, als ihre damals dreizehnjährige Tochter Heather sich zum ersten Mal über rechtsseitige Bauchschmerzen beklagte. Schließlich bekommen Kinder doch ständig aus irgendeinem Grund Bauchschmerzen, oder? Aber als sich Heather dann einige Tage später krümmte und vor Schmerzen schrie, wusste ihre Mutter, dass hier etwas schrecklich faul war. Sie brachte Heather zum Arzt, der eine Blinddarmentzündung diagnostizierte. Er schrieb es sogar in großen, schwarzen Buchstaben quer über ihre Krankenkarte.
Auf Drängen des Arztes fuhren sie ins Krankenhaus, wo die Mutter auf dem Parkplatz das

Auto abstellte und sich zum Beten vorbereitete. Später erzählte sie mir, dass sie den deutlichen Eindruck hatte, dass diese Krankheit ein direkter geistlicher Angriff auf Heather war und dass sie Widerstand leisten und sich zur Wehr setzen musste.

Auf den Parkplätzen um sie herum parkten immer mehr Autos. Obwohl die Mutter sich ein bisschen befangen fühlte, betete sie mit fester und zuversichtlicher Stimme. Sie dachte daran, wie Jesus dem Fieber befohlen hatte zu weichen und es daraufhin verschwand (Lukas 4,39). Sie dachte außerdem daran, wie Jesus eine Frau durch ein Wort und eine Berührung von einem Geist der Gebrechlichkeit befreit hatte, der sie gebunden hielt (Lukas 13,10-16). Das war zusätzliches Öl auf dem Feuer ihres Fürbittegebets.

Sie legte ihrer Tochter die Hände auf und befahl dem Feind, sie in Jesu Namen zu verlassen. Da sie gelernt hatte, dass sie in Jesu Namen Macht über den Feind hatte, machte sie Gebrauch von der Autorität, die sie in sich trug. Außerdem betete sie, dass Gott Heather beruhigte, tröstete und heilte.

Als sie Heather ins Krankenhaus brachte, warf die Schwester in der Aufnahme einen Blick auf ihr blasses Gesicht und bestellte eine Krankentrage. Ein Bluttest zeigte, dass die weißen Blutkörperchen stark erhöht waren. Die Krankenschwester benachrichtigte den Chirurgen, dass Heather jetzt da sei und schickte sie in die Radiologie zum Ultraschall.

Als sie aber dort im Wartezimmer saßen, geschah plötzlich etwas. Bis zu diesem Moment hatte Heather sich auf nichts anderes als auf ihre Schmerzen konzentrieren können. Jetzt fing sie ein unbeschwertes Gespräch mit der Dame an, die neben ihr saß. Dann fragte sie, ob sie aufstehen und ihre beste Freundin anrufen dürfe. Ihre Mutter konnte es nicht glauben.

„Sieh mal", sagte Heather fröhlich. „Ich kann auf- und abspringen. Es tut schon gar nicht mehr so weh."

Als der Ultraschalltechniker ungefähr zehn Minuten lang vergeblich versuchte, sich Heathers Blinddarm anzusehen, ging er hinaus und holte den Radiologen, der ebenfalls keinen Erfolg hatte. „Wahrscheinlich ist zu viel Luft im Bauch, so dass wir den Blinddarm nicht sehen können", erklärte der Radiologe Heather. „Aber du müsstest normalerweise vor Schmerzen laut schreien, so stark, wie ich auf deinen Bauch drücke."

Der Radiologe beriet sich mit dem Hausarzt und dem Chirurgen und teilte ihnen mit, dass er nicht in der Lage war, den Blinddarm mit dem Ultraschallgerät zu lokalisieren. Er betonte, dass Heather anscheinend keine Schmerzen mehr hatte. In Anbetracht dieser Tatsache hielt er es für unklug, sie zu operieren. Sie vereinbarten, dass Heather entlassen würde und beobachtet werden sollte. Bei den geringsten Anzeichen von Schmerzen sollte sie sofort wiederkommen.

Heather verließ das Krankenhaus also mit einem intakten Blinddarm - nur ein paar Stunden, nachdem sie es betreten hatte, um operiert zu werden. Sie fühlte sich so gut, dass sie auf dem Nachhauseweg ihre Mutter überredete, noch ein Paar Jeans für sie zu kaufen!

Etwa um diese Zeit rief ich bei ihnen zu Hause an, um mich nach Heathers Zustand zu erkundigen. Ich hatte einen Anruf bekommen, bei dem man mich bat, für sie zu beten, und ich nahm an, dass sie mir jetzt berichten würden, dass sie im Krankenhaus lag und sich von der Operation erholte. Ich war überrascht - gelinde gesagt -, als Heather selbst am Telefon war! „Mir geht´s gut", erklärte sie mir. „Meine Mutter hat für mich gebetet und dem Feind befohlen, dass er verschwinden soll. Und danach war ich geheilt!"

Die Realität der Dämonen zur Zeit Jesu (und heute)

Dämonische Geister waren im Leben und im Dienst Jesu eine ständige Realität - und heute nicht weniger. Sie sind Agenten Satans, die sich Gott, seinem Reich und seinen Nachfolgern widersetzen. Auch wenn diese Geister mächtig sind, so sagt uns die Bibel doch sehr klar, dass uns Gott in Jesus Christus eine Autorität gegeben hat, die größer ist als alle Macht des Feindes.

Lukas 4,40-41
Als die Sonne unterging, brachten die Leute ihre Kranken, die alle möglichen Leiden hatten, zu Jesus. Er legte jedem Kranken die Hände auf und heilte alle. Von vielen fuhren auch Dämonen aus und schrien: Du bist der Sohn Gottes! Da fuhr er sie schroff an und ließ sie nicht reden; denn sie wussten, dass er der Messias war.

Lukas 6,17-19
Jesus stieg mit ihnen den Berg hinab. In der Ebene blieb er mit einer großen Schar seiner Jünger stehen, und viele Menschen aus ganz Judäa und Jerusalem und dem Küstengebiet von Tyrus und Sidon strömten herbei. Sie alle wollten ihn hören und von ihren Krankheiten geheilt werden. Auch die von unreinen Geistern Geplagten wurden geheilt. Alle Leute versuchten, ihn zu berühren; denn es ging eine Kraft von ihm aus, die alle heilte.

Für mich ist es keine Seltenheit dämonischen Geistern zu begegnen, da ich bei verschiedenen Veranstaltungen überall auf der Welt diene. Zum Beispiel wurde ich gebeten, bei einer Männerkonferenz in Oregon in den Vereinigten Staaten als Redner aufzutreten. In einer der Bibelstunden sprach ich speziell über die Autorität Christi im Leben der Gläubigen. Ich forderte die Männer heraus, über ihre Passivität und den Verzicht auf ihre Verantwortung als Männer, Ehemänner und Väter hinauszuwachsen.
Während diese Wahrheit allmählich zu den Herzen der Männer durchdrang, waren alle ganz still. Genau in diesem Moment ertönte ein tiefes, böses, spottendes Gelächter aus den Lautsprechern des Hauses. Innerhalb weniger Sekunden wurde es immer lauter. Ich blickte rasch zu dem Soundtechniker herüber und sah, dass er völlig verwirrt war über das, was gerade geschah. Mir wurde klar, dass hier Dämonen dahintersteckten. Im Raum

waren reale Geister anwesend - und sie spotteten durch das Lautsprechersystem über die Männer und die Wahrheit Gottes. Das spottende Gelächter erfüllte den Raum und viele der Anwesenden konnten spüren, wie sich mit dem Gelächter ein beunruhigendes, böses Gefühl breitmachte. Mit Autorität blickte ich die Lautersprecher direkt an und sagte: „Im Namen Jesu Christi befehle ich euch aufzuhören, zu verschwinden und nicht mehr wiederzukommen!" Sofort hörte das spottende Gelächter auf und die Atmosphäre im Raum änderte sich so, dass die Gegenwart Gottes wieder spürbar war.

Sie können sich vorstellen, wie dieses Erlebnis die Aufmerksamkeit der Männer fesselte und dieser Moment wieder einmal erstaunlich lehrreich war. Die Männer waren sehr aufgebracht, weil sie das spottende Gelächter des Feindes so laut gehört hatten. Mit Entschlossenheit standen sie auf und bekannten ihre Passivität; mit überzeugten Worten erklärten sie, dass sie ab jetzt die Realität und Wahrheit von Gottes Kraft und Autorität in ihrem Leben umsetzen wollten. Und sie wollten von nun an über ihre Familie wachen und ihre Verantwortung als Oberhaupt wahrnehmen. Die meisten E-Mails, die ich nach dieser Konferenz erhielt, bezogen sich auf diese Bibelstunde. Die Männer erzählten mir, wie ihr Leben sich anschließend drastisch verändert hatte. Sie hatten nicht nur ein besseres Verständnis von der Realität dämonischer Wesen bekommen, sondern auch von der Wahrheit, dass Gottes Autorität in uns wohnt - und dass wir seine Vollmacht anwenden müssen!

Dem Feind furchtlos entgegentreten

Aufgrund solcher Erfahrungen - die von den Erfahrungen des Volkes Gottes in der Bibel gestützt werden - bin ich mir sehr bewusst, dass ich zu jeder Zeit geistlich sensibel sein muss für das, was um mich herum im himmlischen Bereich vor sich geht. „Seid nüchtern und wachsam!", warnte Petrus die Gläubigen von damals und heute. „Euer Widersacher, der Teufel, geht wie ein brüllender Löwe umher und sucht, wen er verschlingen kann" (1. Petrus 5,8). Dämonische Mächte können sich auf verschiedene Arten bemerkbar machen. Die Bibel geht sogar so weit, dass sie viele Dämonen beim Namen nennt (so wie auch Jesus das getan hat). Das ist zumindest aus dem einen Grund wichtig, weil dadurch aufgezeigt wird, dass sie Wesen mit einem bestimmten Auftrag sind. Sie sind böse und gemein, finster und teuflisch.

Vergessen Sie nicht: Satan ist nicht kreativ; er kann Gottes ursprüngliches Design nur nachahmen, verdrehen und zerstören. Gottes ursprüngliches Design für Engelswesen ist, dass sie „dienende Geister sind, ausgesandt, um denen zu helfen, die das Heil erben sollen" (Hebräer 1,14). Daraus lässt sich folgern, dass die mit dem Satan abgefallenen Engelswesen zu Dämonen wurden und dadurch nicht mehr dienende Geister, sondern quälende Geister waren. Anstatt den Auftrag Gottes auszuführen, seinem Volk Trost, Ermutigung und Stärke zu bringen, führen sie jetzt den Auftrag ihres Meisters, Satan, aus und bringen Täuschung,

Schwäche oder sogar den Tod. Hier ist eine Liste mit Beispielen von Namen und Aufgaben dämonischer Geister in der Bibel:

- Geister der Ahnen (Levitikus 19,31; 20,6+27)
- Böser Geist/Raserei (1. Samuel 18,10)
- Lügengeist (1. Könige 22,22)
- Geist der Verwirrung (Jesaja 19,14)
- Geist der Unzucht (Hosea 4,12)
- Stummer und tauber Geist (Markus 9,25)
- Geist der Gebrechlichkeit (Lukas 13,11)
- Wahrsagegeist (Apostelgeschichte 16,16)
- Betrügerischer Geist (1. Timotheus 4,1)
- Engel des Lichts (2. Korinther 11,14)

Wir brauchen vor dämonischen Geistern, die gegen uns Krieg führen, keine Angst zu haben. Gott hat uns die Kraft und Autorität gegeben, sie in Christus zu besiegen. Wir sollten sie aber auch nicht ignorieren, warnt der Apostel Paulus, „damit wir nicht vom Satan überlistet werden; wir kennen seine Absichten nur zu gut" (2. Korinther 2,11). Wer die Existenz oder den Einfluss Satans leugnet oder Angst vor der Konfrontation mit dämonischen Geistern hat, verhält sich unbiblisch; es ist ein sicherer Weg zu einem Leben ohne Sieg. In Jakobus 4,7 lesen wir, dass der Teufel fliehen wird, wenn wir „ihm widerstehen". Beachten Sie, dass es nicht heißt, dass er fliehen wird, wenn wir ihn ignorieren.

Ein Freund von mir ärgert mich gerne damit, dass ich ihn sozusagen „ins kalte Wasser geschmissen" habe, um ihm diese Wahrheit beizubringen. Obwohl das nicht ganz richtig ist (und zum Glück sind wir immer noch Freunde!), ist diese Begebenheit ein gutes Beispiel dafür, dass wir den dämonischen Mächten mutig und zuversichtlich entgegentreten müssen, wenn sie in Erscheinung treten.

Doug und seine Frau waren noch ziemlich neu in unserem Gebetsteam und hatten erst vor kurzem angefangen, allein für Menschen zu beten. Eines Abends während einer „Übungsstunde" des Gebetsteams setzten sie sich mit einer älteren Dame zusammen, die wegen ihrer Familienprobleme um ein Gebet gebeten hatte. Kurz nachdem sie angefangen hatten, für sie zu beten, offenbarte sich ein dämonischer Geist in der sonst stets liebenswürdigen Frau. Sie fing an, hin- und herzuschaukeln, zu fluchen und zu schimpfen. Doug und seine Frau bekamen Angst und sahen sich nach mir um. (Da es sich um eine Übungsstunde handelte, ging ich im Raum umher, beobachtete alles und prüfte, ob das Team Fortschritte machte). Sie waren erleichtert, als sie mich kommen sahen, weil sie dachten, dass ich die Situation jetzt selbst in die Hand nehmen würde. Als ich ihnen stattdessen aber nur half, die Frau an einen abgeschirmteren Ort zu bringen, damit sie sich dort diskreter mit der

Situation auseinandersetzen konnten, waren sie erneut stark verunsichert.

Während dem anschließenden Gebet wurde die Frau von den dämonischen Mächten befreit. Festungen und Bindungen von Ärger und Bitterkeit kamen zum Vorschein, die dem Feind Zutritt zu ihrem Verstand, ihren Emotionen und ihrem Willen verschafft hatten. Diese waren mit schuld an den Beziehungsschwierigkeiten in der Familie, wegen denen sie um Gebet nachgefragt hatte. Nachdem Doug seine Autorität über den Geist eingenommen hatte, war sie bereit, diesen „topos" (oder Bereich), den sie dem Feind überlassen hatte, wahrzunehmen und sich davon loszusagen (darüber werden wir im nächsten Kapitel noch mehr erfahren). Sie tat Buße, sagte sich von diesen Dingen los und wurde auf erfreuliche und wunderbare Weise von ihren Bindungen und ihrer Qual befreit.

An diesem Abend lernten Doug und seine Frau, dass sie vor der Realität dämonischer Mächte keine Angst haben müssen. Sie wussten jetzt, dass sie den Dämonen zuversichtlich und vollmächtig entgegentreten können. Leider gibt es viel zu viele Christen, die diese Realität leugnen oder Angst davor haben. Als Folge davon nehmen sie ihre Verletzungen wieder mit nach Hause, ohne dafür beten und sich befreien zu lassen. Bedauerlicherweise entgehen ihnen dadurch der Dienst und die Freiheit, die Jesus ihnen durch seine Nachfolger schenken will.

Stellen Sie sich eine Nation vor, die in den Krieg ziehen will. Die Sekretärin des Verteidigungsministers beruft eine Pressekonferenz ein, bei der sie folgende Erklärung abgibt: „Um den Krieg zu gewinnen, haben wir uns folgende Strategie überlegt: Wir werden unseren Feind völlig ignorieren. Wir werden nicht versuchen, seine Strategie herauszufinden, nicht nachforschen, wo er sein Lager aufgeschlagen hat und auch seine Kampftechniken nicht analysieren. In der Tat werden wir seine Existenz absolut verleugnen." Das klingt absurd, aber so denken viele Nachfolger Jesu in der westlichen Welt über den Feind ihrer Seele. Wir befinden uns in einem Krieg, und wir dürfen unsere Feinde nicht ignorieren. Wir haben mächtige, göttliche Waffen bekommen, um sie zu besiegen. Alle Bindungen, Sünden, Versuchungen und Angriffe, denen wir in unserem Alltag begegnen, sind widergöttliche, dämonische Mächte, die wir energisch zurückweisen und hinauswerfen müssen, so wie Jesus uns das vorgemacht hat.

Dazu ein Beispiel. Ich erinnere mich an ein Ehepaar in unserer Gemeinde, dessen Tochter fast jede Nacht von schrecklichen Albträumen geplagt wurde. Das ging schon jahrelang so, und die Eltern waren (verständlicherweise) ziemlich am Ende. Eines Tages hörten sie davon, dass sie in Jesus Christus Vollmacht über alle dämonischen Mächte haben, und ihnen war sofort klar, was das in ihrem Leben bedeutete.

Der Vater ging nach Hause, um die Autorität, die er in Christus hatte, anzuwenden. Gott hatte ihm sein passives Leben vor Augen gehalten. Er hatte seine Rolle und Verantwortung, die Gott ihm als Ehemann, Vater und geistliches Oberhaupt seiner Familie gegeben hatte, nicht wahrgenommen. Nachdem er erkannte, dass der Feind dadurch Zutritt zu den Träumen seiner Tochter hatte, bekannte er seine Sünde und tat Buße. Dann ging er in das

Zimmer seiner Tochter, um den Einflüssen des Feindes zu widerstehen. Mit lauter Stimme befahl er den bösen Geistern, die seine Tochter quälten, zu verschwinden und nicht mehr zurück zu kommen. Als er an diesem Abend seine Tochter zu Bett brachte, betete er, dass Gott ihr seinen Frieden schenkte und erklärte den Raum zu einem sicheren Ort, der mit Gottes Gegenwart erfüllt war. Sie - und auch ihre Eltern - schliefen friedlich die ganze Nacht durch. Bis zum heutigen Tag (seitdem ich das letzte Mal von ihnen gehört habe) hat sich daran nichts geändert!

Durch dieses Buch sollen Sie die biblischen Wahrheiten kennenlernen, damit Sie wirklich ein „Leben in Freiheit" führen können. Dazu gehört auch, dass wir die geistliche Autorität wiedergewinnen, die Gott uns nach seinem ursprünglichen Plan gegeben hat, und dass wir lernen, wie wir diese Autorität im Umgang mit den Angriffen und Einflüssen böser Geister effektiv einsetzen. Jesus hat uns dazu die folgende Wahrheit zugesprochen: „Er, der in euch ist [Jesus Christus], ist größer als jener, der in der Welt ist [nämlich der Widersacher mit den bösen Geistern, die ihm dienen]" (1. Johannes 4,4).

Wenn Sie Jesus Christus als Ihren Herrn und Retter angenommen haben, können Sie sicher sein, dass dieser geistliche Herrschaftswechsel stattgefunden hat. Ihrer Position und der Realität entsprechend sitzen Sie mit Jesus Christus im „himmlischen Bereich"; Sie teilen seine Macht, Kraft und Autorität. Sie haben eine Beziehung zu ihm; dadurch können Sie seine Stimme hören, die Ihnen sagt, wie und wo Sie diese Autorität ausüben sollen - sei es durch das geschriebene Wort in der Bibel oder dadurch, dass er in Ihrer Gebetszeit zu Ihnen spricht.

Gott hat Freude daran, den Menschen zu vergeben und ihnen ewiges Leben zu schenken. Er schenkt uns gerne seine guten Gaben. Besonders freut er sich darüber, wenn wir zusammen mit ihm sein Reich auf der Erde vergrößern. Das tun wir, indem wir die Kraft und Autorität ausüben, die er uns als Miterben in Christus für unser Leben und unseren Dienst gegeben hat.

Wenn wir Gottes Kraft und Autorität verstehen und anwenden, WERDEN wir sehen, wie zerbrochene Leben wieder ganz werden. Wir WERDEN sehen, wie zerstörte Ehen wiederhergestellt werden. Wir WERDEN kranke Menschen sehen, die geheilt werden. Wir WERDEN sehen, wie die Pläne des Feindes im verzweifelten Leben von Menschen vernichtet werden. Wir WERDEN Christen sehen, in deren Leben immer mehr die Frucht und Kraft des Heiligen Geistes sichtbar wird. Das ist die Art von Wiederherstellung, die Jesus uns durch sein Kommen bringen wollte. Das ist die Art von Dienst, die seine Jünger fortsetzen sollen (Lukas 4,18-19; Jesaja 61,1-4).

Wenn Ihnen diese Wahrheit jetzt bewusst geworden ist, ist es an der Zeit, dass Sie damit anfangen, das zurückzufordern, was Ihnen der Feind gestohlen hat. Es ist an der Zeit, dass Sie Ihre von Gott verliehene Autorität über den Feind Ihrer Seele einsetzen und Gottes „sozo"-Werk in Ihrem Leben fortsetzen!

KAPITEL 10
Festungen und Bindungen verstehen

Jeder, der sich vor mehr als fünf Minuten bekehrt hat, weiß, dass Christen immer noch mit der Macht der Sünde zu kämpfen haben. Wer von uns könnte den verzweifelten Kampf des Paulus nicht verstehen?

Römer 7,18-25
Ich weiß, dass in mir, das heißt in meinem Fleisch, nichts Gutes wohnt; das Wollen ist bei mir vorhanden, aber ich vermag das Gute nicht zu verwirklichen. Denn ich tue nicht das Gute, das ich will, sondern das Böse, das ich nicht will. Wenn ich aber das tue, was ich nicht will, dann bin nicht mehr ich es, der so handelt, sondern die in mir wohnende Sünde. Ich stoße also auf das Gesetz, dass in mir das Böse vorhanden ist, obwohl ich das Gute tun will. Denn in meinem Innern freue ich mich am Gesetz Gottes, ich sehe aber ein anderes Gesetz in meinen Gliedern, das mit dem Gesetz meiner Vernunft im Streit liegt und mich gefangen hält im Gesetz der Sünde, von dem meine Glieder beherrscht werden.
Ich unglücklicher Mensch! Wer wird mich aus diesem dem Tod verfallenen Leib erretten? Dank sei Gott durch Jesus Christus, unseren Herrn! Es ergibt sich also, dass ich mit meiner Vernunft dem Gesetz Gottes diene, mit dem Fleisch aber dem Gesetz der Sünde.

Wenn uns also der Glaube an Jesus „frei" macht, warum kämpfen dann Menschen, die Gott aufrichtig lieben, weiterhin mit sündhaften Gewohnheiten, lüsternen Gedanken, Stolz,

Depressionen, Ängsten, Zorn und anderen schlechten Einstellungen und Haltungen? Können gläubige Menschen so in der Sünde gefangen sein, dass das Problem bei ihrer Bekehrung nicht sofort gelöst ist? Die Erfahrung zeigt, dass es so ist! In seinem Brief an die Korinther beschreibt Paulus genau, wie das Denken (und somit auch das Leben) der Christen unter die Herrschaft und Gefangenschaft der Sünde gerät und wie wir durch Jesus Christus davon frei werden können. Diese Bibelstelle vermittelt uns, dass wir durch unser falsches Denken gefangen sind. Wir liegen sozusagen gebunden und gefesselt in einer Festung.

2. Korinther 10,3-5
Wir leben zwar in dieser Welt, kämpfen aber nicht mit den Waffen dieser Welt. Die Waffen, die wir bei diesem Feldzug einsetzen, sind nicht irdisch, aber sie haben durch Gott die Macht, Festungen zu schleifen; mit ihnen reißen wir alle hohen Gedankengebäude nieder, die sich gegen die Erkenntnis Gottes auftürmen. Wir nehmen alles Denken gefangen, sodass es Christus gehorcht.

Historisch betrachtet versteht man unter einer Festung eine Hochburg oder eine militärische Operationsbasis. In vielen europäischen Ländern gibt es historische Festungen, die heute nur noch eine Touristenattraktion sind. Streng genommen sind einige Festungen heute immer noch funktionsfähig; es sind Städte, die von dicken Mauern und Toren umgeben sind.
Eine Festung diente außerdem als Militärstützpunkt oder Operationsbasis. Der britische Nachrichtendienst „Anonova" hat zum Beispiel am 24. September 2001 den folgenden Bericht über die alte, römische Festung Carnuntum erstattet:

„Wissenschaftler haben mittels Radar das Zentrum eines militärischen Lagers aus dem ersten Jahrhundert entdeckt. Carnuntum war eine der strategisch wichtigsten Festungen nördlich der Alpen. Eine Computeranalyse hat ein ausgedehntes Netzwerk von Restaurants, Tavernen, Bädern und Versammlungshallen aufgedeckt. In seiner Glanzzeit am Ende des zweiten Jahrhunderts nach Christus lebten in Carnuntum ca. 50.000 Menschen. Das Lager wurde von den Römern als Militärstützpunkt genutzt. Angeführt wurde es von Kaiser Tiberius im Krieg gegen germanische Volksstämme."

Im Altertum dienten Festungen strategisch als Militärlager zur Verteidigung eines Gebietes, um den Herrschaftsbereich einer Kontrollmacht zu decken und auszudehnen. Diese Symbolik verwendete Paulus in der oben genannten Bibelstelle (in 2. Korinther 10,3-5), um damit eine grundlegende Wahrheit der Bibel zu vermitteln: Satan will in unserem Leben eine Festung als „Operationslager" errichten, von dem aus er seinen Einfluss ausüben und sein Werk der Zerstörung, Vernichtung, Täuschung und des Todes ausführen und ausdehnen kann.

Was ist eine geistliche Festung?

Laut der Bibel sind Festungen „hohe Gedankengebäude, die sich gegen die Erkenntnis Gottes auftürmen" (2. Korinther 10,5). In der „Neues Leben"-Übersetzung werden sie „hochtrabende Argumente" und „widerstrebende Gedanken" genannt, die „Gute Nachricht" nennt sie „falsche Gedankengebäude" und „Hochmut". **Geistliche Festungen sind im Grunde falsche Gedankenmuster oder falsche Denkweisen, die im Widerspruch zu Gott und zu seiner Wahrheit stehen und die falsche Vorstellungen, Verhaltensweisen und Handlungen zulassen oder Einfluss darauf nehmen und damit unsere Beziehung zu Gott, zu uns selbst und zu den Menschen um uns herum stark beeinträchtigen.** Das kommt auch in dem bekannten Sprichwort zum Ausdruck: „Die größte Schlacht findet im Inneren eines Menschen statt."

Ärger und Bitterkeit sind zum Beispiel häufige Fundamente, auf denen Festungen errichtet werden können: „Lasst euch durch den Zorn nicht zur Sünde hinreißen! Die Sonne soll über eurem Zorn nicht untergehen. Gebt dem Teufel keinen Raum!" (Epheser 4, 26-27) (oder nach der „Guten Nachricht": „Versündigt euch nicht, wenn ihr in Zorn geratet! Versöhnt euch wieder und lasst die Sonne nicht über eurem Zorn untergehen. Gebt dem Versucher keine Chance!"). Wenn dieser „Raum" (oder „topos", wie wir bereits in Kapitel zwei erörtert haben) nicht kontrolliert wird, entwickelt er sich zu tief eingefleischten Gewohnheiten, falschen Gedanken und Überzeugungen, die „sich gegen die Erkenntnis Gottes auftürmen" (2. Korinther 10,5) und einen beherrschenden Einfluss auf unser Leben und unsere Persönlichkeit ausüben. Satan benutzt diese Einflussbereiche in unserem Leben, um zu verhindern, dass wir Gottes Wahrheit verstehen und danach handeln.

Wenn in unserem Leben so eine Festung entstanden ist, sind wir durch falsche Gedanken und menschliche Weisheit offen für gottlose und manchmal sogar dämonische Einflüsse. Dieses Hin- und Herschwanken führt laut Jakobus 1,8 zur Unbeständigkeit. Es ist möglich, dass ein Christ, der unter dem Einfluss einer Festung lebt und handelt, Gott aufrichtig liebt, seine Gegenwart in der Anbetung und im Gebet erlebt und sich eines aktiven Christenlebens erfreut. Aber gleichzeitig kann es sein, dass er sich in einem ständigen Kampf befindet, in bestimmten Bereichen seines Lebens gehorsam und siegreich zu sein und den Frieden und die Freude in Gott zu erleben.

Marie zum Beispiel hatte, selbst nachdem sie Christ wurde, ständig mit einer tief sitzenden Angst zu kämpfen. Ausgelöst durch Missbrauch in ihrer Kindheit und später durch den Tod ihres Sohnes, der als Kind durch einen Unfall starb. Sie hatte vor allem Angst: vor dem Alleinsein, vor Überfällen, vor dem Fahren in Aufzügen und davor, dass ihren Kindern irgendetwas zustoßen könnte - um nur einige ihrer Ängste zu nennen. Sie verbrachte übermäßig viel Zeit damit, sich für Gefahren, die in ihrer Vorstellung existierten, Fluchtwege und Verteidigungsstrategien zu überlegen. Sie lebte außerdem mit der Lüge, dass all diese Verhaltensweisen und Emotionen einfach zu ihrer Persönlichkeit gehörten.

Als eine Gruppe von befreundeten Frauen aus unserer Gemeinde für Marie beteten, bekamen sie vom Heiligen Geist den Eindruck, dass die Angst nicht Teil ihrer Persönlichkeit war (schließlich steht in der Bibel, dass Gott uns nicht einen Geist der Furcht gegeben hat). Es handelte sich vielmehr um eine Reaktion auf verschiedene Verletzungen und auf die Trauer, die sie erlebt hatte - dazu gehörten Ablehnung, Verlassenheit und Kummer. Der Feind hatte diese Erfahrungen genutzt, um eine irreführende und lähmende Festung der Angst in ihrem Leben zu errichten.

Im Gebet mit ihren Freunden kam Marie noch einmal auf diese schmerzhaften Erlebnisse zurück und sagte sich von dem daraus resultierenden Zugang des Feindes in ihre Gedanken- und Gefühlswelt los. Sie bat Gott um Vergebung dafür, dass sie sich in dieser Festung der Angst zurückgezogen hatte, um sich selbst zu schützen und Trost darin zu finden, anstatt sich an ihn zu wenden und ihm als dem liebenden Vater, der er ja ist, zu vertrauen. Sie ersetzte den „Geist der Furcht" mit dem Geist, den Gott uns durch sein Wort stattdessen verheißen hat: den Geist der Liebe, der Kraft und der Besonnenheit (2. Timotheus 1,7)!

Marie spürte deutlich, wie ihr eine Last genommen wurde und sie fühlte sich so unbeschwert, wie noch nie zuvor in ihrem Leben. Nach dieser Gebetszeit fing sie an, aufkommende ängstliche Gedanken gefangen zu nehmen, so dass diese keine Kontrolle mehr über sie hatten. Auch heute noch befindet sie sich im Prozess der Heilung: Wenn Angst sie überfällt, ist Marie in der Lage, sie zu erkennen und ihr im Gebet zu widerstehen durch ihre Autorität in Christus. Sie lässt es nicht mehr zu, dass sie von der Angst beherrscht wird.

Vielleicht fragen Sie sich, warum Sie bestimmte Einstellungen und Verhaltensweisen nicht kontrollieren können. Oft liegt es daran, dass Sie die Anzeichen von einer Festung in Ihrem Leben nicht erkennen. Sie brauchen andere Menschen, die Ihnen die Wahrheit aufzeigen, damit sie Ihnen bewusst wird. Die Menschen aus der Gemeinde in Laodizea (s. Offenbarung 3,14-20) waren ernsthaft davon überzeugt, dass sie „reich und wohlhabend waren" und dass es ihnen „an nichts fehlte". Jesus sagte aber, dass sie in Wirklichkeit „arm, elend und erbärmlich und blind" waren. Ähnlich verhält es sich bei uns: Ihre eigenen Werte, Überzeugungen und Ihre Wahrnehmung der Realität können tatsächlich auf Festungen gebaut sein, die sich auf ein falsches Selbstbild und auf die Verdrehung der Wahrheit gründen. Wenn das passiert, müssen diese Festungen laut 2. Korinther 10,3-5 zerstört werden.

Der Maßstab sind Gottes Wahrheit und seine Gedanken

Festungen oder Bindungen sind Gedanken, Meinungen, Philosophien, Haltungen, Taten und Wertvorstellungen, die sich Gottes Wahrheit widersetzen. Sie entstehen durch Mächte oder fehlerhaftes Urteilsvermögen - durch falsche Denkweisen -, die letztendlich unsere Entscheidungen und Handlungen beeinflussen. Diese Gedanken, Wertvorstellungen und

Weltanschauungen stehen im Widerspruch zu Gottes Wort und Charakter. Wenn sie nicht aufgedeckt, ins Licht der Wahrheit Gottes gebracht, aufgegeben und zerstört werden, haben sie tief greifende Auswirkungen auf unser Leben und beeinflussen unsere Werte und unseren Lebensstil; sie kontrollieren und beeinflussen uns, sodass wir uns falsche Lebenseinstellungen und Verhaltensweisen aneignen. Die tief eingefleischten Festungen und Bindungen sind dafür verantwortlich, dass Menschen als Folge davon mit einer falschen Vorstellung von Gott, von sich selbst und von anderen leben und sich demensprechend falsch verhalten.

Stellen Sie sich zum Beispiel einmal drei Jungen vor - achtzehn, dreizehn und neun Jahre alt -, deren Vater zum Alkoholiker wird. Wenn der Vater jeden Abend betrunken und aggressiv nach Hause kommt, ist der älteste Sohn alt genug, um für sich selbst einzutreten. Er sagt zu seinem Vater: „Wenn du dich an mir vergreifst, dann gibt´s Ärger."

Der mittlere Sohn ist seinem Vater körperlich noch unterlegen. Er verhält sich wie ein typischer Untergebener und versucht mit allen Mitteln, ihn zu besänftigen. Er begrüßt ihn mit den Worten: „Hallo, Papa. Geht´s dir gut? Kann ich irgendwas für dich tun, Papa? Soll ich irgendjemand anrufen?"

Der jüngste Sohn hat einfach nur Angst vor seinem Vater. Wenn dieser nach Hause kommt, huscht er davon und versteckt sich im Schrank oder unter dem Bett. Er hält sich von seinem Vater fern und vermeidet Konflikte mit ihm.

Wenn die drei Jungen sich weiterhin so defensiv gegenüber ihrem feindseligen, alkoholkranken Vater verhalten, werden ihre Denk- und Verhaltensweisen negativ geprägt. Was meinen Sie, wie diese jungen Männer zehn Jahre später auf feindseliges Verhalten, egal welcher Art, reagieren werden? Der Älteste wird kämpfen, der Mittlere wird versuchen zu besänftigen, der Jüngste wird davonlaufen. Ihre tief eingefleischten Denk- und Reaktionsmuster sind zu einer Festung in ihrer Gedankenwelt geworden.[16]

Der Prozess, wie Festungen sich entwickeln

Wenn man sich diese schematische Darstellung als einen Eisberg vorstellt, kann man erkennen, dass bestimmte Verhaltensweisen nur die „Spitze des Eisbergs" sind. Sie sind Dinge, die wir sehen bzw. erkennen können - die Bindungen, von denen wir so gerne frei sein möchten, die hartnäckigen Sünden, die wir so gerne abschütteln möchten. Die Wurzeln dieser Probleme liegen aber viel tiefer, sie haben eine breitere Basis und liegen unterhalb der „Wasseroberfläche" unseres Lebens. Sie fangen bei unseren intimsten Gedanken an.

Um diesen Prozess in Gang zu bringen, gehört es zur Strategie Satans, Menschen, Ehepaare, Familien, Kirchen, Gemeinden, Kulturen, Institutionen und Organisationen zu täuschen, damit sie Dinge glauben und für wichtig erachten, die mit Gottes Wort und Wahrheit nicht übereinstimmen, sodass sie daraufhin in Bindungen und im Verderben enden. Gottes Plan dagegen ist, dass unser Leben sich auf der Wahrheit gründet und mit Freude, Kraft und Freiheit gefüllt ist. In Amos 7,7-8 spricht Gott darüber, dass er ein Bleilot über das Volk Israel aushängt, um es zu prüfen:

Dies zeigte mir Gott, der Herr, in einer Vision: Er stand auf einer Mauer und hatte ein Senkblei in der Hand. Und der Herr fragte mich: „Was siehst du, Amos?" Ich antwortete: „Ein Senkblei." Da sagte der Herr: „Sieh her, mit dem Senkblei prüfe ich mein Volk Israel. Ich verschone es nicht noch einmal."

Ein Senkblei oder Bleilot ist ein Maurerwerkzeug - ein Gewicht hängt am Ende einer Schnur, die als Mess- oder Richtschnur genutzt wird, um zu bestimmen, ob eine Mauer gerade, oder „lotrecht", gebaut ist. Gottes Wahrheit ist die absolute Richtschnur, an der alles gemessen wird. Jeder noch so geringe Widerstand gegen Gottes Wahrheiten, den wir in unserem Leben zulassen, bringt die Richtschnur seiner Wahrheit aus dem Lot und gibt dem Satan Gelegenheit, eine Festung zu errichten, die seinen Einfluss in unserem Leben beherbergt und unterstützt.

„Topos": Ein seltsames Wort mit vielsagender Bedeutung

In Epheser 4,26-27 verwendet Paulus ein Wort, mit dem er Satans Fähigkeit beschreibt, Zugang ins Leben der Gläubigen zu haben - ein Wort, das wir bereits in Kapitel zwei kurz erwähnt haben: „topos".

Epheser 4,26,27
Lasst euch durch den Zorn nicht zur Sünde hinreißen! Die Sonne soll über eurem Zorn nicht untergehen. Gebt dem Teufel keinen Raum („topos")!

Epheser 4,26-27 (GN)
Versündigt euch nicht, wenn ihr in Zorn geratet! Versöhnt euch wieder und lasst die Sonne nicht über eurem Zorn untergehen. Gebt dem Versucher keine Chance („topos")!

„Topos" kann bedeuten:[17]

- Territorium, Land: Die älteste eindeutige Verwendung im Singular bezieht sich auf einen „bestimmten Raum". Später hat es die Bedeutung von: „bestimmtes Territorium, Gebiet oder Land; Bezirk, Stadt, Wohnort".
- Zufluchtsort: Das Wort wird oft im kultischen Zusammenhang benutzt und bezieht sich auf gewisse gesetzliche und kultische Handlungen zu bestimmten Zeiten und an bestimmten Orten.
- Der Platz, zu dem etwas Bestimmtes gehört: Es kann sich auf den Platz beziehen, den jemand einnimmt oder der jemandem gehört (wie z. B. der Platz am Esstisch).

Mit „Topos" kann auch ein Zuständigkeitsbereich oder ein Ort gemeint sein, an dem man sich gewisse „Rechte erworben" hat. Wenn wir zulassen, dass Sünde sich in unserem Herzen und unseren Gedanken festsetzt, die wir nicht bekannt haben (wie z. B. der Zorn, der in Epheser 4,26-27 erwähnt wird), kann Satan sich hier einen rechtmäßigen Platz erwerben, von dem aus er in unserem Leben wirken kann. Denn diesen Platz haben wir ihm durch unsere Sünde oder durch eine sündhafte Reaktion auf Verletzungen und Ungerechtigkeiten eingeräumt.

Eine weitere Folge von Sünde, die wir nicht bekannt haben und von „topos" in unserem Leben ist die verminderte Fähigkeit, in der Kraft und Autorität Jesu zu wirken. Wir können nicht die Sünde in unserem Leben tolerieren und dann erwarten, dass die Kraft des Heiligen Geistes und die geistliche Vollmacht, die Jesus uns gibt, weiterhin mächtig und unverfälscht durch uns durchfließt. Wenn der Feind einen „topos" in unserem Leben besitzt, weil wir Sünde nicht bekannt haben, hat er uns genau da, wo er uns haben will: bloßgestellt, saft- und kraftlos.

Wenn wir „topos" in unserem Leben erst einmal zugelassen haben, kann sich leicht ein Kreislauf in eine Spirale von immer tieferer Gebundenheit, destruktivem Verhalten, verminderter Autorität und fortwährendem Gefesseltsein an die Sünde entwickeln. Vergleichbar mit einem Autobesitzer, dem das Auto rechtmäßig gehört. Trotzdem kann ein anderer - jemand, dem es nicht rechtmäßig gehört - das Auto fahren; alles, was er dazu braucht, sind die Schlüssel. Die Bewilligung von „topos" ist genauso, als ob wir Satan und seinem Reich die Schlüssel unseres Lebens überreichen, obwohl es „rechtmäßig" Gott gehört.

Festungen und Bindungen, Dämonen und das Leben als Christ

Die Bibel macht deutlich, dass Satan und sein Reich beim Kampf der Menschen mit „topos", mit der Sünde und demzufolge auch mit Festungen und Bindungen seine Hände im Spiel hat. Das lesen wir sowohl im Alten als auch im Neuen Testament, beispielsweise als Adam und Eva sündigten (Genesis 3) und als Hananias und Saphira gelogen hatten (Apostelgeschichte 5,1-11).

Christen haben manchmal ein Problem damit, die Realität von Dämonen in Betracht zu ziehen oder zu glauben, dass diese tatsächlich irgendetwas mit ihnen zu tun haben könnten, wo sie doch Nachfolger Jesu Christi sind. Tatsache ist, dass Dämonen regelmäßig Kontakt zu Christen aufnehmen. Diese Wahrheit wird in der Bibel und - wenn wir Augen haben, beide Herrschaftsbereiche gleichzeitig zu erkennen - auch durch unsere eigenen Erfahrungen bestätigt.

Es ist wichtig, dass wir verstehen, was die Bibel darüber sagt, wie Dämonen Kontakt zu unserem Leben aufnehmen und welche Rolle und Verantwortung wir bezüglich dieser Realität haben. Die folgende Tabelle zeigt auf, wie viele Sünden, vor denen wir im Leben stehen, mit dämonischen Mächten verbunden sein können. Sie wollen uns dazu bringen dem Feind Zutritt zu unserem Leben zu verschaffen.

Bibelstellen:	Dämonische Einfallstore
Epheser 4,26-27 ... gebt dem Teufel keinen Raum	Zorn
2. Timotheus 2,24-26 Ein Knecht des Herrn soll nicht streiten, sondern zu allen freundlich sein, ein geschickter und geduldiger Lehrer, der auch die mit Güte zurechtweist, die sich hartnäckig widersetzen. Vielleicht schenkt Gott ihnen dann die Umkehr, damit sie die Wahrheit erkennen, wieder zur Besinnung kommen und aus dem Netz des Teufels befreit werden, der sie eingefangen und sich gefügig gemacht hat.	Widerstand gegen Gottes Wahrheit
Hebräer 2,14-15 ... um durch seinen Tod den zu vernichten, der über den Tod verfügt, nämlich den Teufel. So hat er die Menschen befreit, die durch ihre Angst vor dem Tod das ganze Leben lang Sklaven gewesen sind. **2. Timotheus 1,7** Denn Gott hat uns nicht den Geist der Furcht, sondern der Kraft und der Liebe und der Besonnenheit gegeben.	Angst/Furcht
Matthäus 16,23 Jesus aber wandte sich um und sagte zu Petrus: Weg mit dir, Satan, geh mir aus den Augen! Du willst mich zu Fall bringen; denn du hast nicht das im Sinn, was Gott will, sondern was die Menschen wollen.	Zeitweiliges Verfolgen menschlicher Ziele
Apostelgeschichte 5,3 Doch Petrus sagte zu ihm: Hananias, warum hast du dein Herz dem Satan geöffnet? Warum belügst du den Heiligen Geist?	Scheinheiligkeit, Habgier, Lüge
Jakobus 3,14-15 Wenn ihr aber bittere Eifersucht und Streit in eurem Herzen hegt ... Diese Weisheit kommt nicht von oben, sie ist irdisch, sinnlich und teuflisch.	Bittere Eifersucht, selbstsüchtiger Ehrgeiz
Johannes 8,43-45 Warum versteht ihr nicht, was ich sage? Weil ihr nicht imstande seid, mein Wort zu hören. Ihr habt den Teufel zum Vater und ihr wollt das tun, wonach es euren Vater verlangt. Er war ein Mörder von Anfang an. Und er steht nicht in der Wahrheit; denn es ist keine Wahrheit in ihm. Wenn er lügt, sagt er das, was aus ihm selbst kommt; denn er ist ein Lügner und ist der Vater der Lüge. Mir aber glaubt ihr nicht, weil ich die Wahrheit sage.	Lügen
2. Korinther 2,10-11 Wem ihr aber verzeiht, dem verzeihe auch ich. Denn auch ich habe, wenn hier etwas zu verzeihen war, im Angesicht Christi um euretwillen verziehen, damit wir nicht vom Satan überlistet werden; wir kennen seine Absichten nur zu gut.	Unversöhnlichkeit
Epheser 2,1-2 Ihr wart tot infolge eurer Verfehlungen und Sünden. Ihr wart einst darin gefangen, wie es der Art dieser Welt entspricht, unter der Herrschaft jenes Geistes, der im Bereich der Lüfte regiert und jetzt noch in den Ungehorsamen wirksam ist.	Weltliche Gesinnung

Bibelstellen:	Dämonische Einfallstore
1. Korinther 10,19-20 Was meine ich damit? Ist denn Götzenopferfleisch wirklich etwas? Oder ist ein Götze wirklich etwas? Nein, aber was man dort opfert, opfert man nicht Gott, sondern den Dämonen. Ich will jedoch nicht, dass ihr euch mit Dämonen einlasst.	Götzendienst
1. Timotheus 5,13+15 Sie gewöhnen sich ans Nichtstun ... werden geschwätzig, mischen sich in fremde Angelegenheiten ein ... Einige davon haben sich schon von Christus abgewandt und folgen dem Satan.	Müßiggang, Faulheit, Klatsch, Wichtigtuerei
1. Timotheus 1,18-20 Diese Ermahnung lege ich dir ans Herz, mein Sohn Timotheus, im Gedanken an die prophetischen Worte, die einst über dich gesprochen wurden; durch diese Worte gestärkt, kämpfe den guten Kampf, gläubig und mit reinem Gewissen. Schon manche haben die Stimme ihres Gewissens missachtet und haben im Glauben Schiffbruch erlitten, darunter Hymenäus und Alexander, die ich dem Satan übergeben habe, damit sie durch diese Strafe lernen, Gott nicht mehr zu lästern.	Gewissensverletzungen
2. Timotheus 3,5; **2. Korinther 11,13-15** **Apostelgeschichte 5,1-3**	Falsche Religion(en), Religiosität, Pseudogeistlichkeit, gesellschaftlicher Rang, Anerkennungssucht

Hieraus können wir erkennen, dass viele Sünden oder Bindungen, denen wir unterlegen sind oder gegen die wir ankämpfen, in direkter Verbindung mit dem Reich Satans stehen. Wenn wir gegen die Sünde kämpfen, kämpfen wir nicht nur gegen unsere sündhafte Natur. Jetzt, wo wir die Wahrheit in Bezug auf zwei Herrschaftsbereiche verstanden haben, können wir erkennen, dass wir auch einen geistlichen Kampf gegen böse Mächte im himmlischen Bereich ausfechten (Epheser 6,12). Es handelt sich definitiv um einen geistlichen Kampf gegen den Feind Ihrer Seele.

Festungen und Bindungen halten uns davon ab, Gottes ursprünglichen Plan für unser Leben voll auszuleben. Sie hindern uns daran, ein Leben in Gottes Liebe und Kraft zu leben, mit dem wir seinen Auftrag auf dieser Erde und für sein Reich ausführen können. Im nächsten Kapitel werden wir die Wahrheiten aufschlüsseln, die uns die Macht geben, Festungen und Bindungen abzubrechen und befreit zu werden, damit wir in der Fülle von Gottes Leben und Kraft leben können!

KAPITEL 11
Festungen abbrechen

Der Feind wird immer versuchen, uns anzugreifen und gegen uns vorzugehen. Ein historischer Kirchenvater hat dazu allerdings Folgendes gesagt: „Dass die Vögel über deinem Haupt fliegen, kannst du nicht verhindern. Doch du kannst verhindern, dass sie Nester in deinem Haar bauen!" Das ist eine heitere Umformulierung der Worte Jesu an seine Jünger: „In der Welt seid ihr in Bedrängnis; aber habt Mut: Ich habe die Welt besiegt" (Johannes 16,33).

Jesus erklärte, dass es immer Schwierigkeiten geben wird, so lange diese physische Welt existiert. Aber wir dürfen nicht zulassen, dass sie uns überwältigen –, denn durch ihn, Jesus, können wir sie bewältigen. Wir können frei sein von dem ständigen Versuch des Feindes, durch Ungerechtigkeiten, Ablehnung, Missbrauch und Enttäuschungen „topos" in unserem Leben zu gewinnen. Wir können die Festungen abbauen und hinter uns lassen, die der Feind durch Anfechtungen und Sorgen in unserem Leben errichten will. Dabei ist es hilfreich zu verstehen, warum wir Menschen anfällig dafür sind, uns auf diese Weise schwächen und bezwingen zu lassen.

Die Theologen debattieren darüber, ob die Menschen zwei oder drei wesentliche Bestandteile haben. Einige glauben, dass der Mensch nur aus zwei Teilen besteht – dem materiellen und dem immateriellen, also Körper und Geist. Andere glauben, dass sie aus drei Teilen bestehen – dem Körper, der Seele und dem Geist. Meine persönliche Überzeugung, dass der Mensch aus drei Teilen besteht, stützt sich auf die folgenden Bibelstellen:

1. Thessalonicher 5,23
Der Gott des Friedens heilige euch ganz und gar und bewahre euren Geist, eure Seele und euren Leib unversehrt, damit ihr ohne Tadel seid, wenn Jesus Christus, unser Herr, kommt.

Hebräer 4,12
Denn lebendig ist das Wort Gottes, kraftvoll und schärfer als jedes zweischneidige Schwert; es dringt durch bis zur Scheidung von Seele und Geist, von Gelenk und Mark; es richtet über die Regungen und Gedanken des Herzens.

Diese Unterscheidung ist notwendig, wenn wir uns Gedanken darüber machen, wie die dämonischen Wesen mit den Menschen in Verbindung treten können und besonders, wenn wir uns ansehen, welchen Einfluss sie auf uns Christen haben. Es ist wichtig zu verstehen, welcher Teil bzw. welche Teile des Menschen anfällig sind für dämonische Aktivitäten und wie die dämonischen Geister Zutritt zu diesen verschiedenen Bereichen haben, wenn sie mit uns Menschen in Verbindung treten. Das folgende Schaubild ist eine Darstellung der drei Bestandteile eines Menschen und zeigt die Kennzeichen eines jeden Bestandteils.

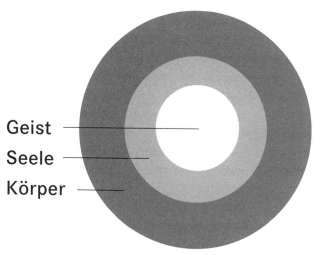

1. **Körper**
   - Bewusstsein der materiellen Welt
   - fünf Sinne, körperliche Gesundheit und Aussehen

2. **Seele**
   - Selbstbewusstsein (innerer Mensch)
   - Verstand, Gefühle und Wille

3. **Geist**
   - Gottesbewusstsein

Der Geist

Immer wieder wird uns in der Bibel gesagt, dass wir in unserem ungeretteten und uneinsichtigen Zustand vor Gott tot sind in unserer Sünde (Epheser 2,1; Kolosser 2,13). Kann ein toter Körper auf Reize reagieren? Natürlich nicht. Genauso wie in einem toten Körper kein Leben steckt, hat ein Mensch, der nicht gerettet ist, auch kein geistliches Leben. Ohne die Erneuerung und Wiederherstellung, durch unseren Glauben an Jesus Christus, sind wir geistlich alle tot - unfähig, auf Gott zu reagieren, unfähig, ein kraftvolles Leben im geistlichen und natürlichen Bereich zu leben und unfähig, frei von Satans Angriffen auf unser Leben zu leben.

Der Geist eines Menschen, der nicht gerettet, kein Christ und nicht erneuert ist, ist tot für göttliche Reize, tot für das Leben und die Liebe Gottes, mit der Gott sich zu den Menschen ausstreckt. Es gibt kein Gottesbewusstsein und keine Wiedergeburt ins ewige Leben für den Menschen, der nicht gerettet und nicht erneuert ist.

Aber der Geist eines geretteten, erneuerten Menschen (eines Christen) ist lebendig und sichergestellt in Christus, wenn er bei seiner Errettung vom Heiligen Geist „wiedergeboren" ist. Die dämonischen Geister haben keinen Zutritt und keine Kontrolle über ihn. Unser innerer Mensch, unser Geist, empfängt neues Leben - das Leben Christi (2. Korinther 5,17):

Epheser 2,1+5
Ihr wart tot infolge eurer Verfehlungen und Sünden. ... Gott aber, der voll Erbarmen ist, hat uns, die wir infolge unserer Sünden tot waren, in seiner großen Liebe, mit der er uns geliebt hat, zusammen mit Christus wieder lebendig gemacht. Aus Gnade seid ihr gerettet.

Titus 3,5
Er hat uns gerettet - nicht weil wir Werke vollbracht hätten, die uns gerecht machen können, sondern aufgrund seines Erbarmens - durch das Bad der Wiedergeburt und der Erneuerung im Heiligen Geist.

Epheser 1,13-14
Durch ihn habt auch ihr das Wort der Wahrheit gehört, das Evangelium von eurer Rettung; durch ihn habt ihr das Siegel des verheißenen Heiligen Geistes empfangen, als ihr den Glauben annahmt. Der Geist ist der erste Anteil des Erbes, das wir erhalten sollen, der Erlösung, durch die wir Gottes Eigentum werden, zum Lob seiner Herrlichkeit.

Nirgendwo im Neuen Testament lesen wir, dass Satan oder sein Reich Zutritt zum Geist eines gläubigen Menschen hat. Der Geist eines Christen ist durch den Heiligen Geist in Christus sichergestellt. Die dämonische Welt kann allerdings Zutritt zur Seele und zum Körper eines Menschen haben.

Die Seele

Von den drei Komponenten des Menschen ist die Seele das Hauptangriffsziel des Feindes. Dort will er sich seine Festungen aufbauen, von wo aus er uns Menschen angreifen will - auch uns Christen. Das liegt daran, dass der Verstand, die Gefühle und der Wille die wesentlichen Bestandteile der menschlichen Seele sind. Genau gegen diese Bestandteile richten sich die Strategien des Feindes.

Anders als beim menschlichen Geist (der durch den Heiligen Geist versiegelt und sichergestellt ist), kann der Feind unter Umständen in unsere Seele eindringen. Wenn der Verstand, die Gefühle und der Wille eines Menschen durch Satan geschwächt sind, dann können sich in unseren Gedanken, Haltungen, Worten und Taten dämonische Einflüsse zeigen - zum Beispiel in Wutausbrüchen, Sorgen, lustvollen Begierden, Verleumdung, verbalem und seelischem Missbrauch, Depressionen, Selbsterniedrigung, Selbsthass, Gewalt, usw.

Es gibt sowohl im Alten als auch im Neuen Testament Beispiele dafür, wie Satan und sein Reich die Gedanken, Einstellungen, Worte und Taten von Menschen beeinflusst hat. Einen bekannten Bericht finden wir in der Apostelgeschichte. Er handelt von Hananias und Saphira, einem Ehepaar, das einen Teil seines Grundstücks verkaufte und behauptete, alle Einnahmen an die Kirche abgegeben zu haben, obwohl sie tatsächlich insgeheim einen Teil des Ertrages für sich behalten hatten. Petrus machte klar, dass sich Satan in ihr Denken eingeschlichen und ihre Taten beeinflusst hatte.

Apostelgeschichte 5,3
Da sagte Petrus: „Hananias, warum hat der Satan dein Herz erfüllt, dass du den Heiligen Geist belügst und von dem Erlös des Grundstücks etwas für dich behältst?"

Der Körper

Auch in unseren Körper kann der Feind eindringen. Der menschliche Körper ist anfällig für dämonische Angriffe, was in Krankheiten und sogar in Lähmungen resultieren kann. Manchmal sind gesundheitliche Probleme natürlich auf rein physiologische Ursachen zurückzuführen, was daran liegt, dass wir in einem vergänglichen Körper leben. Oft können körperliche Krankheiten aber auch von dämonischen Aktivitäten herrühren. Das finden wir auch häufig in der Bibel, wie z. B. in den folgenden Versen:

Lukas 13,16
Diese Tochter Abrahams aber, die der Satan schon seit achtzehn Jahren gefesselt hielt, sollte am Sabbat nicht davon befreit werden dürfen?

Matthäus 9,32-33
Als sie gegangen waren, brachte man zu Jesus einen Stummen, der von einem Dämon besessen war. Er trieb den Dämon aus, und der Stumme konnte reden. Alle Leute staunten und sagten: „So etwas ist in Israel noch nie geschehen."

Der körperliche Gesundheitszustand kann oft auf irgendeine Art und Weise mit dämonischen Angriffen oder dämonischem Einfluss in Verbindung gebracht werden. Wenn die Seele (der Verstand, die Gefühle und der Wille) eines Menschen erlöst, befreit oder erneuert wird, kann man deshalb oft beobachten, dass dieses geistliche Werk von einer körperlichen Heilung begleitet wird.

Lisa, eine junge Frau aus einer Gemeinde, in der ich als Pastor tätig war, erlebte das so: Nach einer Virusinfektion war ihr Innenohr dauerhaft geschädigt; dadurch litt sie unter einem ständigen Schwindelgefühl. Zwei Jahre lang hatte sie Schwierigkeiten zu gehen, zu schlafen, berührt zu werden und ihre Augen zu fixieren. Ein Spezialist auf diesem Gebiet, der als Facharzt in einem Universitätskrankenhaus tätig war, erklärte ihr, dass man ihr Problem durch keine Operation beheben konnte. Seine Prognose lautete, dass sich ihr Zustand wohl immer weiter verschlechtern und sie eines Tages im Rollstuhl sitzen würde.

Lisa kam zu uns, damit wir für sie beteten. Sie war voller Angst und fühlte sich verurteilt. Sie konnte sich selbst absolut nicht so sehen, wie Gott sie sah. Obwohl sie Jesus als ihren Retter kannte, war ihr nicht bewusst, dass der Feind mit speziellen Strategien gegen sie vorging. Sie wusste auch nicht, dass diese Festungen einer falschen Denkweise in ihren Gedanken und ihrem Leben existierten.

Zusätzlich zu ihren Ängsten und dem Gefühl der Verurteilung hatte Lisa sich falsche Denk- und Verhaltensweisen angewöhnt, mit denen sie sich selbst zu beruhigen versuchte. Als Lisa sich von all diesen Dingen lossagte, erlebte sie die Liebe Gottes so greifbar und mächtig, wie noch nie zuvor in ihrem Leben. Während wir für sie beteten, spürte sie in ihrem rechten Ohr eine Wärme, die tief in ihren Kopf hinein strahlte (später erfuhr sie, dass das genau die Stelle ist, von wo aus das Innenohr Signale ans Gehirn aussendet). Mit sicheren Schritten und ohne Stock verließ sie unser Gebetstreffen - sie war völlig geheilt. Bis zum heutigen Tag hat Lisa keine Schwindelanfälle mehr gehabt und ist frei von den Lügen des Feindes; sie wurde auf wunderbare Weise von den Festungen befreit, durch die sie nicht nur geistlich, sondern auch körperlich gebunden gewesen war.

Die drei Schlachtfelder eines Christen

Es wäre zu einfach zu behaupten, dass alle menschlichen Probleme auf direkte dämonische Angriffe und Einflüsse zurückzuführen sind. Der Kampf, den Lisa ausfocht, war sowohl geistlicher als auch körperlicher Natur. Die Grundlage, die der Feind nutzte, um Zugang zu ihrem Leben zu bekommen und sie anzugreifen, waren unter anderem ihr Selbstbild und ihre Weltanschauung. Diese Zugänge nutzte er, um seine Lügen auszusäen, denen Lisa Glauben schenkte und danach handelte. So konnte der Feind in ihrem Leben Fuß fassen und Schaden und Zerstörung anrichten.

In der Bibel steht, dass es eigentlich drei Fronten gibt, vor denen die Menschen sich in Acht nehmen, an denen sie kämpfen und gegen die sie starken Widerstand leisten müssen. Das ist zum einen die „Welt", dann das „Fleisch" und schließlich das „Reich des Widersachers". Oftmals konzentrieren sich die Christen nur auf einen oder zwei dieser Bereiche. Aufgrund meiner persönlichen Erfahrungen bin ich allerdings zu folgender, fester Überzeugung gekommen: Ein Christ wird in seinen Bemühungen, geistlich zu wachsen, immer frustriert sein, er wird Probleme haben, über hartnäckige Sünden zu triumphieren oder in seinem Dienst Frucht zu bringen, wenn er nicht an allen drei Fronten gleichzeitig kämpft. Wenn Christen diese drei Fronten, an denen Satan gegen sie ankämpft, verstehen, dann werden sie besser auf seine Pläne vorbereitet sein und klüger gegen sie vorgehen können. Sie werden eher in der Lage sein, sich gegen den Feind zur Wehr zu setzen.

Die Schlachtfront „Welt"

Mit der Schlachtfront „Welt" ist mehr gemeint als nur die Erde und die Luft, das Wasser und das All. Tatsächlich handelt es sich dabei um ein System oder eine Anordnung, eine Ordnung. Ein Wort, das üblicherweise mit „Welt" übersetzt wird - im Neuen Testament wird es 200 Mal verwendet -, ist das Wort „kosmos", was soviel wie „Ordnung" oder „Weltordnung" bedeutet. Jesus bezeichnete Satan als den derzeitigen Herrscher über diese Weltordnung oder das Weltsystem.

Gott liebt die Welt, die er geschaffen hat, nicht aber das selbstsüchtige, humanistische und oft unverhohlen böse Weltsystem und die Philosophien, die Satan eingeführt hat, um Gottes Design zu zerstören, seine Macht an sich zu reißen und seine Schöpfung zu vernichten. Welche Haltung sollten wir der Welt gegenüber einnehmen? Sie ist nicht unsere Heimat (Hebräer 13,14). Jakobus erklärte, dass Freundschaft mit der Welt Feindschaft mit Gott bedeutet (Jakobus 4,4). Jesus sagte, wenn wir unser Leben in dieser Welt lieben, werden wir die Chance auf wirkliches, ewiges Leben bei Gott verlieren. Immer wieder erklärte er, dass die Welt sowohl ihn als auch seine Jünger hasst (Johannes 15,18+24-25). Johannes sagte, dass der Standpunkt der Welt im Widerspruch zu den Werten und der Weltanschauung Gottes steht. Man kann nicht die Welt und gleichzeitig Gott lieben (1. Johannes 2,15).

Johannes 12,31
Jetzt wird Gericht gehalten über diese Welt; jetzt wird der Herrscher dieser Welt hinausgeworfen werden.

Johannes 17,14
Ich habe ihnen dein Wort gegeben und die Welt hat sie gehasst, weil sie nicht von der Welt sind, wie auch ich nicht von der Welt bin.

1. Johannes 4,5

Sie sind aus der Welt; deshalb sprechen sie, wie die Welt spricht, und die Welt hört auf sie.

Johannes 15,18

Wenn die Welt euch hasst, dann wisst, dass sie mich schon vor euch gehasst hat.

Zu einem „Leben in Freiheit" gehört auch die Fähigkeit, zwar in der Welt zu sein, aber nicht von der Welt. Dies waren die Worte Jesu in seinem Gebet in Johannes 17,14-19. Das ist so ähnlich wie bei einem Boot, das zwar seinem Zweck nach auf dem Wasser schwimmt, aber das Wasser selbst gehört nicht ins Boot. „Gleicht euch nicht dieser Welt an", schrieb der Apostel Paulus, „sondern wandelt euch und erneuert euer Denken, damit ihr prüfen und erkennen könnt, was der Wille Gottes ist: was ihm gefällt, was gut und vollkommen ist" (Römer 12,2). Wir sollen mit Christus gekreuzigt sein und Christus in uns leben lassen (s. Galater 2,20). Dann können wir durch Christus praktisch „tot" sein für die Welt und für ihren verlockenden Ruf, uns in ihren Philosophien, Ablenkungen, Bequemlichkeiten und Genüssen zu verlieren. Wir überwinden die Welt nicht, indem wir sie töten oder kreuzigen (wie wir es mit den Taten unseres Fleisches machen), auch nicht, indem wir uns gegen sie wehren oder sie zurückweisen (wie wir es mit dem Werk des Teufels tun). Wir überwinden sie, indem wir unser Denken von Gottes Wahrheit verändern lassen und uns nicht den weltlichen Werten, Prioritäten und Philosophien anschließen. Das bedeutet, dass wir eintauchen müssen in Gottes Wahrheit. Wir müssen bezüglich der Bücher, die wir lesen, der Filme und Fernsehsendungen, die wir uns ansehen, der Musik, die wir uns anhören und der Aktivitäten, an denen wir uns beteiligen, bewusste Entscheidungen treffen, die Gott Ehre bringen. Das bedeutet nicht, dass Christen gesetzlich werden und sich abschirmen sollen. Wir müssen allerdings wachsam bleiben, damit unser Feind, der Teufel uns nicht angreift und verschlingt, wenn wir uns dem Weltsystem anschließen und uns darin verwickeln. Werbung, Medien und Populärkultur verlangen allesamt lauthals nach unserer Aufmerksamkeit und Loyalität. Sind sie erfolgreich darin?

In der Bibel wird von Demas berichtet, dass er „die Dinge dieser Welt liebt" (2. Timotheus 4,10), was der Grund war, warum er seinem Glauben und auch Paulus den Rücken kehrte. Wenn die Dinge dieser Welt wertvoller und verlockender sind für uns als Gott und sein Reich, dann werden wir nie in der Lage sein, den Plänen des Teufels zu widerstehen und wirklich frei in Christus zu leben.

Die Schlachtfront „Fleisch"

Während die Welt die Christen von außen angreift, ist die sündhafte Natur - oder das „Fleisch" - der Menschen ein Kampf, der im Innern abläuft. Dieses „Fleisch" ist die sündhafte Natur, die sich gegen Gott und gegen seine Wege auflehnt. Satan liebt es, das System der Welt zu benutzen, um die sündhafte Natur in uns zu provozieren und uns dazu zu verleiten, im Ungehorsam gegenüber Gott, seiner Wahrheit, seinem Charakter und seinen Geboten ihrem sündhaften Drang nachzugeben.

Die sündhafte Natur setzt sich aus Gleichgültigkeit und Rebellion gegenüber Gott zusammen, während man gleichzeitig dem eigenen Ich dient und von sich selbst ganz in Anspruch genommen ist. Das Fleisch liebt die Bequemlichkeit und die eigenen Ansprüche. Es ist darauf aus, sich selbst zu verwöhnen, zu schützen und zu fördern. Unsere sündhafte Natur nötigt uns, auf den Schrei unseres menschlichen Fleisches zu hören (und auf sein Bedürfnis nach leiblichen Genüssen), anstatt auf die Stimme Gottes.

Wenn jemand Christ wird und Jesus Christus nachfolgt, bekommt er ein neues Wesen – das Wesen Jesu Christi (2. Korinther 5,17; Galater 2,20). Der Kampf eines Christen besteht dann in der Entscheidung, welchem Wesen er sich in seinem Leben unterordnen will.

Römer 8,5-7

Denn alle, die vom Fleisch bestimmt sind, trachten nach dem, was dem Fleisch entspricht, alle, die vom Geist bestimmt sind, nach dem, was dem Geist entspricht. Das Trachten des Fleisches führt zum Tod, das Trachten des Geistes aber zu Leben und Frieden. Denn das Trachten des Fleisches ist Feindschaft gegen Gott; es unterwirft sich nicht dem Gesetz Gottes und kann es auch nicht.

Galater 5,16-17

Darum sage ich: Lasst euch vom Geist leiten, dann werdet ihr das Begehren des Fleisches nicht erfüllen. Denn das Begehren des Fleisches richtet sich gegen den Geist, das Begehren des Geistes aber gegen das Fleisch; beide stehen sich als Feinde gegenüber, sodass ihr nicht imstande seid, das zu tun, was ihr wollt.

In Satans Kampf gegen die Christen gibt es einen deutlichen Zusammenhang zwischen der Schlachtfront „Welt" und der Schlachtfront „Fleisch". Der Apostel Johannes erklärte den Zusammenhang zwischen dem sündhaften System der Welt und unserer sündhaften Natur, indem er deutlich machte, woran das Wesen des weltlichen Systems erkannt werden kann. In 1. Johannes 2,15-16 beschreibt er, wie die äußeren Einflüsse der Welt durch den inneren Einfluss oder die Schlachtfront der sündhaften Natur (des Fleisches) eines Menschen auf diesen einwirken kann.

1. Johannes 2,15-16

Liebt nicht die Welt und was in der Welt ist! Wer die Welt liebt, hat die Liebe zum Vater nicht. Denn alles, was in der Welt ist, die Begierde des Fleisches, die Begierde der Augen und das Prahlen mit dem Besitz, ist nicht vom Vater, sondern von der Welt.

Hier bezieht sich Johannes auf die drei Bestandteile der menschlichen Natur, die den Zugang zum dynamischen Wirken dessen ermöglicht, was die Bibel als die „Welt" bezeichnet; die Begierde des Fleisches, die Begierde der Augen und das Prahlen mit dem Besitz, auf die ich jetzt noch näher eingehen werde.

1. **Die Begierde des Fleisches.** Die „Begierde des Fleisches" ist der gottlose Wunsch, eine natürliche Leidenschaft zu befriedigen, die im Widerspruch zu Gott und zu seinem Willen für unser Leben steht. Sie zieht den Menschen weg von der Vertrautheit mit Gott und von der Suche nach ihm. Satan gebraucht die Begierde des Fleisches, um Menschen davon zu überzeugen, dass die Befriedigung falscher und sündhafter (fleischlicher) Leidenschaften erfüllender ist als die Suche nach und der Gehorsam gegenüber Gott. Die Begierden des Fleisches verdrehen Gottes rechtmäßiges und lebensspendendes Design bezüglich sexueller Aktivitäten, Essen, Trinken, Feiern, Ausruhen und Unterhaltung.

2. **Die Begierde der Augen.** Gottes Plan für die Menschen ist, dass sie das, was er ihnen zur Verfügung stellt, besitzen und genießen können. Die „Begierde der Augen" ist eine Maßnahme, um diesen Plan zu verdrehen. Satan gibt sich Mühe, die Menschen davon zu überzeugen, dass sie Erfüllung und Befriedigung finden, wenn ihr Verlangen nach Besitztümern gestillt wird; er redet ihnen ein, dass sie Gott dafür nicht brauchen. Er verführt die Menschen zum Glauben, dass ihr Selbstwert und ihre Bedeutung nicht durch die Beziehung zu Gott, sondern durch die Anhäufung von Besitz gewonnen werden. Die Folge solcher Leidenschaften ist, dass Menschen sich gegenseitig verletzen, um das zu bekommen, was sie begehren. Auf extreme Weise kann das so aussehen, dass z. B. ein Workaholic seine Familie vernachlässigt, oder, das andere Extrem, dass ein Krimineller andere mit einer Tat schockiert, ihnen Schaden zufügt oder sie sogar tötet, um dadurch selbst materiellen Gewinn zu haben. Das nennt man auch Götzendienst, denn Götzendienst bedeutet, dass man andere Dinge mehr liebt oder ihnen mehr vertraut als Gott.

3. **Das Prahlen mit dem Besitz.** Das „Prahlen mit dem Besitz" bedeutet, dass man eine falsche Betonung auf Macht, Berühmtheit, Positionen oder Anerkennung legt, um dadurch vor anderen angesehener zu sein. Gott hat von Anfang an geplant und gewollt, dass wir dieses Ansehen haben. Sie finden es jedoch nicht in dem, was Sie sich selbst erwirtschaften oder leisten, sondern vielmehr dadurch, dass Sie Ihre Beziehung mit Gott verstehen und erkennen, wie er Sie sieht. „Das Prahlen mit dem Besitz" bedeutet, dass man die Ehre bei sich selbst sucht, anstatt zu erkennen, dass Gott die Ehre gehört, zu seiner Ehre zu leben und sich dafür einzusetzen, dass er die Ehre bekommt. Es ist eine dämonische Lüge, mit der Satan versucht, Sie zu täuschen. Sie sollen glauben, dass es sich lohnt Macht, Positionen und Anerkennung zu gewinnen, egal um welchen Preis.

Die Schlachtfront dämonischer Angriffe

Die dritte Schlachtfront, an der wir auf die Pläne des Feindes stoßen, ist das dämonische Reich selbst. Aus den Evangelien wird klar ersichtlich, dass die Dämonen erfolgreich waren. Sie hassten Jesus und bekämpften alles, was er tat. Während der gesamten Zeit, als Jesus auf der Erde diente, griffen sie viele Menschen an, die Jesus von ihrem Einfluss und ihrem Tun befreit hatte:

Lukas 4,40-41
Als die Sonne unterging, brachten die Leute ihre Kranken, die alle möglichen Leiden hatten, zu Jesus. Er legte jedem Kranken die Hände auf und heilte alle. Von vielen fuhren auch Dämonen aus und schrien: Du bist der Sohn Gottes! Da fuhr er sie schroff an und ließ sie nicht reden; denn sie wussten, dass er der Messias war.

Lukas 6,17-19
Jesus stieg mit ihnen den Berg hinab. In der Ebene blieb er mit einer großen Schar seiner Jünger stehen, und viele Menschen aus ganz Judäa und Jerusalem und dem Küstengebiet von Tyrus und Sidon strömten herbei. Sie alle wollten ihn hören und von ihren Krankheiten geheilt werden. Auch die von unreinen Geistern Geplagten wurden geheilt. Alle Leute versuchten, ihn zu berühren; denn es ging eine Kraft von ihm aus, die alle heilte.

Lukas 7,20-21
Als die beiden Männer zu Jesus kamen, sagten sie: Johannes der Täufer hat uns zu dir geschickt und lässt dich fragen: Bist du der, der kommen soll, oder müssen wir auf einen andern warten? Damals heilte Jesus viele Menschen von ihren Krankheiten und Leiden, befreite sie von bösen Geistern und schenkte vielen Blinden das Augenlicht.

Lukas 10,17-21
Die Zweiundsiebzig kehrten zurück und berichteten voll Freude: Herr, sogar die Dämonen gehorchen uns, wenn wir deinen Namen aussprechen. Da sagte er zu ihnen: Ich sah den Satan wie einen Blitz vom Himmel fallen. Seht, ich habe euch die Vollmacht gegeben, auf Schlangen und Skorpione zu treten und die ganze Macht des Feindes zu überwinden. Nichts wird euch schaden können. Doch freut euch nicht darüber, dass euch die Geister gehorchen, sondern freut euch darüber, dass eure Namen im Himmel verzeichnet sind.
In dieser Stunde rief Jesus, vom Heiligen Geist erfüllt, voll Freude aus: Ich preise dich, Vater, Herr des Himmels und der Erde, weil du all das den Weisen und Klugen verborgen, den Unmündigen aber offenbart hast. Ja, Vater, so hat es dir gefallen.

In Epheser 2,1-3 wird deutlich gemacht, dass ein Mensch, wenn er in diese Welt hineingeboren wird, von der Welt, von seinem eigenen „Fleisch" (oder seiner sündhaften Natur) und von Satans unmittelbaren Handlungen angegriffen wird und darin gefangen ist. Nicht nur in der Bibel wurden Menschen von Dämonen angegriffen, sondern auch wir in unserer heutigen Welt - auch Sie und ich. Wir alle stehen vor der dritten Schlachtfront: dem direkten satanischen Angriff durch seine dämonischen Helfer.

Epheser 2,1-3
Ihr wart tot infolge eurer Verfehlungen und Sünden. Ihr wart einst darin gefangen, wie es der Art dieser Welt entspricht, unter der Herrschaft jenes Geistes, der im Bereich der Lüfte regiert und jetzt noch in den Ungehorsamen wirksam ist. Zu ihnen gehörten auch wir alle einmal, als wir noch von den Begierden unseres Fleisches beherrscht wurden. Wir folgten dem, was das Fleisch und der böse Sinn uns eingaben und waren von Natur aus Kinder des Zorns wie die anderen.

In der Bibel zeigen viele Berichte klar, dass Satan die Menschen gezielt angreift und direkt gegen sie vorgeht. Zwei Beispiele dafür sind die Geschichte von Hananias und Saphira in Apostelgeschichte 5 und der Bericht von Petrus in Matthäus 16, als dieser Jesus Vorwürfe machte. Paulus wagte sogar die Behauptung (die ihm vom Heiligen Geist eingegeben wurde), dass unser Kampf in Wirklichkeit nicht gegen „Fleisch und Blut" stattfindet, sondern gegen die bösen Mächte!

Epheser 6,12
Denn wir haben nicht gegen Menschen aus Fleisch und Blut zu kämpfen, sondern gegen die Fürsten und Gewalten, gegen die Beherrscher dieser finsteren Welt, gegen die bösen Geister des himmlischen Bereichs.

Dämonen beeinflussen und kontrollieren vor allem die Seele (den Verstand, die Emotionen und den Willen) eines Menschen. Wenn ein Mensch dem Feind Zutritt (topos) gewährt und wenn der Wille dämonischen Einflüssen anheimfällt, kann das zu geistiger und/oder emotionaler Gebundenheit führen. Wo jemand den Dämonen Einlass gewährt hat oder wo sich Festungen im Leben gebildet haben, kann diese Person in unterschiedlichem Ausmaß Kummer und Qualen erleiden.
In diesem Zustand können sogar dem Gläubigen die Dinge entrissen werden, die Gott seinen Kindern zugedacht hat, damit sie darin leben und sich daran erfreuen. Dazu zählen unter anderem sein Friede, das anhaltende Wissen, dass er gegenwärtig ist, die Erfahrung von Gottes Liebe, das Leben in seiner Kraft und die Erfüllung, die wir dann finden, wenn wir seine Absichten für unser Leben umsetzen. Dämonische Einflüsse und Bindungen können sich in Verhaltensweisen und Reaktionen zeigen, wie zum Beispiel in Wutausbrüchen, Verzweiflung und Depressionen, hartnäckigen Sünden und Begierden, kritischen und erniedrigenden Haltungen, Handlungen, die anderen oder einem selbst schaden, Grausamkeiten oder

Launenhaftigkeiten. Auch körperliche Krankheiten und Beschwerden können auftauchen, wenn Satan den Körper eines Menschen angreift.

Sieg an allen Fronten

Die Bibel und die allgemeine menschliche Erfahrung bestätigen deutlich, dass Christen sich tatsächlich auf einem Schlachtfeld befinden. Der Krieg an sich ist durch Jesu Sieg über Satan am Kreuz schon gewonnen. Aber, wie in jedem Krieg, dauern die „Aufräum"-Arbeiten noch an und der Sieg über die Feinde muss so lange umgesetzt werden, bis Jesus wiederkommt, um die Herrschaft zu übernehmen und die Erde zu regieren. Glücklicherweise hat Gott uns für diese Aufgabe nicht ohne Ausrüstung zurückgelassen! Er hat uns sämtliche Waffen, Autorität und Vollmacht gegeben, die wir brauchen, um frei von den Plänen und Gebundenheiten des Feindes leben zu können, und um das Territorium zurückzuerobern, das Satan immer wieder für sich beanspruchen will.

Wenn wir erfolgreich gegen den Feind kämpfen wollen, müssen wir verstehen, dass jede Schlachtfront als ein Seil betrachtet werden kann, das aus drei Schnüren besteht. Wir müssen gegen alle drei „Seile" Maßnahmen ergreifen und dürfen keines von ihnen ignorien. Alle drei - die Welt, das Fleisch und der dämonische Bereich - sind bei Satans Angriffen und Intrigen ständig ineinander verwickelt und miteinander verknüpft. Wir müssen die Lügen der Welt mit der Wahrheit ersetzen und das sündige Fleisch durch Buße und durch die Ausübung dieser Wahrheit in unserem Leben vernichten.

Gleichzeitig sollen wir über Satan und seine Dämonen Besitz ergreifen und direkte Autorität über sie ausüben, so wie Jesus es uns vorgelebt hat. Wir dürfen sie nicht tolerieren. Wir sollen in Gottes Wahrheit leben und glauben, dass wir durch Jesus, der in uns lebt, Autorität über alle Macht des Feindes haben! Wir können den Feind und seine Helfer zurückweisen und ihnen den Platz zu Jesu Füßen zuweisen - denn dorthin gehören sie laut der Bibel (s. Epheser 1,20-21). Dort überlassen wir sie Gottes Gericht und seiner Regie.

Wenn wir ein befreites und sieghaftes Leben führen wollen, müssen wir das Leben von drei verschiedenen Standpunkten aus gleichzeitig angehen. Das ist zuerst der Bereich der Wahrheit: Wir identifizieren die Lügen, unter denen wir leben, bekennen sie und kehren um, indem wir uns unter Gottes Wahrheit stellen. Das Zweite ist die Heiligkeit: Wir disziplinieren und kontrollieren unser Fleisch, indem wir uns nach Gottes Wort und nach seinen Wegen ausrichten und dadurch die Früchte des Geistes in uns wachsen lassen (s. Galater 5,22-23). Das Dritte ist die Autorität: Wir üben zuversichtlich die Autorität Jesu aus, die er uns gegeben hat, um siegreich über alle Macht des Feindes zu leben. Wenn wir auf diese Weise gehorsam mit ihm gehen, können wir erfolgreich die Festungen abbrechen, die Satan bis dahin in uns errichtet hat und verhindern, dass er neue Festungen in uns aufbauen kann.

KAPITEL 12
Liebesdefizit-Festungen abbauen

Satans effektivste Methode, Festungen in unserem Leben zu errichten, ist, uns von der Liebe Gottes zu trennen. Deshalb erscheint es mir wichtig, ein ganzes Kapitel darüber zu schreiben, wie wir diese bestimmten Bereiche geistlicher und emotionaler Bindungen speziell zerstören und hinter uns lassen können. Ich nenne sie „Liebesdefizit-Festungen", weil sie ursprünglich aus einem Liebesentzug oder einem „Liebesdefizit" heraus entstanden sind.

Ein gutes Beispiel dafür ist Dave, ein junger Mann aus der Gemeinde, in der ich Pastor bin. Aufgrund eines anhaltenden Problems suchte er seelsorgerlichen Rat. Er konnte es einfach nicht bewältigen, egal wie sehr er auch dafür betete, die Bibel studierte und Selbstdisziplin ausübte. Er betete zusammen mit Bob, einem unserer Pastoren und bat den Heiligen Geist, ihnen die Wurzeln seines Problems aufzuzeigen. Nachdem Bob sich Daves Geschichte angehört hatte, bemerkte er: „Dave, du hast dich immer um deine Mutter gekümmert, als sie krank war, hast sie ermutigt und getröstet. Du bist für sie da gewesen. Aber wer war für dich da?"

Diese Feststellung brachte einen emotionalen Schmerz ans Licht, mit dem Dave zu kämpfen hatte. Als jüngster Sohn einer großen Familie war Dave sehr sensibel für die häufigen Krankheiten seiner Mutter. Sein Vater war Pastor einer großen Kirchgemeinde und war oft nicht zu Hause, weil er sich um die Bedürfnisse der Gemeindemitglieder kümmerte. Dave fühlte sich sehr für seine Mutter verantwortlich, wenn sie krank oder entmutigt war.

Daves Eltern liebten ihn und hatten nie gewollt, dass er die emotionale Verantwortung für seine Mutter übernahm, während er sich gleichzeitig selbst vernachlässigt fühlte. Doch im Laufe der Zeit wurden diese Gefühle, nicht geliebt, allein und unbeachtet zu sein in anderen Beziehungen, auch in seiner Ehe, noch verstärkt. Der Feind konnte so eine Festung in seinem Selbstbild aufbauen. Dave entwickelte sündhafte Verhaltensweisen, mit denen er sich selbst tröstete, um mit seinen negativen Gefühlen zurechtzukommen.

Als die Wurzel seines Problems ans Licht kam, konnte Dave die Lügen erkennen, die der Feind ihm bereits in jungen Jahren ins Herz gesät hatte. Im Gebet vergab er den Menschen und tat Buße für die hartherzigen Gefühle gegenüber denen, die ihn, wenn auch unbeabsichtigt, enttäuscht hatten. Dann betete Bob um Gottes heilende Kraft, mit der er die Leere in Daves Herz berühren sollte. An dieser Stelle fand eine große Verwandlung in Daves Leben statt. Mit der Zeit konnte er erkennen, dass er von Gott geliebt und bestätigt wurde. Das Problem, für das er Hilfe gesucht hatte, verflüchtigte sich, sobald die Lügen in seinem Denken der Wahrheit wichen. Er wurde ein anderer Mensch!

Daves Geschichte ist ein klassisches Bild für das Hauptvorhaben Satans: Er möchte, dass die Menschen glauben, dass Gott sie nicht liebt. Genauso wie bei Eva im Garten Eden versucht er auch Ihnen einzureden, dass Gott nicht das Beste für Sie im Sinn hat. Er möchte, dass Sie denken: Gott hat mich abgelehnt, verlassen oder übergangen. In Wirklichkeit ist genau das Gegenteil der Fall. Die volle Dimension von Gottes Liebe für uns zu verstehen, ist wirklich überwältigend! In Epheser 3,19 steht, dass Gottes Liebe für Sie größer ist als Sie es je verstehen können. Wahrscheinlich werden Sie nie ganz begreifen, wie sehr Gott, der Vater Sie schätzt.

Unser Wert vor Gott

Woran wird der Wert einer Sache gemessen? Am Preis, den einer bereit ist, dafür zu bezahlen. Vielleicht gehört Ihnen ein Stück Land, das nicht nur traumhaft aussieht, sondern Ihnen persönlich auch viel bedeutet. Weil es Ihnen so viel wert ist, setzen Sie einen Preis dafür fest, an dem sichtbar wird, wie viel es Ihnen persönlich bedeutet. Findet sich jedoch niemand, der dieses Stück Land genauso oder noch mehr schätzt als Sie - und der bereit ist, den von Ihnen festgelegten Preis zu bezahlen -, werden Sie es nicht verkaufen. Der wirkliche Wert dieses Grundstücks (oder einer anderen Sache) wird dadurch festgelegt, was einer bereit ist, dafür zu bezahlen. Ihr tatsächlicher Wert vor Gott wird durch den Preis bestimmt, den er für Sie zu zahlen bereit war (und ist). Er war bereit, den höchsten Preis für Sie zu bezahlen. Er gab das Leben seines einzigen Sohnes für Sie!

Römer 5,8
Gott aber hat seine Liebe zu uns darin erwiesen, dass Christus für uns gestorben ist, als wir noch Sünder waren.

Johannes 3,16
Denn Gott hat die Welt so sehr geliebt, dass er seinen einzigen Sohn hingab, damit jeder, der an ihn glaubt, nicht zugrunde geht, sondern das ewige Leben hat.

Epheser 2,4-5
Gott aber, der voll Erbarmen ist, hat uns, die wir infolge unserer Sünden tot waren, in seiner großen Liebe, mit der er uns geliebt hat, zusammen mit Christus wieder lebendig gemacht. Aus Gnade seid ihr gerettet.

1. Johannes 4,9-10
Die Liebe Gottes wurde unter uns dadurch offenbart, dass Gott seinen einzigen Sohn in die Welt gesandt hat, damit wir durch ihn leben. Nicht darin besteht die Liebe, dass wir Gott geliebt haben, sondern dass er uns geliebt und seinen Sohn als Sühne für unsere Sünden gesandt hat.

Stellen Sie sich vor, wie gewaltig und überragend Gott als der Schöpfer dieses Universums ist. Dieser Gott liebt Sie höchstpersönlich. Zefania, der Prophet aus dem Alten Testament, beschreibt Gottes Liebe zu seinem Volk als so stark und uneingeschränkt, dass er sogar über uns „jubelt und frohlockt" (Zefania 3,17).

So erstaunlich diese Wahrheiten über die Größe der Liebe Gottes zu Ihnen auch ist - die nächste ist überwältigend. Ich versuche immer noch, das zu begreifen; ich weiß, dass Gott mir das immer noch mehr begreiflich machen muss. Sind Sie bereit? Gott, der Vater, liebt Sie mit der gleichen Intensität, mit der er auch seinen Sohn, Jesus Christus, liebt! Genau das ist es auch, was Jesus Christus in seinem Fürbittegebet in Johannes 17 zum Ausdruck brachte. Weil wir durch unsere Errettung mit Jesus Christus eins sind, liebt Gott uns genauso und mit der gleichen Intensität. Diese Liebe können wir durch Gott den Vater, den Sohn und den Heiligen Geist erfahren und erleben.

Johannes 17,23+26

... ich in ihnen und du in mir. So sollen sie vollendet sein in der Einheit, damit die Welt erkennt, dass du mich gesandt hast und die Meinen ebenso geliebt hast wie mich. ... Ich habe ihnen deinen Namen bekannt gemacht und werde ihn bekannt machen, damit die Liebe, mit der du mich geliebt hast, in ihnen ist und damit ich in ihnen bin.

Gottes Liebe erfahren – in Gottes Kraft leben

Es gibt einen guten Grund dafür, warum Satan und sein Reich nicht zulassen dürfen, dass Sie begreifen, wie groß und tief Gottes Liebe für Sie ist. Wenn Sie Gottes Liebe erfahren, geschieht etwas Erstaunliches: Sie ist die offene Tür, durch die Gottes Kraft in und durch Ihr Leben freigesetzt wird.

Epheser 3,18-21

... sollt ihr zusammen mit allen Heiligen dazu fähig sein, die Länge und Breite, die Höhe und Tiefe zu ermessen und die Liebe Christi zu verstehen, die alle Erkenntnis übersteigt. So werdet ihr mehr und mehr von der ganzen Fülle Gottes erfüllt. Er aber, der durch die Macht, die in uns wirkt, unendlich viel mehr tun kann, als wir erbitten oder uns ausdenken können, er werde verherrlicht.

Denn nur so könnt ihr mit allen anderen Christen das ganze Ausmaß seiner Liebe erfahren, die wir doch mit unserem Verstand niemals fassen können. Dann wird diese göttliche Liebe euch immer mehr erfüllen.

Gott aber kann viel mehr tun, als wir jemals von ihm erbitten oder uns auch nur vorstellen können. So groß ist seine Kraft, die in uns wirkt. (Hfa)

Inspiriert vom Heiligen Geist zeigt Paulus in diesen Versen auf, dass wir erst dann ganz von Gottes Fülle und mit seiner Kraft erfüllt sind, wenn wir Gottes Liebe erfahren. Der Zusammenhang ist hier ganz deutlich zu erkennen: Wir müssen zuerst die volle Wahrheit und Realität von Gottes Liebe zu uns begreifen, bevor wir ein Leben in der ganzen Fülle seiner Kraft leben können.

Paulus schreibt weiter, dass wir durch Gottes Kraft, die in uns wirkt, unendlich viel mehr tun können, als wir erbitten oder uns ausdenken können (Vers 20). Die Gleichung ist ganz einfach: **Je vollständiger wir Gottes Liebe erfahren, desto vollkommener werden wir in seiner Kraft leben.** Satan weiß, dass er keinen Sieg über Gottes Kinder haben kann, wenn sie in der Fülle von Gottes Liebe und Kraft leben.

Wenn wir also wissen, dass unsere Fähigkeit, Gottes Kraft zu empfangen und anzuwenden in direktem Zusammenhang damit steht, dass wir seine Liebe empfangen und erfahren, sind wir dann noch überrascht, dass Satans wichtigste Kampfstrategie darin besteht zu verhindern, dass wir diese Liebe verstehen und darin leben? Satan ist nicht dumm. Er ist sehr gerissen. Von Kindheit an versucht er, ins Leben der Kinder Gottes Lügen im Sinne von Ablehnung, Verlassenheit und Bedeutungslosigkeit einzusäen. Damit will er sich seinen „topos" schaffen und Festungen falscher Denkweisen aufrichten. Diese Festungen - die als Getrenntheit von Gottes Liebe in uns verwurzelt sind - könnte man als „Liebesentzug"-Festungen bezeichnen. Dazu zählen auch Probleme wie Ablehnung, Bedeutungslosigkeit, Verlassenheit, Verweigerung, Angst und andere. Sie sind Ausdrucksformen von „Liebesentzug", weil sie als Denkmuster, Sichtweisen und Meinungen die Vorstellung bestärken, dass uns im Grunde keiner liebt und wir unbedeutend sind. Das ist eine Taktik - denn wo keine Liebe ist, hat Satan das perfekte Umfeld für seine ausgeklügelten Pläne und Stützpunkte gefunden.

Was es bedeutet, geliebt zu sein

Unsere persönlichen Erfahrungen, unsere Lebensanschauung und ein Blick auf die menschliche Geschichte zeigen, dass die Menschen in einer liebevollen und respektvollen Umgebung aufblühen. Liebe ist das Umfeld Gottes und seines Reiches. Im krassen Gegensatz dazu gibt es in Satans Reich überhaupt keine Liebe. Es ist gekennzeichnet von Liebesentzug, Respektlosigkeit und Verlassenheit, Verzweiflung, Wertlosigkeit, Hoffnungslosigkeit, Verderben, Zerstörung und Tod.

Die Menschen sind nach Gottes Ebenbild geschaffen (Genesis 1,27) und tragen demzufolge die Liebe in sich, denn die Liebe ist Gottes hauptsächliches Wesensmerkmal (1. Johannes 4,8). Aus diesem Grund blühen die Menschen auf, die mit verschwenderischer, göttlicher Liebe genährt werden. Solche Erfahrungen von Liebe geben jedem Menschen die Gewissheit, wertvoll, geschätzt, bedeutungsvoll und geborgen zu sein. Je mehr Liebe einem Menschen fehlt, desto wertloser wird er sich fühlen und desto mehr wird das Gefühl von Bedeutungslosigkeit und Unsicherheit in ihm wachsen. Schlimmer noch - wenn ein Mensch schlimme Ablehnung, Ungerechtigkeiten oder Missbrauch in seinem Leben erfährt, erleidet er bis ins Innerste seines Seins massiven Schaden. Diese Wunden werden zu offenen Türen für Satan, sie sichern ihm Bereiche, in denen er uns, den Menschen um uns herum und auch den zukünftigen Generationen zunehmend emotional und geistlich schaden kann.

Satans Strategien, mit denen er verhindern will, dass wir Gottes Liebe erfahren, konzentrieren sich hauptsächlich darauf, dass er diese Erfahrung von Gottes Liebe in unserem Leben stört (oder vollständig zerstört). Eine Methode dies zu erreichen ist die Qualität der Liebe in unseren Beziehungen mit anderen zu behindern oder zu beeinträchtigen. Das trifft besonders auf Beziehungen zu Menschen zu, die Autorität in unserem Leben besitzen und von denen wir am ehesten Schutz, Fürsorge und Liebe erwarten. Wenn unsere Beziehungen zu irdischen Autoritätspersonen (wie unsere Eltern) gestört sind, wird auch unsere Sichtweise von Gott gestört sein. Wer nämlich Schwierigkeiten mit der Beziehung zu seinem irdischen Vater hatte, neigt dazu, auch Schwierigkeiten mit einer persönlichen Beziehung zu Gott zu haben.

Der Feind unserer Seele ist gerissen. Er geht mit Scharfsinn vor. Ich finde es erstaunlich, wie viele Menschen nicht erkennen, dass sie in ihrem Leben Liebesentzug oder Ungerechtigkeiten erfahren haben. Nach meiner Feststellung glauben die Menschen eher, dass der Grad und die Qualität der Liebe und Zuneigung, die sie erfahren haben, so ziemlich der Normalität entsprechen. In Wirklichkeit gibt es in ihrem Leben jedoch deutliche Anzeichen oder Fälle von Liebesentzug, Ablehnung und/oder Verlassenheit. Diese Menschen haben einfach nur gelernt, in ihrem Leben unbewusst (oder bewusst) Bewältigungsmechanismen anzuwenden, um den nachträglichen Schaden damit auszugleichen.

Wenn wir wirklich ein „Leben in Freiheit" führen möchten, müssen wir diese Bereiche in unserem Leben ehrlich betrachten und erkennen, an welcher Stelle der Feind uns um unsere Fähigkeit, Gottes Liebe zu empfangen, betrogen oder diese beeinträchtigt hat. Wichtig ist dabei aber, dass wir nicht unsere Kindheitserinnerungen und -wunden ausgraben und uns in unserem Leben nur noch um uns selbst drehen, uns selbst beobachten oder die persönliche Verantwortung für unsere Lebensweise auf andere abwälzen. Wir sollten versuchen den Bereich zu finden, den der Feind in unserem Leben übernommen hat, um uns davon abzuhalten, dass wir Gottes Liebe vollständig erfahren können und frei sind, in der ganzen Fülle der Kraft Gottes zu leben. Um dazu fähig zu sein, müssen wir in erster Linie verstehen, wie Satan Zutritt zu diesen Bereichen in unserem Leben gewonnen hat, und wie wir die dort von ihm errichteten Festungen wieder abbauen können.

Die Bedeutung und der Wert unseres Lebens

Gott hat jeden von uns mit einem Bedürfnis nach Liebe geschaffen. Die Diskussion über das menschliche Bedürfnis, den eigenen Wert und die Bedeutung zu erkennen, ist also ein biblisch berechtigtes Anliegen. Kein narzisstisches Unterfangen, sondern absolut notwendig, damit wir uns das zurückholen, was der Feind uns gestohlen hat - und das ist die Wahrheit und Wirklichkeit von Gottes unendlicher Liebe zu uns.

Wenn wir echte, bedingungslose Liebe empfangen, gibt das unserem Leben Wert, Bedeutung und Sicherheit. Weil Gott uns so geschaffen hat, ist es nicht falsch, sich nach Bedeutung und Wert im Leben zu sehnen oder dies zu empfangen. Das Problem taucht dann auf, wenn wir uns diese Dinge nicht an der richtigen Stelle holen - nämlich bei Gott. Denn das war sein ursprünglicher Plan. Wer die Liebe also nicht von Gott empfängt und darunter leidet, dass er in seinem Leben nicht genug Liebe bekommen hat, wird sie sich auf unrechtmäßige Weise suchen. Das Ergebnis davon ist Sünde.

In der gesamten Bibel wird auf die Wahrheit hingewiesen, dass die Menschen von Geburt an wertgeachtet und angesehen sind. Im Schöpfungsbericht lesen wir, dass Gott die Menschen nach seinem Ebenbild geschaffen hat (Genesis 1,27). Ein, gelinde gesagt, ziemlich glanzvoller Moment. Gott übertrug Adam im Garten Eden eine erhebliche Verantwortung. Das gab Adam ein Gefühl von Wert und Sinn. Gott sicherte ihm zu, akzeptiert und wertvoll zu sein, indem er persönlich viel Zeit mit ihm verbrachte. Psalm 8 ist ein großartiges Beispiel dafür:

Psalm 8,4-9
Seh ich den Himmel, das Werk deiner Finger, Mond und Sterne, die du befestigst: Was ist der Mensch, dass du an ihn denkst, des Menschen Kind, dass du dich seiner annimmst? - Du hast ihn nur wenig geringer gemacht als Gott, hast ihn mit Herrlichkeit und Ehre gekrönt. Du hast ihn als Herrscher eingesetzt über das Werk deiner Hände, hast ihm alles zu Füßen gelegt: All die Schafe, Ziegen und Rinder und auch die wilden Tiere, die Vögel des Himmels und die Fische im Meer, alles was auf den Pfaden der Meere dahinzieht.

In diesen Versen macht der Psalmist - inspiriert vom Heiligen Geist - einige gewagte Aussagen. Zum einen betont er, dass der Mensch nur „wenig geringer" gemacht wurde als Gott. Dadurch wird der Grad seiner Bedeutung erstaunlich angehoben. Er beschreibt auch, wie Gott den Menschen mit Herrlichkeit und Ehre „krönt". Wenn Sie von einem Menschen geehrt werden, der nur wenig Bedeutung hat, bedeutet das fast nichts. Aber wie gehen Sie mit der Tatsache um, dass Gott, der Schöpfer des Universums, Ihnen Ehre erweist? Gott hat die Menschen mit einem solchen Wert und Zweck erschaffen, dass sie über sein schöpferisches Meisterwerk - die Welt - herrschen und sich darum kümmern sollten. Noch bemerkenswerter ist die Tatsache, dass sie das nicht als Sklaven tun sollen, sondern als seine geehrten und geschätzten Kinder und Freunde.

Es ist wichtig, dass wir uns die Zeit nehmen und die Wahrheit erkennen, dass Gott uns geschaffen hat, damit wir vollkommene Liebe, Bedeutung und Wert erfahren. Dies als natürliches Bedürfnis für unser Leben zuzulassen ist nicht selbstsüchtig, wichtigtuerisch oder eine Sünde. Die Schwierigkeiten treten nur dann auf, wenn wir anfangen zu glauben, dass wir nichts bedeuten, keinen oder nur geringen Wert haben. Das hat Einfluss auf unsere Fähigkeit, die Wahrheit von Gottes Liebe für uns anzunehmen und zu erfahren. Dadurch wird uns erschwert seine Stimme zu hören, seinen Zusagen glauben zu können, seinen Anweisungen zu gehorchen und in seiner Kraft zu leben. Noch schädlicher ist es, wenn wir versuchen, uns unsere Bedeutung und Wert auf unrechtmäßige Weise zu sichern oder wenn wir uns mit egoistischen Verhaltensweisen trösten, um das schmerzhafte Gefühl der Ablehnung, Bedeutungslosigkeit oder Verlassenheit in uns zu lindern. Das ist der Grund, warum der Bereich der geschützten Liebe und des Selbstwerts strategisch so wichtig ist - sowohl für Gott als auch für Satan.

Wie können wir anderen Liebe vermitteln?

Nach Gottes ursprünglichem Design sollten wir die Liebe nicht nur durch ihn erfahren und vermittelt bekommen. Sein vollkommener Plan bestand darin, dass die Menschen sich umeinander kümmern und sich gegenseitig bestätigen sollten, wobei sie hauptsächlich in ihrem engsten Familienkreis damit anfangen sollten. Dazu gehören danach natürlich auch das größere Umfeld (Verwandte und Freunde) und schließlich auch die Gemeinde.

Im Folgenden nenne ich einige praktische Möglichkeiten, wie wir anderen Menschen Liebe zeigen können. Bitten Sie den Heiligen Geist, dass er zu Ihrem Herzen spricht, während Sie diese Aufzählung lesen. Seien Sie im Gebet wachsam und achten Sie darauf, ob Ihnen einige dieser wesentlichen Bestandteile echter, bedingungsloser Liebe vorenthalten wurden oder ob Sie sie selbst anderen in Ihrem Umfeld vorenthalten haben.

Ungeteilte Aufmerksamkeit

Eine Möglichkeit, wie wir Liebe vermitteln können, ist die ungeteilte Aufmerksamkeit. Diese kann man durch sogenannte Qualitätszeiten - also durch intensiv genutzte, gemeinsame Zeiten - zeigen, wobei auch die Dauer nicht zu kurz sein sollte. Qualität kann Quantität nicht ausgleichen und Quantität an sich entschädigt nicht für einen Mangel an „ungeteilter Aufmerksamkeit". Diese Art von Aufmerksamkeit schließt auch Dinge mit ein, die zunächst vielleicht nur unbedeutend erscheinen, die in Wirklichkeit aber sehr wichtig sind. Das sind zum Beispiel Augenkontakt und aufmerksames Zuhören. Die ungeteilte Aufmerksamkeit für die Interessen und Aktivitäten einer Person und natürlich auch für das, was ihr auf dem Herzen liegt, wie zum Beispiel Kummer und Sorgen, Freuden und Träume, Hoffnungen und Ängste. In den Psalmen steht, dass Gott sich über jedes Detail unseres Lebens freut und dass er unsere Tränen in einem Krug sammelt (Psalm 56,9). Er kümmert sich selbst um die kleinen Dinge in unserem Leben, die Dinge, die uns wichtig sind, denn er hat uns lieb.

Segensworte

Eine andere Möglichkeit, wie wir Liebe vermitteln können, ist durch Segensworte, die wir aussprechen. Worte haben eine große Macht. In der Bibel wird uns gesagt, dass sie über Leben und Tod entscheiden können (Sprüche 18,21). Die Menschen blühen auf, wenn ihnen regelmäßig aufbauende Worte zugesprochen werden. Auf der anderen Seite führt ein Umfeld, in dem das nicht der Fall ist - oder kritische und herabsetzende Worte - dazu, dass Menschen ernsthaften Schaden erleiden. Unsere Worte sollten die Menschen tief ins Herzen treffen - besonders wenn wir mit Kindern reden. Sie brauchen Worte, die ihnen Liebe, Zuversicht, Geborgenheit, Hoffnung und eine Vision vermitteln. Wir sollten die Fähigkeiten und Gaben ansprechen, die Gott den Menschen gegeben hat und ihnen Möglichkeiten aufzeigen, wie Gott sie gebrauchen möchte. Wir sollten den Menschen Worte zusprechen, die ihnen zeigen, wie Gottes Zukunft, Design und Bestimmung für ihr Leben aussieht.

Leider wachsen nur wenige Menschen in einem solchen Umfeld auf. Bestenfalls ist oft „Zurückhaltung" die Norm (d.h. es wird überhaupt nichts gesagt), und sehr häufig leben Menschen unter einem Trommelfeuer unverhohlen negativer Worte. Das Leben vieler Menschen sieht oft so aus, dass sie verbal zusammengeschlagen oder emotional missbraucht werden. In diesem Fall fehlt nicht nur die Vermittlung von Liebe, sondern stattdessen macht sich der Tod in verschiedenen Ausdrucksformen breit. Man ist tot für das Verständnis, wie Gott die Menschen gemacht hat, tot für Visionen und Hoffnung, tot dafür, völlig in Gottes Bestimmung zu leben, tot für Bedeutung und Zuversicht und tot für ein Leben, das am Reich Gottes und am Leben der anderen mitwirkt. Sehr häufig ist die Konsequenz, dass Menschen in Ärger, Bitterkeit, Bedeutungslosigkeit und Wertlosigkeit leben.

Zärtliche Berührungen

Ein weiteres Mittel, wie Liebe demonstriert werden kann, ist die Berührung - gesunde Berührungen. Aufgrund von Missbrauch und Gewalt ist das ein ziemlich heikles Thema, zumindest in Amerika. Und doch ist dieser Teil wichtig für eine gesunde Lebensweise und Entwicklung. Es gibt Berührungen, die Liebe, Geborgenheit und Zärtlichkeit vermitteln, die jeder Mensch braucht - egal wie alt er ist. Leider wachsen viele in einem Umfeld auf, in dem ihnen gesunde Berührungen vorenthalten werden. Noch trauriger ist es, wenn Menschen Berührungen nur in Form von Missbrauch, Ärger und Gewalt kennenlernen. All das hat einen Einfluss darauf, wie wir unsere eigene Bedeutung und unseren Wert einschätzen. Außerdem hat es große Auswirkungen auf unser Verständnis davon, wie Gott uns sieht und was er für uns empfindet.

Wie sieht ein leidenschaftliches Herz aus?

Wahre Liebe - Gottes Art von Liebe - ist eine selbstlose Liebe! Sie ist eine Liebe, die leidenschaftlich für den Vorteil des anderen lebt und dafür sorgt, dass es ihm gut geht, selbst wenn das auf eigene Kosten geht. Obwohl die Liebe Gottes auch emotionsreich ist, ist sie grundsätzlich kein Opfer von Emotionen, sondern vielmehr ein Diener des Willens mit einer großen Leidenschaft gegenüber dem Objekt dieser Liebe. Die Bibel sagt uns, dass Gottes Liebe für uns so groß ist, dass er, als wir noch Sünder waren, seinen Sohn, Jesus Christus, gesandt hat, um für uns zu sterben (Römer 5,6-8). Die Liebe, die Gott für Sie empfindet, ist eine leidenschaftliche Liebe! Gott verzehrt sich danach, dass es Ihnen gut geht und schüttet seine Liebe großzügig über Sie aus.

Gestern Abend (zu dem Zeitpunkt, als ich gerade an diesem Buch schrieb) besuchte ich einen Abendgottesdienst in meiner Heimatgemeinde und bahnte mir anschließend einen Weg durch das Gebäude, um nach Hause zu gehen. Als ich das Ende des Saals erreichte, sah ich dort ein Paar, das wohl eher zufällig zusammensaß. Ich blieb stehen, um sie zu begrüßen. Die junge Frau begann, mir von ihren Schwierigkeiten im Glauben zu erzählen. Es fiel ihr vor allem schwer zu glauben, dass sie Autorität über den Feind hat, dass sie von Gott gebraucht werden kann und zu einem übernatürlichen Leben fähig ist. Sie schien sich ziemlich damit zu quälen. Ich hatte den Eindruck Gott sage mir, dass sie seine große Liebe zu ihr zu wenig erkannt und erfahren hatte.
Ich erklärte ihr kurz die Verse in Epheser 3,16-20, wo Paulus den Christen in Ephesus mitteilte, dass Gott ihnen seine Liebe offenbaren würde - und dass sie seine Liebe erfahren würden. Er schreibt, dass sie „mehr und mehr von von der ganzen Fülle Gottes erfüllt werden", wenn sie die Realität und die Tiefe seiner Liebe begreifen. Dann bot ich der Frau an, für sie zu beten und Gott zu bitten, ihr seine Liebe auf machtvolle und eindrückliche Weise zu zeigen. Ich sprach ihr Worte des Lebens und der Liebe aus dem Vaterherz Gottes zu, so wie er es mir eingab. Ich konnte spüren, wie der Heilige Geist mächtig in ihr wirkte. Als ich für sie zu beten begann, fing sie sogar an zu weinen - nicht nur ein wenig, sondern ziemlich heftig. Warum? In ihrem Herzen sehnte sie sich nach Gottes Liebe und

Gott offenbarte ihr die Liebe, die er für sie empfand! Ich bin mir sicher, dass Gottes Person und Kraft in ihr noch mehr wirken wird, je mehr seine Liebe sie durchdringt.

Das Leben in der Liebe Gottes und die Erfahrung seiner Liebe ist für die Existenz seiner Kinder und für die Fähigkeit, in seiner Kraft zu leben von wesentlicher Bedeutung. Liebesentzug führt zu Zerstörung und Tod, zu Unvermögen und zu Niederlagen in unserem Leben. Er hält uns davon ab, im Glauben, in Sicherheit, Bedeutung, Wert, Großzügigkeit und in vielen anderen Dingen zu leben, einschließlich in der Bestimmung Gottes für unser Leben.

Gottes Liebe für Sie ist unendlich, bedingungslos, intensiv und umfassend! Wie bereits an anderer Stelle erwähnt, liebt er Sie mit derselben Liebe, mit der er auch seinen Sohn, Jesus Christus liebt. Er wertschätzt Sie so sehr, dass er seinen einzigen Sohn, Jesus Christus gesandt hat, um für Sie zu sterben und Ihre Sünde auf sich zu nehmen.

Wenn Gott Ihnen einen so hohen Wert beimisst - meinen Sie nicht auch, dass es Zeit ist, ihm zuzustimmen, was Ihren persönlichen Wert betrifft? Im nächsten Kapitel sehen wir uns an, wie sich Liebesentzug in unserem Leben auswirkt, besonders wenn uns Unrecht getan wurde. Wir lernen, wie diese „Liebesentzug"-Festungen zerstört werden können und entdecken Gottes ursprüngliches Design für unser Leben!

KAPITEL 13
Ungerechtigkeiten und Liebesentzug

Er hieß Jason. Er war begabt und besaß Führungsqualitäten. Er glaubte an Jesus Christus, folgte ihm nach und liebte ihn von ganzem Herzen. Er nahm aktiv am Gemeindeleben teil. Aber trotz jahrzehntelanger Suche nach Hilfe kämpfte Jason phasenweise immer wieder verzweifelt gegen Depressionen, Selbstmordgedanken und Homosexualität - obwohl er sich dagegen wehrte. Er brachte seine Hoffnungslosigkeit zum Ausdruck und glaubte, dass seine Situation sich niemals ändern würde. Als wir in seiner Kirchengemeinde über den Auftrag der Gemeinde sprachen, ein übernatürliches, siegreiches Leben im Dienst Jesu zu leben, gab er seine Frustration darüber offen zu, weil er in seinem Leben so wenig Kraft erlebte.

Als wir mit ihm beteten, kam seine entsetzliche Vergangenheit ans Licht. Jason war vom Vorschulalter an bis nach der Schule von seinem eigenen Vater und anderen Familienmitgliedern sexuell missbraucht worden. Er war als Kind körperlich und seelisch missbraucht, verlassen und isoliert worden (manchmal wurde er über einen längeren Zeitraum im Schrank eingeschlossen). Seine Mutter war in eine Psychiatrie eingewiesen worden. In der Schule wurde er verspottet und schikaniert.

Ich fragte Jason, ob wir ihm helfen durften, einige Festungen in seinem Leben abzubauen, indem wir uns mit den enormen Ungerechtigkeiten beschäftigten, die er erlebt hatte. Er stimmte zwar zu, empfand dabei aber keine Emotionen, sondern hatte das Gefühl, dass das zu nichts führen würde. Was anfangs jedoch wie ein fruchtloses Unterfangen schien, änderte sich bald. Als wir an den Punkt kamen, dass er seinem Vater vergeben sollte, was dieser ihm angetan hatte, blockte Jason ab. Er konnte es nicht.

Wir besprachen mit ihm, wie wichtig die göttlich-machtvolle Waffe der Vergebung und des Segens ist. Wir beteten, dass der Heilige Geist in ihm freigesetzt und er mit ihm erfüllt wird, um ihm zu helfen, das Übernatürliche zu tun - nämlich denen zu vergeben, die für die Gräueltaten verantwortlich waren, die ihm zugefügt wurden. Schließlich konnte er nicht mehr anders und begann, krampfhaft zu schluchzen und zu weinen. In diesen über fünfzehn Minuten brachen Jahrzehnte aufgestauter Verletzungen, Schmerz, Wut, Selbsthass und Ablehnung aus ihm heraus.

Der Heilige Geist war mächtig am Werk. Dann fing Jason an, aus ehrlicher Überzeugung heraus zu vergeben. Mit aufrichtigem Herzen sprach er Segensworte über die Menschen aus, die ihn verletzt hatten. Während wir beteten, zeigte Gott uns, welche Festungen sich speziell in seinem Leben etabliert hatten. Dann bat Jason um Vergebung für die „gottlosen" Reaktionen, von denen sein Leben gekennzeichnet war, weil er den Lügen des Feindes erlegen war. Obwohl seine selbstgefälligen Bewältigungsmechanismen verständlich waren, erkannte er sie als Sünde. Er nahm Autorität über die dämonischen Mächte ein, von denen er durch diese Lügen und Sünden gesteuert und gequält worden war. Er erklärte, dass er in jedem dieser Bereiche von jetzt an in dem anderen Geist, im Geist der Wahrheit leben würde. Dann beteten wir, dass der Heilige Geist Jason erfüllen und zu einem übernatürlichen, siegreichen Leben fähig machen möge – und das tat er auch!

Es war eine der denkwürdigsten Gebetszeiten, die wir jemals erlebt hatten. Später in dieser Woche kam Jasons Frau auf uns zu, umarmte uns und sagte sie habe das Gefühl, einen neuen Ehemann zu haben. Jason fing an, auch anderen auf machtvolle und mitfühlende Weise zu dienen. Er muss sich immer noch gegen die Angriffe des Feindes wehren und ihnen widerstehen – aber heute gelingt ihm das, weil er gleichzeitig mit der Hoffnung, Freude, dem Frieden und der Kraft Jesu Christi lebt.

Jasons Gebundenheiten waren das Ergebnis der grauenvollen Ungerechtigkeiten, die er sein ganzes Leben hindurch erfahren hatte. Der Einfluss der Ungerechtigkeiten auf unser Leben und die Art, wie der Feind sie benutzt, um Festungen zu errichten, sind erheblich. Was meinen wir mit Ungerechtigkeit? Lassen Sie uns ansehen, wie wir auf biblische und erfolgreiche Weise auf Unrecht reagieren und damit umgehen können, sowie auch mit dem „Liebesentzug", der sich dadurch in unserem Leben oft ergibt.

Ungerechtigkeiten

Während der Prozess der Freiheit fortschreitet, werden Sie feststellen, dass das Problem mit „Ungerechtigkeiten", die Sie erlebt haben, bei Ihrem Streben nach einem wirklichen Leben in Freiheit oft an die Oberfläche kommt. Dies geschieht auf unterschiedliche Art und Weise. Bei einigen ist es vielleicht unterschwellige (oder auch offensichtliche) Wut. Andere sind vielleicht traurig, empfinden unangemessene Schuldgefühle, Selbsthass, Bedeutungslosigkeit, Angst oder innere Kämpfe.

„Ungerechtigkeit" kann man am besten als ungerechtfertigten Schaden beschreiben, der uns in Form von Ablehnung, Verlassenheit und/oder Leiden begegnet ist. Wir haben nichts getan, womit wir diese Behandlung verdient hätten, und es gibt auch nichts, was sie wieder rückgängig machen kann. Mit anderen Worten, die Vorkommnisse liegen in der Vergangenheit und können nicht mehr geändert werden.

Die Geschichte von Josefs Leben ist ein entscheidendes Beispiel dafür. Josef wurde von seinen Brüdern gehasst und abgelehnt. Sie verkauften ihn als Sklaven. Er wurde verleumdet, als man ihn ungerechterweise der Vergewaltigung beschuldigte, woraufhin er im Gefängnis landete. Er hatte nichts getan, was eine solche Behandlung gerechtfertigt hätte.

Trotzdem war Josef in der Lage, seinen Brüdern am Ende zu sagen: „Jetzt aber lasst es euch nicht mehr leid sein und grämt euch nicht, weil ihr mich hierher verkauft habt. Denn um Leben zu erhalten, hat mich Gott vor euch hergeschickt. Gott aber hat mich vor euch hergeschickt, um von euch im Land einen Rest zu erhalten und viele von euch eine große Rettungstat erleben zu lassen. Also nicht ihr habt mich hierher geschickt, sondern Gott" (Genesis 45,5+7-8). Wenn wir von einer Ungerechtigkeit befreit werden, wird unser unvollständiges Verständnis mit einer vollständigen Erkenntnis ersetzt und denen, die in unserem Leben Leid verursacht und uns abgelehnt haben, kann vollständig vergeben werden. Genau das ist mit Josef passiert. Sein unvollständiges Verständnis im Zusammenhang mit den Ereignissen seiner Gefangenschaft wurde ersetzt mit der vollständigen Erkenntnis, dass es Gottes Hand war, die ihn dorthin geführt hatte.

Um eine Ungerechtigkeit loszulassen, müssen wir die Vergangenheit loslassen. Wir müssen unser Recht aufgeben, es zu verstehen. Wir müssen die Erwartung aufgeben, dass wir dafür entschädigt werden. Für Josef ist das Realität geworden. Er bewältigte die Ungerechtigkeiten in seinem Leben und Gott schenkte ihm Heilung.

Genesis 41,51-52
Josef nannte den Erstgeborenen Manasse (Vergessling), denn er sagte: Gott hat mich all meine Sorge und mein ganzes Vaterhaus vergessen lassen. Den zweiten Sohn nannte er Efraim (Fruchtbringer), denn er sagte: Gott hat mich fruchtbar werden lassen im Lande meines Elends.

Josef nannte seinen Sohn Manasse, was „vergessen" bedeutet. Das ist besonders deshalb von Bedeutung, weil Ungerechtigkeiten in den meisten Fällen von extrem schmerzhaften Ereignissen begleitet sind. In einigen Fällen ist die Erinnerung an diese Geschehnisse sehr schmerzlich, weshalb das Vergessen ein positives Ereignis ist[18], „man sorgt dafür, dass man vergisst, man lässt zu, dass das Geschehene in Vergessenheit gerät"[19]. „Gott hat mich all meine Sorge und mein ganzes Vaterhaus vergessen lassen", sagte Josef (Vers 51). Beachten Sie das Wort „all" in diesem Vers. Das bedeutet, dass er nicht nur einige Sorgen vergaß, sondern die gesamte Not und das Elend, die Teil seines Lebens waren.

Das Wort „Sorge" oder „Not" ist eine Übersetzung des hebräischen Wortes „amal". Es kann auch so übersetzt werden: „Elend; unangenehme, schwere, erschütternde Ereignisse; eine sinngemäße, sprachliche Erweiterung von schwerer, mühsamer Arbeit"[20]. Diese Definition hilft uns zu verstehen, was Ungerechtigkeiten in unserem Leben hervorrufen können.

Ungerechtigkeiten führen oft zu noch größeren Schwierigkeiten. Synonyme, die uns helfen können, die Auswirkung von Ungerechtigkeiten besser zu verstehen, sind harte Arbeit, Mühsal, Probleme, Unheil, Leid, Plackerei, Schmerz, Groll, Bitterkeit, Schmerz, ungerecht, Elend, leidvoll, Pervertierung, Ermüdung, Bosheit. Diese Dinge sind sehr real und problematisch. Die Verheißung, frei zu werden von Ungerechtigkeiten, hat weitreichende Folgen. Die Geschichte von Josef sollte uns eine große Ermutigung sein, dass es möglich ist, den Schmerz der Vergangenheit wirklich zu vergessen und loszulassen.

Josef gab seinem zweiten Sohn den Namen „Efraim" oder „fruchtbar" und sagte damit

„Gott hat mich fruchtbar werden lassen im Lande meines Elends". Efraim bedeutet wörtlich „Ich werde doppelte Frucht bringen"[21] oder einfach nur „doppelte Frucht". Hier spricht die Bibel von dem Prinzip der Wiederherstellung, was nun in Josefs Leben wahr geworden war. Wenn Gott etwas wiederherstellt, dann gibt er nicht nur das zurück, was verloren gegangen ist, sondern ein Hundertfaches, Zweihundertfaches, Dreihundertfaches oder mehr!

Wenn Sie die Ungerechtigkeiten loslassen, die in Ihrer Vergangenheit geschehen sind und Gottes mächtige Waffen dagegen anwenden, können Sie sie durch einen „Manasse" und einen „Efraim" von Gott austauschen. Das bedeutet zu vergeben, Ihre Peiniger zu segnen und um Vergebung für Ihre sündhaften Reaktionen auf die Ungerechtigkeiten zu beten. Das schließt auch mit ein, dass Sie, wo angebracht, Ihre Autorität über den Feind ausüben, Gottes Heilung von all den Schmerzen empfangen und erklären, dass heute ein neuer Tag ist und Sie von nun an in der Wahrheit leben werden. Sie werden Gott darlegen, dass das, was geschehen ist real, schmerzhaft und ungerecht war - und doch werden Sie, wie Josef, großen Glauben zum Ausdruck bringen, dass Gott doppelte Frucht aus allem hervorbringen wird, was Satan als Schaden für Sie gedacht hat.

Noch ein letzter Gedanke über Ungerechtigkeiten und unsere Reaktionen darauf. Wenn wir von sündhaften Reaktionen auf Ungerechtigkeiten sprechen, meinen wir damit jede Reaktion, die nicht Gottes Reaktion entsprechen würde. Wenn wir auf diese Weise reagieren, überlassen wir dem Feind „topos" oder Raum in unserem Leben und richten so eine Ausgangsbasis für ihn ein. Hat Jesus Ungerechtigkeiten erlebt, als er als Mensch auf dieser Erde war? Die Antwort lautet natürlich „ja". Und doch hat Jesus auf die Ungerechtigkeiten, die er erlitt, niemals sündhafte Reaktionen gezeigt (1. Petrus 2,23). Das ist einer der Gründe, warum er sagen konnte, dass Satan keine Macht über ihn hat (Johannes 14,30). Weil Jesus keine sündhaften Reaktionen zeigte, gab es auch keinen „topos" - keinen Platz, auf dem Satan sich Festungen errichten konnte in Jesu Denken, Emotionen oder Handlungen und sie konnten seine Autorität zudem in keiner Weise beeinträchtigen.

Durch die Kraft des Heiligen Geistes haben Sie und ich übernatürliche Fähigkeiten zu einem sieghaften Leben. Wenn Christus in uns lebt, sind auch wir in der Lage, voller Zuversicht ein übernatürliches, siegreiches Leben in Freiheit zu führen und durch Gottes große Liebe zu uns richtig zu handeln!

Wie zeigen sich Ungerechtigkeiten und Liebesentzug in unserem Leben?

Warum ist die Wahrheit über die Liebe Gottes so wichtig? Ich möchte noch einmal betonen, dass eines der Hauptziele Satans darin besteht, uns von der Liebe Gottes zu trennen. Er tut dies, indem er verhindert, dass Menschen, die uns eigentlich Liebe vermitteln sollten, dies auch tatsächlich tun. Auf diese Weise schafft er ein „Liebesdefizit" in uns. Es gibt mehrere Möglichkeiten, wie er das tut. Bevor Sie weiterlesen, bitten Sie den Heiligen Geist, dass er zu Ihrem Herzen spricht und prüfen Sie im Gebet, wie diese Dinge eventuell auch in Ihrem Leben vorhanden waren (oder vielleicht noch sind).

Ablehnung

Ablehnung zeichnet sich durch verschiedene Formen von Zurückweisung, Verweigerung und Denunzierung aus. Es bedeutet, dass jemand sich weigert, eine Person mit aller Wertschätzung anzunehmen. Alles, was unter hundert Prozent bleibt (Freude, Bestätigung und gesunde Beziehung), vermittelt dem Betroffenen letztendlich ein unterschiedliches Maß an Gefühlen der Ablehnung.
Josef und David sind biblische Beispiele dafür, dass sie von ihren Geschwistern abgelehnt wurden (Genesis 37,4; 1. Samuel 17,28). Jesus wurde vom Volk Israel als ihr Messias abgelehnt (Matthäus 27,22). In den Evangelien wird von den Leprakranken berichtet, die von den religiösen Führern und der Gesellschaft allgemein abgelehnt wurden (Lukas 17,12). Jakob liebte Rahel mehr als Lea (Genesis 29,30). Deshalb lebte Lea mit einem gewissen Maß an Ablehnung, was ihre Taten und ihr Erscheinungsbild prägte.

Verlassenheit

Jemanden verlassen bedeutet, ihn im Stich lassen, ihm keine Aufmerksamkeit, keinen Schutz, keine Unterstützung und/oder kein Interesse entgegenbringen. Manchmal geht das sogar bis zur physischen Trennung.
Wenn Eltern abwesend sind (vielleicht noch nicht einmal aus eigenem Verschulden), ist das eine Form von Verlassenheit. Manchmal verlässt ein Elternteil die Familie oder hört auf, die Verantwortung wahrzunehmen, die es als Vater oder Mutter gegenüber dem Kind hat. Dasselbe kann auch in der Beziehung zwischen Mann und Frau passieren. Gute Freunde können Freunde im Stich lassen. Gemeindeleiter können ihre Gemeinde und Gemeinden ihre Gemeindeleiter im Stich lassen. Abraham ließ Hagar und Ismael im Stich (Genesis 16,6). Die Jünger verließen Jesus, als er gekreuzigt wurde (Matthäus 26,56). Wir leben in einer Welt, die voll ist von unterschiedlichen Formen von Verlassenheit, wie zum Beispiel Scheidung zwischen Eltern, Ehepartner, die sich trennen oder Kinder, die für einen übertrieben langen Zeitraum in Kindertagesstätten und Internatsschulen abgegeben werden.

Verrat

Verrat bedeutet, dass man jemanden enttäuscht oder hintergeht, ihn verlässt oder anderen überlässt und/oder sein Vertrauen missbraucht. Zwischen Verlassenheit und Verrat gibt es viele Gemeinsamkeiten. Wenn Eltern oder Ehepartner sich treulos verhalten und das Vertrauen derer missbrauchen, von denen sie geliebt werden und die ihnen vertrauen, begehen sie einen Verrat. Verrat führt zu tiefen Wunden oder Verletzungen, denn wenn Sie sich von einer Person verraten fühlen, muss diese Ihnen typischerweise schon sehr nahe stehen oder es muss jemand sein, dem Sie großes Vertrauen schenken. Josef wurde von seinen Brüdern verraten (Genesis 37,18-28) und Jesus von Judas (Matthäus 26,16 und 25) und von seinen Jüngern (Matthäus 26,56).

Vorenthaltung

Vorenthaltung bedeutet, etwas zurückhalten, es unterlassen, etwas zu geben. Vorenthaltung scheint zunächst keine tragische Sünde zu sein, aber in Wirklichkeit sind die Auswirkungen äußerst verheerend. Es entsteht eine Leere, die oft mit lähmenden Zweifeln und Lügen vom Feind gefüllt wird. Wenn Eltern, Ehepartner und Führungspersonen Liebe, Bestätigung und Zuneigung zurückhalten - wenn sie es versäumen, den Menschen die Wahrheit und Gottes Bestimmung für ihr Leben zuzusprechen - erleiden diese Menschen durch Liebesentzug Schaden. Zur Vorenthaltung kommt es oft, wenn Menschen selbst verletzt wurden, sich unwichtig oder wertlos fühlen oder Beziehungsschwierigkeiten haben. Trotzdem - ob beabsichtigt oder nicht - der Schaden findet in jedem Fall statt. In der Bibel steht eindeutig, dass es Sünde ist, wenn wir die Möglichkeit haben, jemandem etwas zu geben und es dennoch nicht tun. „Wer also das Gute tun kann und es nicht tut, der sündigt" (Jakobus 4,17).

Missbrauch

Viele Menschen erleben in ihrem Leben Missbrauch - das heißt, sie werden verletzt, erleiden Schaden, werden grausam oder grob behandelt oder misshandelt. Der Missbrauch kann sowohl körperlicher, verbaler, sexueller, geistlicher, geistiger, autoritärer als auch seelischer Art sein. Jeder Missbrauch beeinträchtigt einen Menschen bis ins Innerste seines Wesens. Wenn wir Gottes Maßstab und Maß an Liebe verstehen und empfangen, wird das noch einmal besonders deutlich.

Kontrolle

Manche Menschen haben ein starkes Bedürfnis, andere Menschen und/oder Situationen in scheinbar jeder Angelegenheit zu bestimmen und zu kontrollieren. Das kann sich von scheinbar harmlosen Situationen (wie zum Beispiel Eltern, die ein übertriebenes Bedürfnis haben, für ihre Kinder Entscheidungen zu treffen) bis hin zu offensichtlich gefährlichen Situationen, wie zum Beispiel bei Sektenführern (die das Leben und oft auch das Denken ihrer Mitglieder kontrollieren), erstrecken.

Wer in einem übermäßig kontrollierenden Umfeld lebt, lebt unter einem beständigen Druck, was ihm das Gefühl vermitteln kann, bedroht, unsicher, unterdrückt und manipuliert zu sein. Möglicherweise hat diese Person das Gefühl, dass sie nur für die Interessen derer lebt, die sie kontrollieren. Gottlose Reaktionen auf Kontrolle können unter anderem Angst, Bitterkeit, Wut, Rebellion, Unsicherheit und Bedeutungslosigkeit sein. Wer in einer solchen Situation lebt, fühlt sich oft eingeengt und fast erstickt. Er hat das Gefühl, dominiert zu werden, anstatt gut versorgt zu sein und ein freies Leben gemäß seiner eigenen Berufung und Bestimmung führen zu können.

Bedingte Liebe

Gottes Liebe ist unendlich, bedingungslos und auf Gnade gegründet. Sie erstreckt sich ganz auf die, die er liebt – zu ihrem Wohl und Besten. Wir können nichts tun, um sie uns zu verdienen und nichts, um sie zu verändern. Bedingte Liebe dagegen wird nur dann ausgedrückt oder gezeigt, wenn die vorgefassten Erwartungen erfüllt werden. Liebe und Akzeptanz werden so lange zurückgehalten, bis das Verhalten den Anforderungen entspricht.

Oft lassen Eltern ihren Kindern nur bedingte oder „leistungsbezogene" Liebe zukommen, weil sie erwarten, dass die Kinder ihre Ziele (wie sie von den Eltern definiert werden) erreichen. Auch zwischen Ehepartnern kann die Liebe manchmal so aussehen.

Bedingte Liebe drückt sich normalerweise in Form von Kontrolle oder Manipulation aus. Diese vermeintliche „Liebe" ist in vielerlei Hinsicht schädlich. Die Reaktionen auf bedingte Liebe sind möglicherweise „Overachievement" (überdurchschnittliche Leistungen), leistungsbezogener Wert, Anstrengung und Bemühen, eine kritische Haltung, Wettbewerbsdenken, Vergleichen, Wut, Rebellion und Trotz.

Scham

Schamgefühle drücken uns nieder und tun weh. Es gibt Menschen, die durch Scham kontrolliert oder diszipliniert wurden, um sie durch Blamage und Demütigungen buchstäblich

gefügig zu machen. Dadurch werden tiefe Schuldgefühle und Gefühle der Wertlosigkeit hervorgerufen, was wiederum zum Selbsthass führt. Die Wunden sind tief und die nachfolgenden Bewältigungsreaktionen hinterlassen einen großen Schaden im Leben dieses Menschen. Auch traumatische Ereignisse, Vergewaltigung, Missbrauch, ein sündiger Lebensstil in der Vergangenheit, Schuld und die Assoziierung mit Schuld oder Sünde innerhalb einer Familie können Schamgefühle hervorrufen.

Sündhafte Reaktionen auf Liebesentzug und Ungerechtigkeiten

Egal auf welche Weise einem Menschen Liebe entzogen wird - das Fundament der Ganzheit dieser Person und seiner gesunden Entwicklung wird beschädigt und er kann nicht so werden, wie Gott ihn geplant hat. Wenn Liebe vorenthalten wird, bleibt ein Gefühl der Ablehnung zurück. Egal ob Liebe vorenthalten oder entzogen wird - „Liebesentzug" führt zum Verlust der Bedeutung und Sicherheit, des Werts und des Selbstwertgefühls. Menschen werden in dem Maße ihr persönliches Selbstwertgefühl verlieren, in dem in ihrem Leben ein Liebesdefizit herrscht.

An früherer Stelle haben wir bereits festgestellt, dass Gott den Menschen mit einem legitimen Bedürfnis nach Bedeutung, Sicherheit und Wert geschaffen hat. Demzufolge werden Menschen versuchen, diese Werte auf falsche Weise zu suchen und aufzubauen, wenn sie sie nicht auf gesunde und die von Gott geplante Weise bekommen. Die von uns gewählten Reaktionen und Annehmlichkeiten, mit denen wir unser Liebesdefizit auffüllen wollen, werden unsere Beziehungsfähigkeit zu uns selbst und zu anderen beeinflussen. Sie haben einen Einfluss auf unsere Sichtweise von Gott und den Menschen und von den Beziehungen, die wir untereinander haben. Das ist besonders bedeutungsvoll in den Entwicklungsjahren, in denen die Persönlichkeit, das Selbstbild und das Selbstwertgefühl eines Menschen gebildet werden.

Aus Liebesentzug entwickeln sich sündhafte Reaktionen. Er führt zu einer unreifen und gottlosen Denk- und Verhaltensweise. Es entwickeln sich Muster, bei denen versucht wird, sich Liebe, Bedeutung und Wert auf verbotene Weise zu holen. Diese Menschen entwickeln ungesunde und gottlose Persönlichkeitsmerkmale, um sich einen Schutzwall zu errichten und sich vor Verletzungen zu schützen, die aus den verschiedenen Formen des Liebesentzugs entstehen. Die typische Folge davon ist, dass andere ihnen aufgrund ihrer Reaktionen immer wieder Wunden und Schaden zufügen. Das ist ein nie endender Kreislauf:

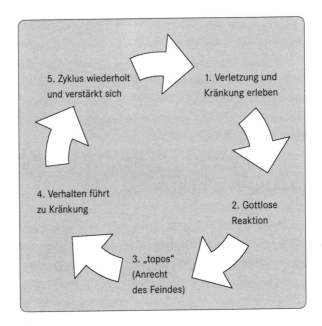

Je länger Menschen in diesen „sündhaften Reaktionen" verharren, weil ihnen die Liebe und Wahrheit in ihrem Leben vorenthalten wurde, desto mehr legen diese Reaktionen fest, wie sie einmal sein werden. Die Bewältigungsmechanismen, durch die sie versuchen, mit dem Schaden und den Verletzungen in ihrem Leben fertig zu werden, werden für sie immer schlechter erkennbar. Andere können sie oft viel leichter wahrnehmen und erkennen, weil wir normalerweise die letzten sind, die uns selbst und unsere Probleme realistisch beurteilen können.

Die wahre Ursache unserer Probleme kommt selten zur Sprache, weil wir unsere sündhaften Reaktionen im Normalfall leider nur dann wahrnehmen und verarbeiten, wenn sie im Zusammenhang mit Problemen, die wir mit anderen haben, ans Licht treten. Wir reagieren auf ungerechte Behandlung und Liebesentzug und sind verletzt, und andere reagieren wiederum auf unsere Reaktionen. Die Folge sind Konflikte und manchmal eine Serie von zerbrochenen Beziehungen, die ein Leben lang andauern.

Ein guter Bekannter von uns behauptet, als Teenager sein Leben Jesus anvertraut zu haben, was sich in seinem Leben als Erwachsener aber überhaupt nicht bemerkbar macht. Nach außen hin ist er ein toller Mensch, aber unter der Oberfläche ist er einsam, leer und voller Wut.

Diejenigen, die Chris von klein auf kennen, erkennen deutlich die Ursache für seine Wut, für sein Bemühen, seinen Wert zu beweisen und für sein Misstrauen gegenüber Autoritätspersonen. Sein Vater hatte ihm keine Liebe, Zuneigung und Bestätigung gegeben und hatte ihn außerdem seelisch und körperlich missbraucht. Er ist sehr intelligent und hat hart gearbeitet, damit er sein Ziel, Arzt zu werden, erreicht. Dabei trieb ihn das Gefühl, sich selbst und seinem Vater beweisen zu müssen, dass er „etwas wert" ist. Leider hat er die Anerkennung, nach der er sich so verzweifelt sehnte, nie bekommen.

Dann versuchte er es mit Drogen und all dem „Flitter", den man sich nur mit Geld und Erfolg kaufen kann. Die Leere in ihm wurde dadurch nur noch größer, weil sie mit diesen Dingen nicht zu befriedigen ist. Mit Frauen ging er eine Beziehung nach der anderen ein und war die ganze Zeit über auf der Suche nach jemandem, der an ihn glaubte und ihn so liebte, wie er war. Er lernte eine Frau kennen, die er heiratete. Doch die Ehe ging auseinander und endete in einer Scheidung.

Aus Sicht der Welt sieht in Chris´ Leben nach außen hin alles perfekt aus. Er hat eine erfolgreiche Karriere, ist wieder verheiratet, wohlhabend und lebt mit all den Vorzügen, die Geld mit sich bringt. Aber er ist ein klassisches Beispiel für einen Suchenden, der überdurchschnittlich viel leistet, alles ausprobiert und oft süchtig ist nach Vergnügungen. In Wirklichkeit sehnt er sich aber danach, dass der Liebesmangel in seinem Herzen gestillt wird - auch wenn er das selbst nicht erkennt. Solange er nicht aufhört, an den falschen Stellen danach zu suchen, wird er diese Liebe nicht finden.

Aber das letzte Kapitel in Chris´ Leben ist noch nicht geschrieben. In seiner Familie gibt es Menschen, die Jesus Christus kennen und Freiheit in ihm erlebt haben. Sie sehnen sich nach dem Tag, an dem sie sich mit Chris zusammensetzen können, um ein langes und liebevolles Gespräch mit ihm zu führen. Sie möchten dabei sein, wenn er die Wahrheit und Offenbarung von Gottes bedingungsloser Liebe zu ihm annimmt. Sie wissen, dass auch er die Freiheit und Annahme bekommen kann, die man nur in Jesus Christus findet!

Kennen Sie in Ihrem Leben auch einen „Chris"? Oder vielleicht sind Sie selbst dieser Chris. Zu einem „Leben in Freiheit" gehört auch, dass Sie frei sind von sündhaften Reaktionen und ichbezogenen Bewältigungsmechanismen, die in Zusammenhang mit Liebesentzug und Ungerechtigkeiten stehen. Wenn wir diese ablegen und aus dem Kreislauf heraustreten, können wir die Wahrheit von Gottes Liebe zu uns persönlich annehmen. Wir sind zudem auch eher in der Lage und frei, diese Liebe anderen zu vermitteln, die uns begegnen.

Ein Beispiel für sündhafte Reaktionen auf Liebesentzug und mangelnde Wahrheit in unserem Leben

Die typischen sündhaften Reaktionen auf Liebesentzug sind entweder auffallend passiver oder auffallend aggressiver Art. Auch wenn man sich nie zu 100 Prozent auf der einen oder anderen Seite wiederfindet (sondern eher eine Mischung aus beiden vorhanden ist), überwiegt meistens die eine Seite. Die Grafik auf S. 216 im Anhang (Anhang 2) zeigt einige sündhafte Reaktionen auf, die in der Bibel erwähnt werden. Sie können entweder auf passive oder auf aggressive Weise zum Ausdruck kommen. Die Liste ist nicht vollständig, aber sie ist ein Beispiel für die Art von Reaktionen, die wir zeigen sollten, damit wir im Zusammenhang mit Liebesentzug stehende Festungen abbrechen können. Wenn wir diese sündhaften Reaktionen erkennen und begreifen, werden wir verstehen, wie sie sich auf unser Leben auswirken.

Im Anhang finden Sie außerdem eine „Checkliste zur Identifizierung von Ungerechtigkeiten" (S. 224), die Ihnen helfen kann, in Ihrem Leben erfahrene Ungerechtigkeiten zu erkennen und zu verarbeiten. Sündhafte Reaktionen sind ein Kennzeichen dafür, wie Sie auf Ungerechtigkeiten in Ihrem Leben reagieren. Anhand dieser Liste können Sie diese Reaktionen leichter erkennen.

In Gottes Liebe leben

Gottes ursprüngliches Design für Sie ist, dass Sie in Ihrem Leben danach streben, die Wahrheit seiner Liebe zu Ihnen zu verstehen, zu glauben und zu erfahren. Diese Liebe ist genauso grenzenlos wie jeder andere Aspekt seiner Persönlichkeit. Sie ist bedingungslos, vollständig, unveränderlich und kompromisslos. Mit anderen Worten, nichts, was Sie tun,

kann Gott dazu bringen, dass er Sie mehr oder weniger liebt. Seine Liebe orientiert sich nicht an Ihrer Leistung, sondern an seiner Gnade. Diese Gnade schenkt er Ihnen nicht, weil Sie sie sich auf irgendeine Weise verdient haben, sondern einfach nur aufgrund seiner unendlichen Güte. Er ist ein guter Gott, der es liebt, die Menschen - und besonders seine Kinder - mit seiner Güte zu überschütten.

Aber auch wenn wir durch unser Verhalten Gott nicht dazu bringen können, uns noch mehr zu lieben, können wir seine Liebe doch immer mehr erkennen. Als seine Kinder muss das unser größtes Streben sein. Die Hölle zittert bei dem Gedanken daran, dass Sie immer mehr erkennen, wie stark, wie groß und wie unendlich die Liebe Gottes, Ihres himmlischen Vaters und die Liebe Jesus Christi, unseres Retters, für Sie ist.

KAPITEL 14
Generationssünden und damit verbundene Festungen und Bindungen

Es gibt manchmal Probleme, die sich anscheinend jeder Heilung und Veränderung widersetzen, nicht nur, weil sie vom Feind geistlich geschürt werden, sondern weil sie ihrem Wesen nach Sünden sind, die bereits seit Generationen bestehen. So wie ein Mensch durch den Schatten eines anderen im Dunkeln stehen kann, so können auch die Sünden früherer Generationen geistliche Auswirkungen auf unser heutiges Leben haben.

Das hat auch Lucy, eine intelligente, wortgewandte und engagierte Gemeindeleiterin, erfahren. Sie war sowohl Männern als auch Frauen gegenüber sehr kontaktfreudig und aufgeschlossen. Niemand hätte jemals vermutet, dass sie mit Ablehnung zu kämpfen hatte, und dass diese Festung in ihrem Leben und in ihren Beziehungen eine so große und bedeutende Rolle spielte.

Lucy war in einer Familie aufgewachsen, in der die Beziehung unter den weiblichen Wesen sehr angespannt war. Später erkannte sie, dass diese Generationssünde sich in Form von Verlassenheit, Ablehnung, Misstrauen und Hass, besonders gegenüber anderen Frauen, auf ihr eigenes Leben erstreckte.

Als junges Mädchen wurde Lucy von ihren Eltern auf ein Elite-Internat geschickt. Dort fühlte sie sich von den Lehrern und Mitschülern verspottet und verächtlich behandelt. Entweder waren sie neidisch auf die soziale Stellung ihrer Familie oder sie fühlten sich dadurch eingeschüchtert. Als Reaktion auf diese schmerzhafte und ungerechte Behandlung verhärtete sie ihr Herz und wurde zu einem richtigen „Snob". Mit ihrem Verhalten fügte sie den anderen Mädchen den gleichen Schmerz und die gleiche Ungerechtigkeit zu, denen auch sie ausgesetzt war. In den Ferien kam sie jedes Mal als nach außen hin arrogantes und unnahbares junges Mädchen nach Hause - aber innerlich war sie sehr verletzt. Im Laufe der Zeit distanzierte sie sich immer mehr von ihrer Mutter und ihren Schwestern.

Als Lucy heiratete und Kinder bekam, schickte sie sie ordnungsgemäß auf ein Internat, so wie es ihr als Kind selbst ergangen war. Schließlich begann ihre eigene Tochter sie genauso abzulehnen wie Lucy damals ihre Mutter abgelehnt hatte, weil sie sich so von ihr verlassen fühlte. Um sich selbst zu schützen, lernte auch sie, ihr Herz zu verhärten. Das Generationsmuster setzte sich fort.

Als Lucy die Festungen und die Muster der Generationssünden in ihrem Herzen und Leben allmählich erkannte, suchte sie sich einen Seelsorger, mit dem sie über diese Probleme reden und beten konnte. Während der Gebetszeit konnte sie ihre eigene Sünde und die Sünde ihrer Familie erkennen und bekennen - besonders die Tatsache, dass sie aufgrund der Ablehnung und Verlassenheit anderen Frauen misstraute und diese hasste. Sie sprach Vergebung aus über frühere Generationen und bat Gott, auch ihr zu vergeben. Zu diesem Zeitpunkt fühlte sie nichts Besonderes, sondern sprach die Gebete eher als einen Akt ihres Willens und Verstehens aus. Bald konnte man jedoch feststellen, dass eine erstaunliche geistliche Wandlung in ihr stattgefunden hatte!

Kurz darauf erhielt Lucy die Nachricht, dass ihre Mutter, die schon sehr alt war, im Sterben lag. Mutig nahm sie die Gelegenheit wahr und bat ihre Mutter um Vergebung, weil sie sie weggestoßen und ihr nicht die Ehre erwiesen hatte, die ihr als Mutter zugestanden hätte. Die Reaktion ihrer Mutter war sehr warmherzig, und beide versöhnten sich. Es war ein wunderschöner Moment. Ungefähr zwei Wochen später starb ihre Mutter im Alter von zweiundneunzig Jahren. In derselben Woche äußerten ihre Schwester ihr gegenüber erstaunt die Bemerkung: „Lucy, du bist in den Schoß der Familie zurückgekehrt!"

Lucy war verblüfft über ihre Reaktion. Sie fühlte sich von ihren Schwestern so angenommen, wie es seit ihrer Kindheit nicht mehr der Fall gewesen war. Es war ein schönes Gefühl für sie, wieder in die Familie mit eingeschlossen zu sein.

So schön sich das auch anhört, die Geschichte ist hier noch nicht zu Ende. Keine zwei Wochen später besuchte Lucy ihre eigene, erwachsene Tochter. Diese wollte wissen, was mit ihr los sei, sie sei so „anders"! Wieder ergriff Lucy mutig die Gelegenheit und erklärte ihrer Tochter, wie Gott sie von dem Gefühl der Verlassenheit und Ablehnung und einem damit verbundenen Misstrauen und Hass gegenüber Frauen heilte, der sich auch auf ihre Generation übertragen hatte. Lucy weinte, als sie ihre Tochter um Vergebung bat, weil sie sie auf ein Internat geschickt und sie in einem jungen und verletzlichen Alter allein gelassen hatte.

Die Reaktion ihrer Tochter war genauso warmherzig wie die ihrer Mutter. Sie gab zu, dass das Gefühl des Verlassenseins extrem schmerzhaft gewesen war. Sie hatte sich in der Tat abgelehnt gefühlt. Und auch sie hatte als Bewältigungsmethode die Distanz zu ihrer Mutter gewählt. Das Muster hatte sich wiederholt! Lucys Tochter vergab ihr und bat Lucy ebenfalls um Vergebung für ihr verhärtetes Herz. Gleichzeitig gab Lucys Tochter zu, dass auch sie Probleme in der Beziehung zu ihrem Kind (einer Tochter) hatte.

Die Erkenntnis, dass es Lucy genauso ging, traf sie wie ein Blitz. Obwohl sie es ihrer Tochter gegenüber nicht erwähnte, musste auch sie zugeben, dass sie ein Gefühl von Hass gegenüber ihrer kleinen Enkelin empfand, und dass sie sich nicht vorstellen konnte, woher das kam.

Lucy und ihre Tochter hatten das Vorrecht, zusammen zu beten, um sich selbst und die kommenden Generationen von den immer wiederkehrenden, sündhaften Mustern der Ablehnung, Verlassenheit und des Hasses gegenüber Frauen loszusagen. Nachdem sie beide denselben Fehler bei sich erkannt hatten, baten sie Gott um Vergebung für ihre

Sünden. Außerdem beteten sie um Befreiung von diesen sündhaften Mustern für alle zukünftigen Generationen.

Es war eine wundervolle Zeit der Versöhnung und des Verstehens. Lucy kann heute berichten, dass ihre Tochter ihr eigenes Kind über alles liebt, und dass sie nicht nur eine wundervolle Mutter ist, sondern auch eine liebevolle Tochter für Lucy. Seit jener Gebetszeit, in der sie Vergebung ausgesprochen hat, ist die Beziehung zu ihrer Urgroßmutter, Großmutter, Mutter, ihren Schwestern, ihrer Tochter und ihrer Enkeltochter wiederhergestellt. Statt Verletzung und Misstrauen wirkt sich jetzt der Segen Gottes ungehindert in der Familie aus.

Auch wenn die Vorstellung von „Generationssünden" für Viele in der westlichen Kultur vielleicht schwer nachvollziehbar ist, ist sie dennoch biblisch begründet, wie wir bald sehen werden. Unzählige Menschen - wie Lucy und ihre Tochter - kämpfen in ihrem Leben gegen Mächte und Gewalten und sind sich dessen nicht bewusst, weil sie mit der Realität und der Wahrheit von Generationssünden nicht vertraut sind. Die Menschen sind aufgrund von Generationsmustern und Festungen unwissentlich den Gewohnheitssünden, Süchten und den Spannungen in ihren Beziehungen unterlegen. Wir können diese Wahrheiten ignorieren oder verleugnen, aber das widerlegt nicht ihre Existenz. Gott sehnt sich danach und sein Plan ist, dass wir diese versteckten Gründe für die Niederlagen in unseren Familien erkennen und hartnäckige, immer wiederkehrende Probleme beseitigen. Er will, dass wir stattdessen mit seiner Hilfe segensreiche Muster und Traditionen für gegenwärtige und zukünftige Generationen entwickeln.

Die Realität von Generationssünden

Wenn ich ganz ehrlich bin, hat mich diese biblische Wahrheit völlig überrascht. Ich kann mich noch lebhaft daran erinnern, wie mich der Bericht von der Hungersnot in Israel (2. Samuel 21,1-14) getroffen hat. Israel erlebte eine verheerende Hungersnot. Sie dauerte bereits seit drei Jahren an, und das Volk Israel war in großer Not. David wandte sich an Gott, um der Sache auf den Grund zu gehen. Die Hungersnot musste beendet werden. Die Antwort, die Gott David gab, hat mich damals schockiert - eigentlich empfand ich seine Worte irgendwie als beleidigend! Gott erklärte David, dass die momentane Hungersnot, die sie durchlitten, eine Folge von König Sauls Sünde war. Mein erster Gedanke war: König Saul war doch bereits tot! Warum musste Israel für den Ungehorsam von König Saul büßen? Es ging um Folgendes: Josua hatte einen Bund mit den Gibeonitern geschlossen, dass Israel die Gibeoniter schützen und sie nicht umbringen würde (s. Josua 9,15 + 10,1). Jahre später tötete König Saul einige Gibeoniter, brach damit den Bund, den er vor Gott geschlossen hatte und beschwor dadurch das Gericht Gottes über Israel herauf. Das Problem, das ich damit hatte, war, dass dieses Gericht über Israel erst an der nachfolgenden Generation (als König Saul bereits tot war) vollzogen wurde!

Ich hatte deshalb Schwierigkeiten damit, weil ich in der westlichen Kultur aufgewachsen bin, die von Individualismus geprägt ist. Diese biblische Weltanschauung war mir fremd. Die Weltanschauung meiner westlich geprägten Kultur hat einen Einfluss darauf, wie ich die Bibel lese, interpretiere und anwende. Ich glaube nicht, dass es nur mir so geht. Manchmal entgeht mir dadurch allerdings, was Gottes Wort wirklich aussagen will.

In Gottes Ordnung gibt es keine Einzelgänger. Jeder Mensch steht in Verbindung zu anderen Menschen und andere stehen in Verbindung zum Einzelnen - sowohl innerhalb von Generationen als auch in Gemeinschaften. Das ist der Grund, warum das ganze Volk Israel für die Sünde Achans (s. Josua 7) leiden musste. Achan hatte etwas von der Beute aus Jericho für sich behalten, was Gott dem Volk Israel verboten hatte. Weil Achan das getan hatte, hatte das gesamte Volk Israel in Gottes Augen treulos gehandelt.

Gottes Sichtweise von Generationssünden

In der Bibel steht klar und deutlich, dass bis zu drei oder vier nachfolgende Generationen unter den Folgen einer Sünde leiden können. Obwohl jeder Einzelne vor Gott für seine eigene Sünde verantwortlich ist (Hesekiel 18,4+20; Römer 6,23; 14,10), leben wir im „Schatten" unserer früheren Generationen - und die Generationen, die nach uns kommen, leben in unserem Schatten.

Was bedeutet das? Wenn wir Jesus Christus als unseren Retter annehmen, wird die Schuld unserer Sünde durch den Preis seines gerechten, sündlosen, unschuldigen Blutes bezahlt und wir werden ein neuer Mensch (Epheser 2,13; 2. Korinther 5,17; Offenbarung 1,5). Trotzdem ist es immer noch möglich, dass wir weiterhin unter den Auswirkungen der Sünden und der Festungen vorangegangener Generationen leben.

Exodus 20,5-6
Du sollst dich nicht vor anderen Göttern niederwerfen und dich nicht verpflichten, ihnen zu dienen. Denn ich, der Herr, dein Gott, bin ein eifersüchtiger Gott: Bei denen, die mir Feind sind, verfolge ich die Schuld der Väter an den Söhnen, an der dritten und vierten Generation; bei denen, die mich lieben und auf meine Gebote achten, erweise ich Tausenden meine Huld.

Matthäus 27,25
Da rief das ganze Volk: Sein Blut komme über uns und unsere Kinder!

Lukas 11,50-51
... damit das Blut aller Propheten, das seit der Erschaffung der Welt vergossen worden ist, an dieser Generation gerächt wird, vom Blut Abels bis zum Blut des Zacharias, der im Vorhof zwischen Altar und Tempel umgebracht wurde. Ja, das sage ich euch: An dieser Generation wird es gerächt werden.

Johannes 9,1-2

Unterwegs sah Jesus einen Mann, der seit seiner Geburt blind war. Da fragten ihn seine Jünger: Rabbi, wer hat gesündigt? Er selbst? Oder haben seine Eltern gesündigt, so dass er blind geboren wurde?

Fragen und Bedenken

Die Vorstellung von Generationssünden ist für westliche Christen oft schwer zu verstehen, weil wir in einer so individualistischen Gesellschaft leben. Anders als in anderen Kulturen, die mehr gemeinschaftsorientiert sind, können wir im Westen schwerer akzeptieren, dass man für das Verhalten anderer Verantwortung übernehmen muss. Wir neigen dazu, die Tatsache zu leugnen, dass unsere Taten auf die Menschen um uns herum tiefe Auswirkungen und pragmatische Folgen haben können. Aber sowohl die Bibel als auch unsere eigenen Beobachtungen geben Anhaltspunkte dafür, dass die geistlichen Folgen von Sünde von einer Familie oder Gemeinschaft getragen werden müssen und von einer Generation auf die andere übergehen können.

Normalerweise gibt es viele Fragen und Bedenken zum Thema Generationssünden. Ein Einwand, der häufig genannt wird, ist das Argument, dass das Kreuz Jesu Christi und die Kraft seiner Auferstehung doch die Kraft und die Strafe der Sünde überwunden hat; deshalb stehen wir zu den Sünden der Vergangenheit in keinerlei Beziehung - weder zu unseren eigenen Sünden, noch zu denen in unserer Familie und unserer Gemeinschaft, die vor uns gelebt haben. Im Allgemeinen stimmt das. Ich glaube von ganzem Herzen, dass das in gewisser Hinsicht zutreffend ist.

Ich glaube, dass ich und jeder, der wiedergeboren ist und Jesus Christus aufrichtig nachfolgt, aufgrund unserer Einheit mit Jesus Christus vor Gott absolut gerecht und ohne Verdammung dasteht. In Römer 8,1 wird die eindeutige Aussage gemacht, dass es keine Verdammung gibt für die, die in Jesus Christus sind oder zu ihm gehören. Nicht nur die Sünden meiner Vergangenheit sind bedeckt, sondern die Sünden der Vergangenheit, der Gegenwart und der Zukunft:

Römer 4,6-7

Auch David preist den Menschen selig, dem Gott Gerechtigkeit unabhängig von Werken anrechnet:"Selig sind die, deren Frevel vergeben und deren Sünden bedeckt sind. ..."

Kolosser 2,13

Ihr wart tot infolge eurer Sünden, und euer Leib war unbeschnitten; Gott aber hat euch mit Christus zusammen lebendig gemacht und uns alle Sünden vergeben.

Bei dieser Aussage müssen wir allerdings zwischen der Sünde eines Gläubigen aus richterlicher (oder „rechtlicher") Sicht und im Blick auf ihre praktischen Auswirkungen unterscheiden. Vergebung für meine Sünden bedeutet nicht, dass ich nicht die praktischen Auswirkungen dieser Sünde vor meiner Bekehrung und im Anschluss daran tragen muss. Das wird an so vielen Stellen im Neuen Testament betont. Sünde hat Konsequenzen. In Epheser 4,26-27 weist Paulus zum Beispiel darauf hin: „Lasst euch durch den Zorn nicht zur Sünde hinreißen! Die Sonne soll über eurem Zorn nicht untergehen. Gebt dem Teufel keinen Raum!" Wenn wir sündigen, geben wir dem Teufel Raum. Natürlich können wir die Sünde bekennen und Buße tun. Ja, die Sünde wird uns dann vergeben. Aber ich kann weder die Konsequenzen dieser Sünde noch ihre praktischen Auswirkungen einfach ausklammern. Ich muss mich angemessen damit auseinandersetzen und die Wahrheiten und göttlich mächtigen Waffen anwenden, die Gott mir gegeben hat.

Andererseits könnte man hier das Argument vorbringen, dass es keine Generationssünden gibt, weil Jesus am Kreuz das Werk vollendet hat - als Christen sind wir nicht Sklaven der Sünde und müssen deshalb nicht „in Knechtschaft" an irgendeine Sünde leben (Römer 6,5-7). Noch einmal: theoretisch ist das richtig, aber wir müssen es auch praktisch anwenden und leben. Fazit ist: Obwohl wir rechtlich und richterlich gesehen durch den Tod und die Auferstehung Jesu von der Schuld unserer Sünde gereinigt sind, müssen wir ein Leben lang ständig mit den Auswirkungen der Sünde in dieser Welt fertig werden.

Wir müssen zugeben, dass Christen mit Sünde in ihrem Leben zu kämpfen haben. Auch wenn durch das vollendete Werk Jesu Christi am Kreuz die Macht der Sünde überwunden ist, sodass sie das Leben des Gläubigen nicht mehr beherrschen kann, bleibt dennoch die Tatsache bestehen, dass jeder Christ noch persönlich gegen die Sünde ankämpfen muss (Galater 5,16-17). Das leugnet nicht die Tatsache, dass wir die Kraft von Jesu Auferstehung trotzdem praktisch anwenden müssen, weil sich ansonsten die Macht der Sünde durchsetzt. Welcher Christ hat nicht erneut gesündigt, nachdem er sein Leben Jesus anvertraut hat?

Genau auf dieser Ebene treffen wir auf die Auswirkungen und fortlaufenden Konsequenzen von Sünde und auf die Neigungen zu sündhaften Mustern, die von einer Generation auf die nächste übertragen werden. Noch einmal möchte ich betonen, dass wenn diese innerhalb einer Familie von einer Generation auf die nächste übertragen werden, aus rechtlicher Sicht durch den Tod Jesu Christi am Kreuz bedeckt sind. Aber wir müssen die göttlich mächtigen Waffen, die uns durch das Kreuz zur Verfügung stehen, praktisch in Besitz nehmen (das heißt, sie uns bewusst zunutze machen und praxisnah einsetzen) und sie nicht nur in Bezug auf unsere eigenen Sünden und Festungen anwenden, sondern auch bei allen anderen generationsbedingten sündhaften Mustern und Festungen. Dazu gehören auch hartnäckige Sünden, Verhaltens- und Denkmuster, wiederkehrende Krankheiten und frühzeitiger Tod, Verhaltensweisen usw., von denen Familien und Gemeinschaften generationsübergreifend heimgesucht werden.

Andere Fragen, die in Bezug auf die Rechtmäßigkeit von Generationssünden auftauchen, beziehen sich oft auf Bibelstellen wie zum Beispiel Hesekiel 18. Diese Bibelstellen scheinen auszusagen, dass wir nicht mehr länger die Verantwortung für die Sünden vergangener Generationen übernehmen müssen. Ich glaube nicht, dass das genau der Aussage Hesekiels entspricht.[22]

Wenn Sie die ganze Bibel ansehen, stellen Sie fest, dass Daniel, Esra, Nehemia und Jeremia ebenfalls das Thema Generationssünden angesprochen und dabei festgestellt haben, dass das Volk Israel dafür gerichtet wurde. Diese Männer führten ein gottgefälliges Leben, und doch demütigten sie sich selbst und identifizierten sich allesamt mit den Sünden ihrer Vorfahren. Sie bekannten, dass das Volk Israel sich unter der Zucht oder dem Gericht Gottes befand. Sie anerkannten, dass Gott sie eben aufgrund ihrer eigenen Sünde und der Sünde früherer Generationen züchtigen musste. Gott hatte ihnen durch sein Wort zugesichert, dass er sie heilen würde, wenn sie ihre Sünden bekennen und Buße tun. Und das taten sie dann auch. Daraufhin befreite Gott Israel von der Strafe des Gerichts.

Ähnlich können wir das auch bei Jesus feststellen, als er den religiösen Führern seiner eigenen Generation erklärte, dass sie für den Mord an allen Propheten Gottes aus dem Alten Testament verantwortlich gemacht würden (Lukas 11, 50-51). Der Grund dafür war, dass sie die Worte und den Dienst des größten Propheten aller Zeiten (Jesus Christus) ablehnten, so wie ihre Vorfahren es mit den Propheten des Alten Testaments getan hatten. Obendrein hatten sie während seiner Gerichtsverhandlung, als die jüdische Volksmenge Pilatus zurief, dass er Jesus kreuzigen sollte, einhellig übereingestimmt, dass die Verantwortung und die Schuld für das Blut Jesu über sie und ihre Kinder kommen sollte (Matthäus 27,24-25). Viele Menschen glauben, dass vieles von dem, was dem jüdischen Volk in den letzten 2000 Jahren passiert ist, auf die Konsequenzen eines Generationsfluches zurückzuführen ist, der mit diesem Ereignis in Zusammenhang steht.

Offensichtlich wirken sich Probleme mit Generationssünden aber nicht immer auf nationaler Ebene aus. Es kommt viel häufiger vor, dass sie in Versuchungen, Situationen und Sorgen enden, denen wir uns dann regelmäßig stellen müssen - und die wir oft nur beiseiteschieben. Zum Beispiel gab es in einer uns gut bekannten Gemeinde ein goldiges, sechsjähriges Mädchen namens Jessica, die im Kindergottesdienst während der Anbetungszeit jedes Mal aufstand und zu den Liedern tanzte. Aber sie tanzte nicht mit einer anbetungsvollen Haltung. Jessicas Bewegungen waren vielmehr provokativ und lustbetont, was bei so einem unschuldigen Knirps erschreckend war. Der Kinderpastor sprach mit den Eltern, um die Ursache für dieses Verhalten herauszufinden.

Wie sich bei diesem Gespräch herausstellte, hatte ihre Familie schon jahrelang mit Promiskuität (häufig wechselnden Partnerschaften) zu tun. Obwohl das Kind diesem Verhalten nicht offen ausgesetzt war, war es sicherlich etwas, was sie in ihrer Familie zurückverfolgen konnten. Als dies als geistliche Ursache für das Tanzen des Mädchens ans

Licht kam, beteten die Eltern augenblicklich um Vergebung und taten Buße für sich selbst, für ihre Familie und Verwandten. Dadurch verschlossen sie dem Feind alle offenen Türen, die ihm aufgrund dieses Generationsmusters bisher offengestanden hatten. Das führte nicht nur dazu, dass ihre Tochter frei wurde, sondern auch der ganze Rest der Familie. Jessicas lustbetontes Tanzen hörte vollständig auf und die Familie erlebte eine ganz neue Ebene der Hingabe an ihre persönliche Heiligkeit und Reinheit.

Es ist wichtig, dass ein Einzelner oder die ganze Familie dem Feind solche Türen verschließen. Oft nehmen jedoch Gemeindeleiter diese Dynamik wahr und die Gemeindemitglieder nicht. Wenn eine solche Situation eintritt, sollte sie mit größter Urteilsfähigkeit, Diplomatie und mit Gebet gehandhabt werden. Man sollte dem anderen Vorschläge unterbreiten und anbieten, sie aber niemals jemandem aufdrängen.

Der Kinderpastor, der auf Jessicas Eltern zuging, erklärte ihnen zum Beispiel höflich die Situation im Kindergottesdienst, versicherte ihnen aber, dass er nicht das Gefühl habe, dass Jessica absichtlich störe oder provozieren wolle. Er fragte, ob er und seine Frau mit ihnen beten dürften. Sie willigten ein. Gemeinsam fragten sie Gott, was die Ursache des Problems sein könnte. Der Kinderpastor erhielt dann den Eindruck, dass es sich um ein Muster von Generationssünden in Form von Unmoral handeln könnte und unterbreitete dies den Eltern, die demütig und offen genug waren zu bekennen, dass diese Sünde in der Vergangenheit Teil ihres Familienhintergrunds war. Dadurch hatten der Kinderpastor und seine Frau die Gelegenheit, den Eltern aufzuzeigen, wie sie vom Standpunkt der Generationen aus beten und damit dem Feind alle offenen Türen (oder „topos"), durch die ihre Tochter möglicherweise beeinflusst worden war, verschließen konnten. Anschließend waren die Eltern frei, sich in einer völlig neuen Weise bewusst zur Reinheit zu verpflichten, so dass die Türen für Gottes Segen in ihrer Familie geöffnet wurden.

Generationssegnungen

Bisher lag meine Betonung mehr auf geistlichen Sünden und Gebundenheiten. Ich möchte jedoch auch der Realität von Generationssegnungen gebührend Beachtung schenken. Viele von uns leben unter der Freude und dem Segen früherer Generationen, die ein Leben in Demut und vertrauensvollem Gehorsam gegenüber Gott geführt hatten. Die Bibel spricht hier eine sehr deutliche Sprache. Ich weiß, dass meine Kinder und ich im Segen und der Gunst leben, die auf das gottgefällige Leben meiner Eltern zurückzuführen sind.

In der Bibel gibt es ein Beispiel für die Möglichkeit, sich für den Fluch oder den Segen von Generationen zu entscheiden - und wie der Entscheid für den Segen aussieht. Timotheus, der den Apostel Paulus auf seinen Missionsreisen begleitete, lebte wegen seiner Mutter und seiner Großmutter im Segen und der Gunst Gottes (2. Timotheus 1,5-7). König

Salomo lebte bisweilen in „ungerechtfertigtem" Segen, einfach nur wegen des Lebens, das sein Vater David vor Gott geführt hatte (1. Könige 11,34). Gott versprach, dass viele Generationen durch die Eltern gesegnet werden, die Gott fürchten und gehorchen (Exodus 20,6). Die Bibel sagt immer wieder, dass die Nachkommen der Großzügigen, die reichlich geben (Psalm 37,26) und die Kinder der Gerechten (Sprüche 20,7) gesegnet sein werden. Diese Wahrheit fordert mich persönlich zu der Frage heraus: „Welches Leben werde ich meinen Kindern und Enkeln hinterlassen - ein Leben unter dem Segen Gottes oder unter seinem Fluch?"

Sind es Generationssünden?

Ist es eigentlich möglich, dass wir unterscheiden können, ob unsere geistlichen Anfechtungen tatsächlich auf „generationsbedingte" Sünden und Gebundenheiten zurückzuführen sind? Folgende Hinweise können uns bei der Beantwortung dieser Frage helfen:

1. **Erfahrung.** Das Problem widersetzt sich hartnäckig allen Versuchen des Einzelnen, es zu verändern. Nichts scheint langfristig zu helfen, einschließlich Gebet, Seelsorge, disziplinierte Entschlossenheit und/oder medizinisches Eingreifen.
2. **Beobachtung und Nachforschung.** Das Problem tritt auch bei anderen Familienmitgliedern in unterschiedlichen Formen und Graden oder in anderen Zweigen des Familienstammbaums in Erscheinung. Ältere Familienmitglieder bestätigen, dass es bereits in früheren Generationen aufgetreten ist.
3. **Unterscheidung.** Der Heilige Geist macht Menschen durch die Gabe der Unterscheidung dafür sensibel, dass etwas nicht stimmt. Jesus scheint sich auf diese Gabe der Unterscheidung/prophetischen Erkenntnis verlassen zu haben, als er feststellte, dass die Krankheit des Blinden nicht auf die Sünden seiner Vorfahren zurückzuführen ist (s. Johannes 9,3).
4. **Prophetische Offenbarung.** Der Heilige Geist sagt im Gebet oder durch Worte der Erkenntnis klar und deutlich - entweder zu uns selbst oder zu einer anderen Person -, dass diese Sünde auf frühere Generationen zurückgeht. Er kann den Ursprung aufdecken oder auch nicht. Manchmal liegt das Einfallstor in der Familie so weit zurück, dass sich in der jetzigen Generation niemand mehr daran erinnern kann. In diesem Fall muss auf die Offenbarung im Glauben reagiert werden.

Nachfolgend eine (nicht vollständige) Liste von Symptomen und Problemen, die eine Folge von Sünden, Bindungen und „Schatten" sein können, die schon seit Generationen bestehen:

- Zauberei/Okkultismus
- Religiöse Sünden
- Lügen, Betrügen, Stehlen
- Abhängigkeiten von chemischen Stoffen und Verhaltenssüchte
- Sexuelle Sünden/Missbrauch
- Ehebruch, Pornografie
- Uneheliche Schwangerschaften
- Fehlgeburten, Abtreibungen
- Zeugungsunfähigkeit und Unfruchtbarkeit
- Gewalt, Wut, Mord
- Körperlicher und verbaler Missbrauch
- Essstörungen
- Glücksspiele
- Scheidungen
- Selbstmord
- Körperliche Gebrechen
- Angst, Panikattacken
- Depressionen, psychische Krankheiten
- Finanzielle Unsicherheiten, Armut, Schulden
- Vorurteile gegenüber Rassen und ethnischen Gruppen

Ein Mitglied des Gebetsteams in unserer Gemeinde stellte in seiner Familie und Verwandtschaft permanente Probleme mit Abhängigkeiten fest. Der auffälligste Fall war die Heroinsucht seines neunzehnjährigen Neffen. Seine Eltern mussten hilflos mit ansehen, wie der Teenager zuerst zu Zigaretten griff, dann zu Marihuana und schließlich zu Heroin. Sie beteten. Alle aus der Familie beteten. Die Gemeinde betete. Hin und wieder tat der Junge Buße für seine Sucht und versuchte, clean zu werden, aber jedes Mal bekam er wieder einen Rückfall. Trotz leidenschaftlicher Gebete und hartnäckiger Fürbitte ließ die zerstörerische Sucht den Jungen nicht los.

Eines Tages, als Cindy und ich mit dem Onkel des Jungen beteten, machte der Heilige Geist klar, dass bereits frühere Generationen mit Alkoholismus und Alkoholschmuggel zu tun gehabt hatten. Als der Onkel die älteren Mitglieder aus der Familie deswegen befragte, stellte sich heraus, dass das die Wahrheit war. Obwohl im jetzigen Familienzweig alle Christen waren - frei von Alkohol -, waren andere Zweige des Familienstammbaums über zwei Generationen hinweg schwer gezeichnet von Abhängigkeiten und Süchten. Eingehende Betrachtungen der Familie und Verwandtschaft ergaben Anzeichen dafür, dass das Problem noch immer vorhanden war. Es war einfach nur „christianisiert" worden und eher akzeptablen, zwanghaften Verhaltensweisen und Abhängigkeiten gewichen. Tatsächlich war dieser

Mann selbst erst ein paar Jahre zuvor von einer Sucht befreit worden.

Gab es einen Zusammenhang zwischen all diesen Dingen? Standen die Verhaltensmuster vergangener und gegenwärtiger Generationen in Korrelation zueinander? Wir waren davon überzeugt, und der Onkel des Jungen begann, dementsprechend zu beten.

Mehrere Tage lang trat er im Gebet vor Gott: er fastete, tat Buße und betete für diese Situation. Nach dem Vorbild Daniels und Nehemias legte er Fürsprache bei Gott ein, identifizierte sich selbst mit den Sünden und Abhängigkeiten, die ihn, seine Familie und Verwandtschaft und frühere Generationen gekennzeichnet hatten. Er praktizierte die geistliche Kampfführung und gebrauchte die Vollmacht, die er durch Jesus Christus hatte, um die Festungen zu zerstören, die der Feind von Generation zu Generation aufgebaut hatte. Und dann geschah etwas Gewaltiges.

Der Junge willigte plötzlich und überraschend ein sich bezüglich seiner Heroinsucht Hilfe zu suchen. Er begab sich in stationäre Behandlung. Seine Ärzte waren verwundert. Der Heroinentzug verlief erstaunlich schmerzfrei; es war einer der unproblematischsten, die sie jemals beobachtet hatten. Er wurde aus der Entgiftungsstation entlassen und in die Obhut seiner Familie übergeben, wo unser Freund ihm das Evangelium weitersagen konnte und er Christ wurde. Er brauchte danach keine Rehabilitationskur mehr. Auch Jahre später ist er noch clean.

Nehmen Sie doch einmal die Abstammungslinie Ihrer Familie unter die Lupe. Höchstwahrscheinlich werden Sie dort Verhaltensmuster erkennen, die sich über die Generationen hinweg verfolgen lassen. Das können zum Beispiel immer wiederkehrende Dinge sein, wie hartnäckige Sünden, Bindungen oder gesundheitliche Probleme. Normalerweise ist das kein Zufall, sondern es steckt eine geistliche Dynamik dahinter.

Die gute Nachricht ist aber: Gott hat uns das Rezept geschenkt, um diese generationsbedingten Auswirkungen von Sünde in unserem Leben beenden können.[23]

Zuerst müssen wir uns mit der Sünde der Generationen (und mit unseren eigenen Sünden) identifizieren und sie dann bekennen. Danach können wir anfangen, die Macht und den Einfluss dieser Festung zu brechen, die sie auf unser Leben, unsere Familie, unsere Gemeinde, unseren Dienst und unsere Arbeit gehabt hat.

Sie müssen eine Entscheidung treffen. Sie werden die sündhaften Auswirkungen der Generationsmerkmale und -eigenschaften entweder an nachfolgende Generationen weitergeben, oder Sie können sie vorsätzlich bekennen, Buße dafür tun und sich von ihnen lossagen - sie buchstäblich ausschalten. Vielleicht müssen Sie diese Dinge auch vor Ihren Kindern (oder möglicherweise vor Gemeindemitgliedern oder vor Mitarbeitern in Ihrem Unternehmen) bekennen und denselben Prozess mit ihnen durchlaufen. Das wird starke und dauerhafte Auswirkungen auf sie haben und wird ihnen ein Vorbild dafür sein, wie auch sie mit erkannter Sünde in ihrem Leben umgehen sollten.

Das ist ein biblisches Rezept. Gott warnte die Israeliten, dass jede Generation durch ihre Lebensweise die nachfolgenden Generationen beeinflusst.

Levitikus 26,40+42

Dann werden sie die Schuld eingestehen, die sie selbst und ihre Väter begangen haben durch ihren Treubruch und auch dadurch, dass sie mir feindlich begegnet sind. ... Dann werde ich meines Bundes mit Jakob gedenken, meines Bundes mit Isaak und meines Bundes mit Abraham und ich werde meines Landes gedenken.

Nehemia 1,6; 9,1-2

Hab ein aufmerksames Ohr und ein offenes Auge, und hör das Gebet meines Knechtes! Ich bete jetzt Tag und Nacht vor dir für die Söhne Israels, deine Diener. Ich lege ein Bekenntnis ab wegen der Sünden der Söhne Israels. Wir haben gegen dich gesündigt; auch ich und meine Familie haben gesündigt. (...) Am vierundzwanzigsten Tag dieses Monats kamen die Israeliten zu einem Fasten zusammen, in Bußgewänder gehüllt und das Haupt mit Staub bedeckt. Die, die ihrer Abstammung nach Israeliten waren, sonderten sich von allen Fremden ab; sie traten vor und bekannten ihre Sünden und die Vergehen ihrer Väter.

Daniel 9,8-11

Ja, Herr, uns steht die Schamröte im Gesicht, unseren Königen, Oberen und Vätern; denn wir haben uns gegen dich versündigt. Aber der Herr, unser Gott, schenkt Erbarmen und Vergebung. Ja, wir haben uns gegen ihn empört. Wir haben nicht auf die Stimme des Herrn, unseres Gottes, gehört und seine Befehle nicht befolgt, die er uns durch seine Diener, die Propheten, gegeben hat. Ganz Israel hat dein Gesetz übertreten, ist davon abgewichen und hat nicht auf deine Stimme gehört. Darum kamen der Fluch und die Verwünschung über uns, die im Gesetz des Mose, des Dieners Gottes, geschrieben stehen; denn wir haben uns gegen Gott versündigt.

Kurz nach Daniels Gebet wurde das Volk Israel, das unter Gottes Gericht stand, aus seinem Exil befreit. Ähnlich war das auch bei Nehemia. Nachdem er gebetet hatte, erlebte Jerusalem wenig später eine Reformation. Auch ich habe das als Pastor in einer Situation in meiner damaligen Gemeinde erlebt.

Als Leitungsteam beschäftigten wir uns mit gemeinsamen Festungen und Gebundenheiten, von denen wir den Eindruck hatten, dass sie eine größere Freisetzung von Gottes Gegenwart und seiner Kraft in unserer Gemeinde behinderten. Besonders legte Gott seinen Finger auf einen „religiösen Geist", der in unserer Gemeinde vorherrschte. Aus biblischer und historischer Sicht kann ein religiöser Geist viele Gesichter annehmen. Alle spenden aber kein Leben. Diese Denkweise war leider ein Generationsmerkmal unserer Gemeinde, das sich mehr als achtzig Jahre lang zurückverfolgen liess.

An einem Freitag traf ich die letzten Vorbereitungen für eine Sonntagspredigt und arbeitete gerade an praktischen Anwendungsbeispielen für uns als Gemeinde. An diesem Punkt offenbarte der Geist Gottes mir scharf und eindringlich meinen eigenen religiösen Stolz und somit auch meinen religiösen Geist. Er zeigte mir (auf eine Weise, die ich vorher noch nie wahrgenommen hatte) meinen Unmut gegenüber meinen Geschwistern aus den Pfingst- und charismatischen Gemeinden und wie herabwürdigend ich über sie dachte. Die Ursache dafür waren mein geistlicher Hintergrund und meine Ausbildung, sowie einige unglückliche Erfahrungen, die ich gemacht hatte.

Gott deckte die Schwere dieser Sünde so deutlich auf, dass ich sogar über einen längeren Zeitraum hinweg weinen musste. Das ging so lange, bis Gott mir jede Ecke meines Lebens, in die ich diese abscheuliche Sünde hineingelassen hatte, gezeigt hatte. Ich bekannte die Sünde, tat Buße und nahm diesbezüglich Autorität über den Feind in meinem Leben ein. Dann erklärte ich, wie ich ab jetzt der Wahrheit folgen wollte und betete natürlich, dass Gottes Geist mich erfüllte, damit mein Denken und Leben in dieser Hinsicht auf übernatürliche Weise verändert würde.

Später an diesem Abend spürte ich deutlich, dass der Geist Gottes mir sagte, ich solle das öffentlich in der Gemeinde verkünden. Bei dieser Aufforderung war ich beunruhigt, weil mich diese Sünde emotional so bewegt hatte. Würde ich meine Gefühle vor der Gemeinde unter Kontrolle halten können? Ich gehöre normalerweise nicht zu denen, die sich in der Öffentlichkeit gerne von der verletzlichen Seite zeigen. Der Sonntag kam, und die Antwort lautete: „Nein, das konnte ich nicht" (sprich, es sagen, ohne dabei meine Gefühle zu zeigen). Während der drei identischen Gottesdienste, die ich hielt, weinte ich bei meinem Bekenntnis jedes Mal.

Einige Wochen später wurde uns im Gebet klar, dass ich in einer charismatischen Gemeinde am Ende unserer Straße im Namen unserer Gemeinde ein öffentliches Bekenntnis aussprechen sollte. Mit dieser Gemeinde waren wir seit achtzig Jahren historisch verbunden. Nachdem ich mit den Ältesten darüber gesprochen und gebetet hatte, kamen wir zur Überzeugung, dass dieser Schritt notwendig war, um den Prozess der Buße zu vervollständigen, und damit Gott seine Gegenwart und Kraft in unserem Leben und unserer Gemeinde noch mehr freisetzen konnte. Wir trafen einige Vorkehrungen mit dem Pastor der Gemeinde und ich besuchte sie mit ein paar Ältesten unserer Gemeinde während ihres Sonntagsgottesdienstes, um unser Bekenntnis vor ihnen auszusprechen. Wir wurden herzlich empfangen. An einem der darauf folgenden Sonntage kamen der Pastor und die Gemeindeleiter dieser Gemeinde zu uns in die Gemeinde. Vor allen Versammelten bekannten wir unsere Sünde.

Auf persönlicher Ebene ist ein solches Erlebnis in vielerlei Hinsicht schwierig, aber in diesem Fall war es eine der befreiendsten und beeindruckendsten geistlichen Erfahrungen, die ich je gemacht hatte. Kurze Zeit später begann Gott, seine Kraft und Gegenwart in unserer Gemeinde auszuschütten und uns auf übernatürliche Weise Dienstmöglichkeiten auf der ganzen Welt in und mit Gemeinden aus verschiedenen Hintergründen zu eröffnen.

Generationsbedingte Probleme abbauen

Zusammenfassend lässt sich sagen, dass die Auswirkungen von Sünde an nachfolgende Generationen - innerhalb von Familien, Gemeinschaften und sogar Gemeinden - weitergegeben werden können. Und doch können diese Generationen frei von solchen Auswirkungen leben. Wenn Sie eine generationsbedingte Sünde oder Festung abbauen wollen, müssen Sie sie auf die gleiche Weise angehen wie jede andere Festung auch. Wenn Sie diese Sünde bekennen, besteht der einzige Unterschied darin, dass Sie sich mit der Sünde der früheren Generationen identifizieren und dabei so weit wie nötig in die Vergangenheit zurückgehen. Daniel und Nehemia haben das in ihrer Situation auf beeindruckende Weise vorgelebt.

Ähnlich wie sie müssen auch wir anderen Vergebung gewähren, um Vergebung bitten und Buße tun, wenn wir uns mit den Sünden früherer Generationen und/oder mit einer Gemeinschaft, die gesündigt hat, identifizieren. Entsprechend verhalten wir uns auch, wenn wir bezüglich generationsbedingter Sünden in der Vollmacht Jesu Autorität über den Feind einnehmen oder ihn zurückweisen. Die folgenden Worte sind ein Beispiel, wie man in dieser Situation beten kann:

Lieber Vater im Himmel,
ich identifiziere mich mit meinen Vorfahren. Ich vergebe _____ sein/ihr Fehlverhalten (genau bezeichnen) und dass er/sie sich gegenüber unseren Generationen versündigt hat (Sünde genau bezeichnen). Meine Vergebung reicht so weit in die Vergangenheit zurück, wie es notwendig ist. Ich identifiziere mich mit den Generationen, die vor mir gelebt haben und bitte um Vergebung für die Sünde(n) (genau bezeichnen) meiner Vorfahren, die auch ich begangen habe.

In Jesu Namen und in der Kraft und Vollmacht, die in mir ist, nehme ich Autorität über alle bösen Mächte ein, die diese Festungen und Sünden in den Generationen unserer Familie aufgebaut und aktiviert haben und weise sie zurück. Ich weise ihnen jetzt den Platz zu Jesu Füßen zu, damit sie dort gerichtet werden und befehle ihnen zu verschwinden und nicht mehr wieder zu kommen. Ich widerstehe ihnen in Jesu Namen und befehle ihnen zu fliehen! Ich erkläre, dass diese generationsbedingte Festung und Sünde in unserer Familie und Verwandtschaft von dieser Generation an abgebrochen wird und für immer aufhört! Wir werden stattdessen unsere Denkweise und unser Verhalten ändern und in der Wahrheit leben (genau bezeichnen). Ich bitte jetzt den Heiligen Geist, dass er uns von Neuem erfüllt, damit wir in der übernatürlichen Kraft seiner Wahrheit leben können! In Jesu Namen - Amen!

Die „Schatten" generationsbedingter Sünden können einer der Gründe sein, warum manche Familien oder Gemeinschaften es nie zu schaffen scheinen, aus dem Kreislauf der Niederlage, hartnäckiger Sünden und Krankheiten auszubrechen. Manche Festungen, die sich auf das Verhalten auswirken, sind offensichtlich. Andere sind subtiler, verwurzelt in den Festungen, die sich in unserem Inneren befinden - wie zum Beispiel Angst, Wut, Lust, zwanghaftes Denken, Scham und Ablehnung. Eine generationsbedingte Festung kann eine Person empfänglich machen für bestimmte Verhaltensweisen oder Emotionen, für die es im natürlichen Bereich keine logische Erklärung gibt, weil sie Festungen entstammen, die in früheren Generationen errichtet wurden.

Wenn wir die Realität und Macht von Generationssünden erkennen, heißt das nicht, dass wir aufgrund früherer Sünden mit dem Finger auf Familienangehörige, Gemeinde- oder Gemeinschaftsleiter zeigen. Es befreit uns auch nicht von unserer Verantwortung für unsere eigene Sünde. Vielmehr setzt es den Prozess der Buße und des Fürbittegebets in Gang, damit wir, unsere Familien, unsere Gemeinden und Gemeinschaften „in Freiheit leben" können.

Psalm 112,1-2
Halleluja! Wohl dem Mann, der den Herrn fürchtet und ehrt und sich herzlich freut an seinen Geboten. Seine Nachkommen werden mächtig im Land, das Geschlecht der Redlichen wird gesegnet.

Psalm 145,4 (HfA)
Eine Generation soll der anderen von deinen großen Taten erzählen und schildern, wie machtvoll du eingegriffen hast.

KAPITEL 15
Seelische Bindungen

Ein anderer Weg, wie der Feind sich Zutritt in unser Leben verschaffen kann, sind seelische Bindungen. Der Begriff „seelische Bindungen" kommt in der Bibel nicht direkt vor, aber er beschreibt eine geistliche Realität oder Dynamik, die in der Bibel durchaus zu finden ist. Das ist ähnlich wie bei anderen Begriffen wie etwa „Entrückung" (was bedeutet, dass Jesus bei seiner Wiederkunft alle Christen zu sich holt, die zu diesem Zeitpunkt noch auf der Erde leben). Auch dieses Wort finden wir so nicht in der Bibel. Diese Begriffe sind einfach nur hilfreich, wenn wir biblische Wahrheiten oder Realitäten mit Worten ausdrücken wollen.

Eine seelische Bindung ist der Zusammenschluss zweier menschlicher Herzen auf eine Weise, die großen Segen bringen kann, wenn er Gott gefällt. Er kann aber auch große Zerstörung anrichten, wenn das nicht der Fall ist oder wenn die Beziehung ungesund ist. Die biblische Vorstellung von einer seelischen Bindung können wir am besten verstehen, wenn wir uns Bibelstellen ansehen, die die Worte „sich binden an" und „ins Herz schließen" oder „zusammenhalten" enthalten:

Genesis 2,24
Darum verlässt der Mann Vater und Mutter und bindet sich an seine Frau und sie werden ein Fleisch.

1. Samuel 18,1
Nach dem Gespräch Davids mit Saul schloss Jonatan David in sein Herz. Und Jonatan liebte David wie sein eigenes Leben.

Kolosser 2,2
(Paulus bezieht sich hier auf die Gemeinde.) Dadurch sollen sie getröstet werden; sie sollen in Liebe zusammenhalten ...

Diese Bibelstellen zeigen auf, dass es legitime und gesunde seelische Bindungen oder „Seelenbande" gibt, die zu Gottes Plan für unser Leben und unsere Beziehungen gehören. Dazu zählen zum Beispiel die Beziehungen zwischen Ehepartnern, Eltern und Kindern, engen Freunden, Gemeindegliedern, Gemeindeleitern und denen, die zur Gemeinde kommen, geistlichen Vätern oder Müttern und deren Kindern, usw.

Aber selbst in diesen biblisch legitimen Beziehungen können sich unangemessene seelische Bindungen entwickeln. Das zeigt sich dann, wenn sich ungesunde oder unerwünschte Begleiterscheinungen entwickeln. Sie sind im Leben eines Menschen erkennbar in Festungen oder Bindungen, wie Angst, Wut, Kontrolle, Scham oder falschen Schuldgefühlen. Die folgende Beschreibung ist eine gute Definition für eine seelische Bindung, die Gott nicht gefällt: Es ist eine Beziehung, die auf einem oder mehreren Gebieten von den biblischen Richtlinien abgewichen ist, was in einer ungesunden Beziehung oder „seelischen Bindung" endet. Eine solche Beziehung hat einen ungesunden, unangemessenen und unbiblischen Einfluss auf diesen Menschen, seine Familie, die Gemeinde, die Regierung oder seine Arbeit. Damit ist eine geistliche Dynamik verbunden, die das Leben eines Menschen beeinflussen und beherrschen kann.

Seelische Bindungen, an denen Gott Gefallen hat

Satan hat keine schöpferischen Fähigkeiten, sondern kann nur Gottes ursprüngliches Design zerstören und verdrehen, um seine listigen Pläne auszuführen. Deshalb ist es wichtig, dass wir unbedingt verstehen, wie Gottes Design aussieht, bevor wir versuchen, die Fälschungen Satans aufzudecken und uns davon zu befreien. Das müssen wir im Hinterkopf behalten, wenn wir uns jetzt genau ansehen, wie seelische Bindungen aussehen, an denen Gott Gefallen hat.

Die Ehe

Die erste Bibelstelle, in der wir eine „seelische Bindung" vielleicht erkennen, befindet sich gleich am Anfang der Bibel – als Adam und Eva das erste Mal feststellten, wie Gottes Design für das Leben und unsere Beziehungen aussieht. „Darum verlässt der Mann Vater und Mutter und bindet sich an seine Frau und sie werden ein Fleisch" (Genesis 2,24). Das Wort „sich binden" ist eine Übersetzung des hebräischen Wortes „dabaq", was so viel bedeutet wie „schnell zusammenfügen", „kleben" oder „zusammenkitten". Das moderne hebräische Wort für „kleben" ist eine Ableitung aus diesem Wort.
Gottes Design für die Ehe sieht so aus, dass ein Mann und eine Frau aneinander gebunden sind – aneinander hängen, sich aneinander festhalten – und nicht an ihre Eltern oder an eine andere Person. Eines der größten Probleme bei vielen Ehepaaren tritt dann auf, wenn einer von ihnen oder beide übermäßig emotional an die Eltern gebunden ist. Sie lassen sich leicht von diesen kontrollieren und manipulieren und sind unfähig, sich angemessen an ihren Partner zu binden.

Freundschaft

Freundschaften, die Gott gefallen und in denen unser Denken, unsere Emotionen und unser Wille (unsere „Seele") auf angemessene und liebevolle Weise mit einer anderen Person verbunden sind, können ein großer Segen für unser Leben sein. Diese Art von Freundschaft führte David mit Jonatan: „Jonatan schloss mit David einen Bund, weil er ihn wie sein eigenes Leben liebte" (1. Samuel 18,3). In einer solchen Freundschaft kann man sich gegenseitig Kraft geben und unterstützen, wenn man in emotionale Anfechtung und Not gerät. Darauf hat auch der Schreiber des Buches Prediger (oder auch Kohelet) hingewiesen: „Zwei sind besser als einer allein, denn zusammen können sie mehr erreichen. Stürzt einer von ihnen, dann hilft der andere ihm wieder auf die Beine. Doch wie schlecht steht es um den, der alleine ist, wenn er hinfällt! Niemand ist da, der ihm wieder aufhilft" (Kohelet 4,9-10, HfA).

Wenn eine Freundschaft rein, selbstlos und von Liebe motiviert ist, können zwei Seelen daraus gegenseitig Stärke, Sicherheit, Ermutigung und Liebe gewinnen. Sogar Jesus hat den Wert einer solchen Seelenbindung kommentiert: „Es gibt keine größere Liebe, als wenn einer sein Leben für seine Freunde hingibt" (Johannes 15,13).

Die Familie

Naomi und Ruth sind ein Beispiel für Familienangehörige, deren Seelen so fest miteinander verbunden waren, dass jede die andere höher stellte als sich selbst. Sie manipulierten oder kontrollierten sich nicht gegenseitig, sondern dienten einander. Ruth sagte zu Naomi: „Dränge mich nicht, dich zu verlassen und umzukehren. Wohin du gehst, dahin gehe auch ich, und wo du bleibst, da bleibe auch ich. Dein Volk ist mein Volk und dein Gott ist mein Gott. Wo du stirbst, da sterbe auch ich, da will ich begraben sein. Der Herr soll mir dies und das antun - nur der Tod wird mich von dir scheiden" (Ruth 1,16-17). In Vers 14 in diesem Text lesen wir, dass Ruth „nicht von Naomi ließ". (Im hebräischen Text steht hier das Wort „dabaq", das wir an früherer Stelle - im Zusammenhang mit Genesis 2,24 - bereits angesehen haben). Ruth und Naomi „klebten aneinander", das heißt, sie führten eine Mutter-/(Schwieger)Tochter-Beziehung. Sie achteten auf den Vorteil der anderen und führten eine Beziehung, die von Liebe und Treue gekennzeichnet war und an der Gott Gefallen hatte.

Ein weiteres gutes Beispiel für eine solche „Familienbande" finden wir im Gleichnis vom Verlorenen Sohn (siehe Lukas 15). Obwohl der Sohn seinen Vater so heimtückisch behandelt hatte, war die seelische Bindung des Vaters an den Sohn so stark, dass sie ihm Kraft gab, die Treulosigkeit des Sohnes auszuhalten. Das ermöglichte ihm, geduldig auf die Heimkehr seines Sohnes zu warten und ihm alles zu vergeben, was dieser ihm angetan hatte.

Seelische Bindungen zwischen Eltern und Kindern gehören zu den engsten Bindungen, die überhaupt möglich sind. Das ist Teil von Gottes Plan, denn er kannte die Schwierigkeiten, die bei der Kindererziehung oft auftreten (was der Vater des Verlorenen Sohnes in der Tat erlebte). In solchen Zeiten sind Eltern vielleicht oft versucht, ihr verlorenes oder schwieriges Kind aufzugeben. Aufgrund der gesunden, von Gott bestimmten seelischen Bindungen können Mütter und Väter aber sehr viel aushalten und weiterhin bedingungslos lieben, was für die Entwicklung, Förderung und manchmal auch Gesundung eines Kindes unbedingt notwendig ist.

Interessanterweise ist das die Art von Beziehung (und seelischer Bindung), die wir mit unserem himmlischen Vater haben und er mit uns: „Liebe den Herrn, deinen Gott, hör auf seine Stimme und halte dich an ihm fest („dabaq"); denn er ist dein Leben" (Deuteronomium 30,20).

Psalm 103,13-14
Wie ein Vater sich seiner Kinder erbarmt, so erbarmt sich der Herr über alle, die ihn fürchten. - Denn er weiß, was wir für Gebilde sind; er denkt daran: Wir sind nur Staub.

Die Gemeinde als Familie

Haben Sie jemals festgestellt, dass Sie bei der ersten Begegnung mit einem anderen Christen das Gefühl hatten, sich schon seit Jahren zu kennen -, dass Sie sich „sofort" mit ihm oder ihr verbunden fühlten? Das liegt daran, dass Christen in gewissem Sinne im Geist aneinander gebunden sind. Paulus ermahnt uns sogar, dass wir diese Bindung ständig weiter entwickeln und bewahren sollen: „Setzt alles daran, dass die Einheit, wie sie der Geist Gottes schenkt, bestehen bleibt durch den Frieden, der euch verbindet. Gott hat uns in seine Gemeinde berufen. Darum sind wir ein Leib. In uns wirkt ein Geist, und uns erfüllt ein und dieselbe Hoffnung" (Epheser 4,3-4; HfA). Manchmal verwendet die Bibel das Wort „zusammenhalten", um dieses Phänomen zu beschreiben (siehe zum Beispiel in Kolosser 2,2). Oft sind wir mit unserem Denken, Fühlen und Wollen (unserer Seele) schneller und stärker an andere Christen gebunden als an die, die noch keine Christen sind, weil die geistliche Einheit bereits da ist. Das ist der Grund, warum Gemeindespaltungen und -konflikte so schmerzhaft und leidvoll sind (ähnlich wie bei Ehescheidungen) -, denn die Seelen der Menschen sind buchstäblich aneinander gebunden.

Diese gottgefälligen, seelischen Bindungen innerhalb einer Gemeindefamilie gehören mit zum Plan Gottes, wie seine Gemeinde funktionieren und Fortschritte machen soll. Das wird in der ersten Gemeinde deutlich: „Die Gemeinde der Gläubigen war ein Herz und eine Seele. Keiner nannte etwas von dem, was er hatte, sein Eigentum, sondern sie hatten alles gemeinsam. Mit großer Kraft legten die Apostel Zeugnis ab von der Auferstehung Jesu, des Herrn, und reiche Gnade ruhte auf ihnen allen" (Apostelgeschichte 4,32-33).

Gesunde seelische Bindungen zwischen Gemeindegliedern waren mit ein Grund für das starke Gemeinschaftsgefühl, das die erste Gemeinde empfand. Die Folge davon waren ein übernatürliches Wachstum, Stärke und die Gunst Gottes.

Außerdem gibt es gesunde seelische Bindungen zwischen geistlichen Leitern und ihren Jüngern (was in unserem Zusammenhang Pastoren und Gemeindeglieder, geistliche Mentoren und ihre „Kinder" im christlichen Glauben, andere geistliche Leiter und Gemeindeglieder, usw. sein können). Ein biblisches Beispiel dafür ist David: „Da verließen alle Israeliten Davids Gefolgschaft und folgten Scheba, dem Sohn Bichris. Die Männer aus Juda aber hielten weiter zu ihrem König („dabaq"), vom Jordan bis nach Jerusalem" (2. Samuel 20,2). Hier sehen wir, dass die Männer aus Juda fast buchstäblich an David, ihrem Führer, „klebten". Diese Art von gesunden seelischen Bindungen ermöglicht einem geistlichen Leiter, ein Volk nach Gottes Plan und Vision, die er für diese Menschengruppe (oder diesen Gemeindeleib) hat, voranzubringen. Wir können uns vorstellen, dass Mose eine solche Art von Beziehung zum Volk Israel pflegte; als er starb trauerte und weinte das Volk dreißig Tage lang (Deuteronomium 34,8).

Diese Art von „klebstoffähnlichen" seelischen Bindungen braucht auch ein Pastor oder geistlicher Leiter, damit er anderen als Gesalbter (das heißt vom Heiligen Geist erfüllt und bevollmächtigt) dienen kann. Eine solche Beziehung gab es zwischen Mose und Josua, Elia und Elisa sowie Jesus und seinen Jüngern. Bei all diesen Vorbildern waren die Herzen der geistlichen Führer und ihrer Anhänger so eng und vertrauensvoll verbunden, dass die Leidenschaft und Vision ungehindert und erfolgreich von einem zum anderen weitergereicht werden konnte: „An jenem Tag machte der Herr den Josua in den Augen ganz Israels groß und man hatte Ehrfurcht vor ihm, wie man vor Mose zeit seines Lebens Ehrfurcht hatte" (Josua 14,4).

Wenn diese Art von Bindung in einer geistlichen Leitung fehlt, ist das Ergebnis im Allgemeinen enttäuschend. Dann gibt es keinen Zusammenhalt und keine gemeinsamen Visionen. Wenn das Herz eines geistlichen Leiters an die Herzen derer gebunden ist, die er unterrichtet oder betreut und in sie hinein investiert, und andersherum ebenso (auf eine Weise, die Gott gefällt, die den anderen aufbaut und anspornt, und in der es keine Kontrolle oder Manipulation gibt), dann werden diese Menschen seine von Gott gegebene Vision verstehen und sie oftmals sogar noch weiter fortführen, als es ihm (oder ihr) möglich war. Dabei sind sie eines Sinnes und eines Geistes.

Identifizieren und durchtrennen
Sie ungesunde seelische Bindungen

Es ist bemerkenswert, dass die erste Stelle in der Bibel, die sich auf seelische Bindungen bezieht, davon spricht, eine solche Bindung, nämlich die Bindung an die Eltern, zu durchtrennen, bevor man eine neue (und höherrangige) Bindung zu einem Ehepartner aufbaut (Genesis 2,24).

Eines von vielen biblischen Beispielen für eine ungesunde seelische Bindung ist das Beispiel von Jakob und seinem Sohn Benjamin im Alten Testament. Beim Lesen dieses Textes erkennen wir, dass Jakob eine unangemessene Beziehung zu ihm hatte. Diese Beziehung kontrollierte Jakob derart, dass die daraus folgende Resonanz und die Reaktionen, unangemessen waren.

Genesis 44,30-31
Wenn ich jetzt zu deinem Knecht, meinem Vater, käme, und der Knabe wäre nicht bei uns, da doch sein Herz so an ihm hängt, wenn er also sähe, dass der Knabe nicht dabei ist, würde er sterben. Dann brächten deine Sklaven deinen Knecht, unseren greisen Vater, vor Gram in die Unterwelt.

Dann gibt es im Neuen Testament noch das Beispiel von Petrus (Kephas) und Jakobus und Jakobus´ gesetzlichen Freunden. Petrus war allgemein dafür bekannt, dass er stark und mutig war und keine Angst hatte, sich in großen Menschenmengen zur Wehr zu setzen oder Wortführer zu sein. Aber er wurde in seiner Beziehung zu seinen jüdischen Freunden, die die geistlichen Leiter der Gemeinde in Jerusalem waren, unangemessen beeinflusst. Paulus musste Petrus auf dieses Problem ansprechen.

Galater 2,11-13
Als Kephas aber nach Antiochia gekommen war, bin ich ihm offen entgegengetreten, weil er sich ins Unrecht gesetzt hatte. Bevor nämlich Leute aus dem Kreis um Jakobus eintrafen, pflegte er zusammen mit den Heiden zu essen. Nach ihrer Ankunft aber zog er sich von den Heiden zurück und trennte sich von ihnen, weil er die Beschnittenen fürchtete. Ebenso unaufrichtig wie er verhielten sich die anderen Juden, sodass auch Barnabas durch ihre Heuchelei verführt wurde.

Eine ungesunde seelische Bindung erkennt man daran, dass der Verstand, die Gefühle und der Wille (d.h. die Seele) eines Menschen so in die eines anderen Menschen verwickelt ist, dass sein (oder ihr) persönliches Denken dadurch auf negative Weise beeinflusst wird. Dieser Mensch wird auf unangemessene Weise vom Verstand, den Gefühlen und dem Willen (und manchmal sogar von der Erinnerung) der anderen Person beeinträchtigt oder beeinflusst. Das kann zum Beispiel eine Mutter sein, die ihre Kinder „unter ihren Fittichen" behält und sie nicht loslässt. Das können kontrollierende Eltern sein, die ihre Kinder nicht ermutigen oder unterstützen, von zu Hause auszuziehen. Oder sie lassen sie physisch zwar gehen, haben das Leben ihrer erwachsenen Kinder aber auf ungesunde Weise im Griff. Das kann ein Mann sein, der auf ungesunde Art an seiner Mutter hängt, und der seiner Frau nicht den rechtmäßigen ersten Platz in seinen Beziehungen einräumt (und ihr zuerst gefallen möchte). Eine ungesunde seelische Bindung kann auch die starke Bindung an romantische Beziehungen in der Vergangenheit sein, die vor der Ehe bestanden hatten.

Das begegnet Cindy und mir häufig, wenn wir für andere Menschen beten. Erst kürzlich lernten wir ein reizendes junges Missionarsehepaar aus Asien kennen, die seit fünfzehn Jahren verheiratet sind. In ihrer Ehe gab es ernsthafte Spannungen, weshalb sie uns um Gebet baten.

Wir fanden heraus, dass der Mann vor der Hochzeit eine romantische Beziehung zu einer anderen Frau gehabt hatte (und sogar mit ihr verlobt war). Es war zwar keine sexuelle Beziehung gewesen, aber ihre Herzen waren schon so fest miteinander verbunden, dass er am Boden zerstört war, als die Frau die Verlobung auflöste.

Während der gesamten Zeit seiner Ehe hatte der Mann nicht aufgehört, sich unbewusst in seiner Fantasie auszumalen, wie eine Ehe mit seiner ersten Liebe hätte sein können. Er hatte das Gefühl (obwohl ihm das nie bewusst war, bis es während des Betens zur Sprache kam), dass seine jetzige Ehe nur die „zweitbeste" Lösung war, die Gott für ihn hatte. Das war eine Lüge des Feindes, die durch eine undurchtrennte seelische Bindung an seine frühere Freundin gespeist wurde.

Der Mann hätte dies als Ursache für die Spannungen in seiner Ehe niemals für möglich gehalten. Als er dies aber erkannte und als Sünde und Bindung in seinem Leben bekannte, sich davon trennte und die Erinnerung und Bindung an die Vergangenheit losließ, wurde er auf machtvolle Weise davon freigesetzt. Später berichtete er von einem spürbaren Gefühl der Befreiung, das in neuen Gefühlen der Liebe und Zuneigung für seine Frau endete.

Sexuelle Bindungen durchtrennen

Bei sexuellen Aktivitäten innerhalb einer Beziehung wird die seelische Bindung dramatisch verstärkt. In der Bibel steht eindeutig, dass die sexuelle Einheit zwischen zwei Menschen ihre Seelen zusammenbindet (Genesis 2,24; 1. Korinther 6,16). Wenn zwei Menschen sich sexuell vereinigen (auch wenn es nur einmal ist), sind ihre Seelen buchstäblich aneinander gebunden. Es sind nicht nur die gesprochenen Worte bei der Hochzeitszeremonie, die ein Ehepaar zu einem Leib vereinen - sondern die körperliche Vereinigung. Das ist der Grund, warum seelische Bindungen, die durch verbotene sexuelle Beziehungen entstanden sind, manchmal genauso stark und bindend sein können wie die Bindungen einer Ehe.

Wenn jemand mehrere sexuelle Beziehungen führt, ist das so als wenn seine Seele zerstükkelt wird - und die „Einzelteile" auf seine vorherigen Partner verteilt werden. Wenn ein solcher Mensch schließlich heiratet (oder wieder heiratet), stellt er vielleicht fest, dass er nicht in der Lage ist, sich seinem Partner, sich selbst - seinen Verstand, seine Gefühle und seinen Willen (seine „Seele") - völlig hinzugeben, weil seine Gedanken ständig zu den vergangenen Beziehungen zurückwandern. Das ist ein deutlicher Hinweis für eine seelische Bindung.

Sex war ursprünglich von Gott als ein wunderschöner Ausdruck der Liebe und Einheit geplant, die für eine Ehe kennzeichnend sein sollten. Außerdem war Sex (neben der Fortpflanzung) als ein gezieltes Mittel zum Zweck bestimmt - nämlich, dass zwei Menschen sich zu einer Einheit in ihm, Gott, vereinigen. Wer jedoch vor der Ehe (und außerhalb der Ehe) verschiedene sexuelle Beziehungen geführt hat oder führt, dessen Seele ist an eine ganze Reihe verschiedener Menschen gebunden. Das erschwert das „Anhängen" oder die Bindung an den Ehepartner enorm - in manchen Fällen ist dies ohne die Freiheit und Heilung, die wir durch Jesus Christus erleben können, sogar unmöglich.

Merkmale von ungesunden seelischen Bindungen

Lassen Sie uns noch einmal zusammenfassen, welche Dinge ungesunde, falsche seelische Bindungen kennzeichnen. Dann werden wir uns ansehen, wie wir diese durchtrennen und frei von ihnen leben können. Wir werden sehen, wie man gesunde seelische Bindungen aufbaut, die das Beste, was Gott für unser Leben bereithält, in uns fördern und hervorbringen.

1. Seelische Bindungen können durch sexuelle Sünden entstehen. Sexuelle Sünden, wie Ehebruch, außerehelicher Geschlechtsverkehr und andere sexuelle Perversionen (zu denen auch die Homosexualität gehört) sind häufig die kraftvolle Ursache für seelische Gebundenheiten und Bindungen.

1. Korinther 6,15-16
Wisst ihr nicht, dass eure Leiber Glieder Christi sind? Darf ich nun die Glieder Christi nehmen und zu Gliedern einer Dirne machen? Auf keinen Fall! Oder wisst ihr nicht: Wer sich an eine Dirne bindet, ist ein Leib mit ihr? Denn es heißt: Die zwei werden ein Fleisch sein.

Geschlechtsverkehr ist mehr als nur ein körperlicher Akt; er hat erhebliche Auswirkungen auf das tiefste Innere eines Menschen - auf sein oder ihr Wesen. Sex ist die Vereinigung von Körper, Seele und Geist zwischen zwei sich ergänzenden Persönlichkeiten. R. K. Harrison, ein Bibelwissenschaftler, der sich mit dem Alten Testament beschäftigte, wies darauf hin, dass der Ausdruck, der in Genesis 2,24 mit „Fleisch" übersetzt wird, von den alten Hebräern als rhetorische Figur verwendet wurde. Man ordnete emotionale und psychosomatische Funktionen den körperlichen Organen zu, weil man den Einzelnen als eine sich ergänzende Persönlichkeit verstand. Der Begriff „Fleisch" umfasste sämtliche Komponenten des Menschseins und stellte das menschliche Wesen als Persönlichkeit dar.

So sollen wir auch Verse, wie zum Beispiel den in Hiob 19,26 verstehen: „Ohne meine Haut, die so zerfetzte, und ohne mein Fleisch werde ich Gott schauen." Hier verwendet Hiob den Begriff „Fleisch" als Darstellung seines ganzen Wesens oder seiner gesamten Persönlichkeit. In Psalm 84,3 finden wir eine ähnliche Äußerung: „Meine Seele verzehrt sich in Sehnsucht nach dem Tempel des Herrn. Mein Herz und mein Leib jauchzen ihm zu, dem lebendigen Gott." Diese Bibelstellen verhelfen uns zu einem besseren Verständnis von Genesis 2,24, wo steht, dass ein Mann und eine Frau ein Leib werden, wenn sie Vater und Mutter verlassen. Das lässt uns auch besser verstehen, warum das hebräische Volk (für das die Bibel ursprünglich geschrieben wurde) mehr mit diesem Ausdruck in Verbindung brachte als nur die Beschreibung einer rein körperlichen Vereinigung. Die menschliche Realität durchdrang in den Augen der Hebräer alle menschlichen Komponente, wobei die Gesamtheit eines Menschen die Person an sich ausmachte. Die „Seele" und der „Körper" (oder das „Fleisch") sind demnach unzertrennbar. Wenn man also erklärte, dass jemand vom eigenen „Bein und Fleisch" war - wie Adam das in Genesis 2,23 über Eva sagte -, war damit mehr als nur das leibliche Erbe gemeint. Und noch einmal: Die Aussage, dass ein Mann und eine Frau durch sexuelle Vereinigung „ein Fleisch" werden (Genesis 2,24), bedeutet mehr, als dass sie nur körperlich vereint sind.[24] Sie sind sowohl auf seelischer als auch auf körperlicher Ebene vereint.

2. Seelische Bindungen können durch geistliche Sünden entstehen. Wir haben bereits darauf hingewiesen, dass Gottes Plan für die Gemeindefamilie und für deren Leiter darin besteht in Einheit im Geist verbunden zu sein und eine Beziehung zueinander aufzubauen. Dadurch soll Gottes Absicht für ihr persönliches Leben und für die Gemeinde als Leib Christi zum Ziel kommen. Es kommt jedoch häufig vor, dass geistliche Leiter ihre Stellung in sündhafter Weise missbrauchen und die Gläubigen kontrollieren und manipulieren - sei es nur geringgradig oder auch massiv.

Sektenanhänger können zum Beispiel unter der geistlichen Macht seelischer Bindungen stehen, die für ihr geistliches Leben ungemein zerstörend sind. In der zeitgenössischen Geschichte sehen wir das bei Männern wie Jim Jones und David Koresh. Die Anhänger ihrer Sekte wurden außergewöhnlich und unangemessen stark an diese Führer gebunden, sodass sie aus Loyalität ihrem Anführer, sich selbst und anderen gegenüber ein irrationales und zerstörerisches Verhalten entwickelten.

Wo Menschen sich okkulten Praktiken mit anderen anschließen, Beziehungen eingehen, die von religiösen Erfahrungen beherrscht werden (selbst unter Christen), sich einer religiösen Umgebung aussetzen, in der sie in höchstem Maße kontrolliert und manipuliert werden, sich an Schwüre oder Verträge binden, die von Ordensgemeinschaften abgenommen werden oder sich auf Aktivitäten einlassen, die mit Drogen in Zusammenhang stehen, entsteht eine geistliche Dynamik, durch die ungesunde seelische Bindungen zustande kommen können.

3. Seelische Bindungen können durch falsches Vertrauen, Ängste und Anerkennungssucht entstehen. Das wird vor allem dann gefährlich, wenn jemand so abhängig ist von Menschen (und/oder Angst vor ihnen hat), dass ihm deren Meinung wichtiger ist als das, was Gott über ihn denkt. Eine solche Abhängigkeit ist ein Hinweis dafür, dass man aufgrund von seelischen Gebundenheiten agiert. Wenn jemand von den Meinungen, Finanzen oder Wünschen anderer so sehr manipuliert wird, dass er/sie nicht dazu ermutigt wird oder keine Freiheit mehr hat, ein Leben nach Gottes Plänen zu führen (sondern stattdessen unterdrückt wird, Zweifel und Ängste in sich trägt oder geistig oder gefühlsmäßig „abhebt"), dann ist die Wahrscheinlichkeit sehr hoch, dass dieser Mensch von einer seelischen Bindung kontrolliert wird. Wenn sich jemand blindlings dem Einfluss einer anderen Person aussetzt, ohne sachlich zu prüfen, ob dieser Einfluss biblisch, gesund und konstruktiv ist, steht er oder sie höchstwahrscheinlich unter dem Einfluss einer seelischen Bindung.

4. Seelische Bindungen können durch Missbrauch und Verletzungen entstehen. Dieser Missbrauch und diese Verletzungen können geistlicher, mentaler, emotionaler, sexueller und/oder körperlicher Art sein. Wenn ein Mensch missbraucht wird - sei es über einen fortlaufenden Zeitraum hinweg oder in einer schwerwiegenden Situation, wie zum Beispiel bei einer Vergewaltigung -, hat das Auswirkungen auf seinen Verstand, seine Gefühle und seinen Willen. Er oder sie werden übermäßig von den Gedanken an diese Person, die ihn/sie missbraucht hat, beeinflusst. Hier ist eine geistliche Energie mit im Spiel, die in solchen Situationen zur Entstehung einer dauerhaften, seelischen Bindung führen kann. Dies kann sich in Depressionen, Ängsten, Sorgen, Schuldgefühlen, Süchten und Wut äußern. In der Bibel lesen wir das in 2. Samuel 13,1-20 in der Geschichte von Tamar, die von ihrem Halbbruder Amnon vergewaltigt und anschließend auf grausame Weise ausgestoßen wurde. Die Bibel berichtet weiter, dass sie von diesem Tag an für den Rest ihres Lebens „einsam im Haus ihres Bruders Absalom" lebte. Sie hat die Erinnerung an das, was geschehen war, nie überwunden.

Genauso wie zwei Seelen in einer sexuellen Beziehung innerhalb einer Ehe für immer miteinander verbunden sind, so können sie auch auf zerstörerische Weise in einer verbotenen oder Missbrauchsbeziehung verbunden sein. Für eine Frau, die vergewaltigt worden ist, ist es nicht ungewöhnlich, wenn sie später ständig über die Person nachgrübeln muss, die sie so verletzt hat (und sich dabei verständlicherweise auch in einem Konflikt befindet). Sie ist nicht in der Lage, Schritte nach vorne zu gehen und die Verletzung hinter sich zu lassen. Das mag an der „Verbindung" liegen, die bei der Vergewaltigung stattgefunden hat. Eine solche seelische Bindung muss durch die Kraft und Autorität Jesu Christi zerbrochen und durchtrennt werden. Auf diese Weise hat der Feind keine Chance mehr, sie erneut anzufachen und zu benutzen. Ihr Leben kann nicht mehr mit Tragödien, Konflikten oder Zerstörung beeinträchtigt werden.

5. Seelische Bindungen können entstehen, wenn man in der Vergangenheit lebt oder um die Vergangenheit trauert. Das passiert dann, wenn wir zulassen, dass unsere Erinnerungen an alte Beziehungen - oder sogar an Menschen, die bereits gestorben sind - unaufhörlich unsere Gedanken beherrschen und unsere Gefühle, Taten und derzeitigen Beziehungen beeinflussen. Gottes Plan für uns ist nicht, dass wir ständig verlorenen oder vergangenen Freundschaften, Liebhabern oder geliebten Menschen nachtrauern. In der Bibel waren für die Zeit des Trauerns sieben bis dreißig Tage vorgeschrieben (Genesis 50,10; Deuteronomium 34,8). Wer nicht aufhört, um den Verlust einer Beziehung oder einer Person zu trauern, öffnet dem Feind durch ungesunde seelische Bindungen die Tür („topos") und verhindert die Heilung durch Gott.

Wir sehen das in König Davids sündhafter seelischer Bindung an seinen Sohn Absalom. Absalom hatte gegen David rebelliert und unbeschreibliche Trauer und Zerstörung ausgelöst, darunter auch den Tod von Tausenden von Menschen. Davids seelische Bindung als Vater war angesichts dessen, was Absalom getan hatte, völlig unangebracht. Sein übertriebener Kummer und seine Trauer waren für die Männer, die ihn unterstützt und für ihn gekämpft hatten, eine Schande und eine Beleidigung.

2. Samuel 19,5-7
Der König aber hatte sein Gesicht verhüllt und rief laut: Mein Sohn Absalom! Absalom, mein Sohn, mein Sohn! Da ging Joab zum König ins Haus hinein und sagte: Du hast heute alle deine Diener offen beschimpft, die dir, deinen Söhnen und Töchtern, deinen Frauen und Nebenfrauen das Leben gerettet haben. Du zeigst ja denen deine Liebe, die dich hassen, und deinen Hass denen, die dich lieben; denn du gabst uns heute zu verstehen, dass dir die Anführer und die Krieger nichts bedeuten. Jetzt weiß ich, dass es in deinen Augen ganz richtig wäre, wenn Absalom noch am Leben wäre, wir alle aber heute gestorben wären.

Wenn wir nicht aufhören, um verlorene Beziehungen oder um geliebte, verstorbene Menschen *übertrieben* zu trauern, oder wenn wir nicht aufhören, das zu bedauern, „was bei uns schief gelaufen ist", bleibt unsere Seele an die Vergangenheit und an alte Beziehungen gebunden. Diese Erinnerungen müssen durch Jesus Christus in die heilenden Hände Gottes gelegt werden. Wir müssen die Bindungen, die uns festgehalten haben, durchtrennen. Bis wir das tun, leben wir in Gebundenheiten - und die Menschen, die uns umgeben, leiden ebenfalls darunter.

Seelische Bindungen durchtrennen

Das Durchtrennen von seelischen Bindungen ist einfacher, wenn wir die Kraft und Autorität Gottes anwenden, die uns in Jesus Christus geschenkt ist. Dieser Prozess ist nicht kompliziert. Die folgenden Punkte erläutern, wie ein Mensch jede seelische Bindung in seinem Leben durchtrennen kann.

1. **Identifizieren Sie die Quelle und die Ursache der seelischen Bindung.** Lesen Sie dieses Kapitel noch einmal durch und denken Sie über Ihr eigenes Leben und über Ihre Beziehungen nach. Gibt es Hinweise auf mögliche seelische Bindungen? Bitten Sie Gott, dass er sie Ihnen gegebenenfalls zeigt. Überlegen Sie, ob Sie eventuell Ihren Ehepartner, einen engen Freund oder einen Leiter aus Ihrer Gemeinde bitten, mit und für Sie zu beten. Seelische Bindungen sind oft „blinde Flecken" - wir können sie nicht immer sofort als ungesund oder fehlerhaft erkennen. Wenn andere an unserer Stelle auf Gottes Stimme hören, können wir dadurch oft schneller und gezielter erkennen, wie der Feind durch geistliche Maßnahmen gegen uns arbeitet, weil er durch eine seelische Bindung Zutritt zu unserem Leben hat.

Die folgenden Fragen können Ihnen helfen zu erkennen, ob es in Ihrem Leben eine seelische Bindung gibt.

- Bin ich fast zwanghaft von den Gedanken an einen anderen Menschen besessen?
- Wenn ich mich einsam oder unerfüllt fühle, ziehe ich mich dann in eine Fantasiewelt zurück und denke dabei zurück an Beziehungen zu vergangenen Liebhabern oder zu einer anderen Person?
- Hatte ich vor oder außerhalb meiner Ehe eine sexuelle Beziehung zu einer anderen Person (oder zu mehreren Personen)?
- (Frauen) Habe ich immer noch das Bedürfnis, mich um einen Ex-Freund oder Ex-Mann zu kümmern und ihn (emotional) zu unterstützen?
- (Männer) Habe ich immer noch das Bedürfnis, eine Ex-Freundin oder Ex-Frau zu beschützen und zu versorgen?
- Lasse ich mich immer noch davon kontrollieren, was meine Mutter oder mein Vater denkt? Schwanke ich zwischen dem, was meinen Eltern gefällt und dem, was meinem Partner gefällt?
- Neige ich dazu, in meinen Beziehungen (oder besonders in einer bestimmten Beziehung) herrschsüchtig und kontrollierend zu sein? Vermittle ich anderen ein Schuldgefühl, um sie zu manipulieren?
- Kontrolliere oder mische ich mich auf übertriebene Weise in das Leben meiner Kinder ein?

- Hängen meine Kinder übertrieben stark an mir (mehr als normal ist) auf eine Weise, die man als ungesunde Abhängigkeit betrachten könnte?
- Gebe ich den Manipulationsversuchen meiner Kinder nach aus Angst, ihre Liebe und Anerkennung zu verlieren?
- Unterlasse ich es, meine Kinder zu disziplinieren aus Angst, ihre Liebe und Anerkennung zu verlieren?
- Fühle ich mich von einer Person beherrscht oder kontrolliert? Manipuliert durch Schuld- oder Schamgefühle?
- Fällt es mir schwer, einer bestimmten Person (oder bestimmten Personen) aus tiefstem Herzen zu vergeben?
- Steigen in mir immer wieder Gedanken des Grolls hoch, die mich an vergangene Verletzungen, Missbrauch, Vergewaltigung oder Ungerechtigkeiten erinnern, die mir ein anderer angetan hat?
- Habe ich Angst in Gesellschaft einer anderen Person die Wahrheit zu sagen oder ich selbst zu sein? Fühle ich mich durch ihren potentiellen Ärger, Missbilligung oder den Verlust ihres Wohlwollens eingeschüchtert?
- Werde ich immer noch gequält von ungerechtfertigten Schuldgefühlen, dem Verlust und/oder dem Bedauern im Zusammenhang mit dem Tod eines geliebten Menschen oder einer zerbrochenen Beziehung?

2. **Zerstören Sie die Gebundenheit, in die Sie aufgrund Ihrer sündhaften Haltung hineingekommen sind.** Wenn Sie erkennen, dass es aufgrund einer persönlichen Sünde eine seelische Bindung in Ihrem Leben gibt:

- Nennen Sie die Sünde beim Namen (nämlich verbotene sexuelle Handlungen, unangemessene Schwüre oder Verträge, usw.).
- Bekennen Sie Ihre Sünde und wenden Sie die göttlich mächtigen Waffen an, die diese zerstören können. Gehen Sie dabei nach dem Gebet in vier Schritten vor.
- Bekennen Sie, dass Sie Gottes Design (und seine Grenzen) für Beziehungen und/oder für Sexualität missachtet haben.
- Sagen Sie im Gebet, dass Sie die seelische Bindung durch das Blut und in der Autorität Jesu Christi durchtrennen und befreien Sie sich von ihren Fesseln (dazu gehört auch die wörtliche Durchtrennung jeglicher Versprechen oder Schwüre).
- Verpflichten Sie sich, jede Beziehung oder jedes Ausmaß an Beziehungen abzubrechen, die von den biblischen Richtlinien abweicht (und halten Sie sich auch daran). Ihre Gebete um Freiheit werden erfolglos bleiben, wenn Sie sich nicht an diesen wichtigen Schritt halten.

3. **Zerstören Sie die Gebundenheit, die aufgrund von Angst oder unangebrachter Anerkennungssucht entstanden ist.** Wenn Sie erkennen, dass es aufgrund von ungesunden Beziehungen durch Angst, Einschüchterung, Schuldgefühle oder Kontrolle eine seelische Bindung in Ihrem Leben gibt:
   - Nennen Sie diese Beziehung beim Namen und bekennen Sie, wie diese ungesunde Bindung auf sündhafte Weise in Ihrem Leben zum Tragen kommt.
   - Bekennen Sie jegliche Art von Unterordnung unter die übertriebene Kontrolle, Manipulation, Schuld, Schande, Anklagen oder Einschüchterung durch eine Person (nennen Sie jede einzelne Person beim Namen, so wie Sie Ihnen einfallen).
   - Lösen Sie sich im Namen und in der Kraft Jesu von allen Fesseln, durch die Sie gebunden sind. Sprechen Sie aus, dass Sie ab jetzt frei sind von der Seele und dem Einfluss der anderen Person. Erklären Sie, dass Sie jetzt frei und mit dem Herrn Jesus Christus vereint sind (Johannes 17,22-23), und dass Sie von ihm nicht den Geist der Angst und der Furchtsamkeit bekommen, sondern den Geist der Kraft und der Liebe und der Selbstbeherrschung (2. Timotheus 1,7).

4. **Zerstören Sie die Gebundenheit, die aufgrund Ihres Missbrauchs entstanden ist.** Erkennen Sie, wo der Missbrauch angefangen hat und
   - Vergeben Sie dem Täter (nennen Sie ihn beim Namen) und segnen Sie ihn anschließend.
   - Bekennen Sie jede persönliche Sünde. (Diese Sünde ist höchstwahrscheinlich eine sündhafte Reaktion auf den Missbrauch und zeigt sich in Form von Bitterkeit, Groll, Ärger, Schamgefühlen oder Angst.) Gehen Sie dabei nach dem Gebet in vier Schritten vor.
   - Sagen Sie im Gebet, dass Sie die seelische Bindung durch das Blut und in der Autorität Jesu Christi durchtrennen und befreien Sie sich so von ihren Fesseln.
   - Weisen Sie alle quälenden Gedanken zurück. Erklären Sie dem Feind, dass Sie ihm die Türen verschlossen haben und er Sie von nun an nicht mehr mit Erinnerungen oder Fantasien verletzen kann.
   - Ersetzen Sie Ihre Gedanken mit den Verheißungen Gottes, mit gesunden Beziehungen, mit den Segnungen Gottes, mit der Hoffnung für Ihre Zukunft, usw. Lassen Sie zu, dass Sie durch die Erneuerung Ihres Denkens verwandelt werden (Römer 12,2), während Sie sich auf die Dinge konzentrieren, die „rein, edel, liebenswert und recht" sind (Philipper 4,8). In Christus sind Sie jetzt rein und sauber!

5. **Zerstören Sie die Gebundenheit, die Sie auf unangemessene Weise an vergangene Beziehungen und/oder an die Trauer über die Vergangenheit fesselt.**
   - Nennen Sie alle vergangenen Beziehungen, Erinnerungen, verlorenen Liebesbeziehungen oder traurigen Gedanken an die Vergangenheit, von denen Ihre Gedanken und Gefühle beherrscht werden, beim Namen.

- Stellen Sie sich vor, wie Sie diese an Gott abgeben und sie ihm anvertrauen.
- Bekennen Sie Ihre Sünde, dass Sie an Enttäuschungen, Schmerz, Sorgen oder Bedauern festgehalten haben und sich dadurch davon abhalten ließen, sich für Ihren Verlust vollständig von Gott heilen zu lassen.
- Unterbrechen Sie im Namen Jesu die Macht dieser seelischen Bindung, die Sie auf unangemessene Weise an den Kummer und die Trauer über vergangene Verluste gefesselt hat. Erklären Sie, dass Sie jetzt frei sind davon. Wenn der Feind Sie angreifen will, befehlen Sie ihm Namen und in der Autorität Jesu, dass er Sie nicht mehr beeinflusst, sondern verschwindet.
- Empfangen Sie Gottes Vergebung, Heilung und lassen Sie sich vom Heiligen Geist erfüllen.
- Ersetzen Sie traurige Gedanken mit Gedanken der Hoffnung. Sagen Sie Worte und Verheißungen Gottes auf, die diese bekräftigen. Vielleicht müssen Sie besondere Schritte gehen, um Ihr Leben von unangemessenen Verbindungen zu Ihrer Vergangenheit zu reinigen (sprich Briefe und/oder Andenken wegwerfen, ein Zimmer leeren, in dem immer noch die Habseligkeiten eines geliebten Menschen stehen, der bereits verstorben ist, usw.).

Beispiel für ein Gebet

Herr, in der Autorität Jesu Christi, durch sein vergossenens Blut und durch die Kraft seiner Auferstehung löse ich mich jetzt aus der seelischen Bindung mit _____. Ich bekenne, dass ich jetzt frei bin, mich allein dir und deinem Willen unterzuordnen. Ich befehle dem Feind im Namen Jesu, diese Beziehung (oder die Erinnerung an diese Beziehung) nicht mehr zu beeinflussen, und ich verbiete ihm, sie auf irgendeine Weise wieder anzufachen. Ich will nicht mehr von quälenden Gedanken, verletzten Gefühlen, Scham, Schuldgefühlen, Kontrolle oder Angst vor dieser Person beherrscht werden. Ich gebe auch _____ aus jeder ungesunden Beziehung zu mir frei, und ich löse mich aus jeder ungesunden Beziehung zu ihm/ihr. Ich vergebe und segne _____ und ich lege sie/ihn in deine Hände. Amen.

Seelische Bindungen und generationsbedingte Probleme sind zwei Hauptquellen oder -wurzeln für Festungen in unserem Leben. Das Auspacken und die Auflösung kann zwar mit etwas Arbeit verbunden sein, aber die Freiheit, die wir erleben, wenn wir das tun, ist die Mühe wert.

Im nächsten Kapitel betrachten wir das Problem von „Flüchen". Sind Flüche wirklich real? Können sie einen Christen beeinflussen? Ist es möglich, dass sie die Ursache von Qualen und Schwierigkeiten in unserem Leben sind? Das finden wir auf unserem Weg zu einem „Leben in Freiheit" heraus.

KAPITEL 16
Flüche

In unserer westlichen Welt betrachten die meisten von uns Flüche als etwas, das in die Welt von Folklore, Märchen oder Walt Disney gehört. Wir gestehen vielleicht noch ein, dass sie für Menschen aus den Entwicklungsländern oder für Kulturen, die wir als primitiv einstufen würden, real sind. Aber wir sind höchstwahrscheinlich eher davon überzeugt, dass Flüche auf Traditionen, Überlieferungen und Aberglauben zurückzuführen sind. Wir reden uns ein, dass wir zu aufgeklärt und zu gebildet sind, um an Flüche zu glauben.

Was lesen wir in der Bibel über Flüche? Ich frage mich, wie viele von uns verblendet wurden, sodass sie die Wahrheit über Flüche nicht erkennen können. Nicht wenige werden jedoch vielleicht von Flüchen heimgesucht, weil sie durch unsere westliche Weltanschauung wie betäubt sind. Besonders unter den Christen in der westlichen Welt wird dieses Thema als Hokuspokus, als überspitzt oder als etwas rein Mystisches angesehen. Viele - wenn nicht sogar die meisten - von uns glauben, dass Flüche doch nicht in die Welt eines strenggläubigen Christen gehören. Oder ist das etwa doch möglich?

Als Cindy und ich einmal in einer Gemeinde in Frankreich als Gäste dienten, hatte Cindy die Gelegenheit, mit Tina zu beten. Die junge Frau litt sehr stark an Asthma und wollte für Heilung beten. Ein Pastor und zwei Frauen aus der Gemeinde schlossen sich ihnen an. Sie gingen in einen kleinen Raum, wo sie in Ruhe beten konnten, während der Gottesdienst draußen fortgesetzt wurde.

Als Cindy Gott bat, die Ursache von Tinas Leiden aufzuzeigen, kam ihr sofort das Wort „Flüche" in den Sinn. Sie war sich nicht sicher, was die junge Frau davon halten würde, aber sie fragte Tina, ob sie damit irgendetwas anfangen konnte. Tina erwiderte sofort: „Oh, ja!" Für sie klang das überhaupt nicht merkwürdig. Sie erzählte Cindy, dass ihre Mutter auf der Karibikinsel Martinique eine Medizinfrau von hohem Rang war. Tina war in ihrer Kindheit und Teenagerzeit bei einem Ritual dem Satan geweiht worden, hatte aber als junge Erwachsene zu Jesus Christus gefunden. Seit dieser Zeit versuchte Tina, mit Gott zu leben. Die ganze Zeit über wurde sie aber von schwächenden Atemproblemen gequält.

Cindy betete um den Schutz Gottes und darum, dass die Autorität Christi den Raum und ihre Gebetszeit beherrschen sollte. Als Tina beten wollte, fing sie an nach Luft zu ringen, als wenn ein unsichtbares Wesen ihr den Hals zudrücken würde und sie vom Gebet abhalten wollte. Das war echt. Cindy musste dem Feind laut befehlen, dass er sie loslassen sollte, und sie verbot ihm, Tina weiter auf irgendeine Weise zu belästigen, zu verletzen oder zu demütigen. Tina schien es daraufhin besser zu gehen, also setzten sie ihre Gebetszeit fort. Bevor sie jedoch speziell um Heilung baten, hatten sie den Eindruck, dass sie sozusagen erst klar Schiff machen und sie von Flüchen und satanischen Einflüssen befreien mussten. Zuerst vergab Tina ihrer Mutter, dass sie sie durch Weiherituale dem Bösen ausgesetzt hatte. Sie bat Gott um Vergebung, dass sie selbst auch bei den okkulten Praktiken mitgemacht hatte und bekannte die Sünde ihrer früheren Generationen, die Satan und sein Reich verehrt und angebetet hatten. Dann betete sie in der Autorität Jesu Christi und durch die Kraft seines Todes und seiner Auferstehung, dass alle Flüche, die über sie ausgesprochen worden waren, gebrochen und aufgehoben wurden. Auf Cindys Drängen hin wies sie alle dämonischen Einflüsse, die sich aufgrund dieser Flüche in ihrem Leben ausgebreitet hatten, von sich und erklärte, dass sie jetzt zu Jesus Christus gehörte und dass diese Flüche keine Macht mehr über sie hatten.

Nachdem Tina die Dämonen so überzeugend zurückgewiesen hatte, verließen sie sie buchstäblich mit einem gellenden Schrei. Augenblicklich musste sie einen unglaublich großen Klumpen Schleim abhusten. Das war ziemlich schockierend, aber nach einer kurzen Atempause betete Tina weiter und sprach das schönste Dankgebet aus, das das Gebetsteam jemals gehört hatte. Welch eine Befreiung! Welche eine Verwandlung! Wie überwältigend war diese Heilung und Wiederherstellung!

Einige Wochen später erzählte uns Tina, dass sie einen Termin beim Arzt gehabt hatte. Ihr Asthma war verschwunden und ihre Lungen waren gesund! Gott hatte sie geheilt. Die über sie ausgesprochenen Flüche waren nicht mehr wirksam. Drei Jahre später hörten wir, dass sie immer noch völlig gesund war und ein befreites Leben führte.

Ist es möglich, dass noch mehr Christen, wie Tina, von ungebrochenen Flüchen belagert werden, die auf ihrem Leben und auf dem Leben ihrer Familien liegen? Ist es möglich, dass ein Großteil des Kummers, der Spannungen, des Unglücks, des Leids und der Krankheiten, von denen Christen geplagt werden, auf Flüche zurückzuführen sind, die auf ihrem Leben lasten? Ich glaube schon. Damit meine ich nicht, dass Flüche die Ursache für alle Widrigkeiten sind oder dass die Auseinandersetzung mit Flüchen das absolute Allheilmittel für jedermanns Probleme ist. Ich glaube allerdings, dass wir in unserer westlichen Kultur das Leben und die Bibel aus einer anderen Perspektive betrachten und das Problem der Flüche etwas objektiver sehen müssen.

Die Realität von Flüchen biblisch und praktisch verstehen

Was die Wahrheit über Flüche betrifft, war ich früher ziemlich skeptisch. Dann habe ich angefangen, die Bibel danach zu durchforsten. Zu meiner Überraschung habe ich sehr klare Hinweise auf die Realität von Flüchen gefunden.

2. Korinther 6,16-17
(Achten Sie darauf, dass diese Verse im Zusammenhang mit heidnischem Götzendienst stehen und der Begriff „unrein" sich auf geistlich unreine oder verfluchte Gegenstände bezieht.)

Wie verträgt sich der Tempel Gottes mit Götzenbildern? Wir sind doch der Tempel des lebendigen Gottes; denn Gott hat gesprochen: Ich will unter ihnen wohnen und mit ihnen gehen. Ich werde ihr Gott sein und sie werden mein Volk sein. Zieht darum weg aus ihrer Mitte und sondert euch ab, spricht der Herr, und fasst nichts Unreines an. Dann will ich euch aufnehmen.

Deuteronomium 7,25-26
Ihre Götterbilder sollt ihr im Feuer verbrennen. Du sollst nicht das Silber oder Gold haben wollen, mit dem sie überzogen sind. Du sollst es nicht an dich nehmen, damit du dabei nicht in eine Falle läufst. Denn es ist dem Herrn, deinem Gott, ein Gräuel.
Du sollst aber keinen Gräuel in dein Haus bringen, sonst bist du wie er der Vernichtung geweiht. Du sollst Grauen und Abscheu vor ihm haben, denn er ist der Vernichtung geweiht.

Hesekiel 44,23
Sie sollen mein Volk über den Unterschied zwischen heilig und nicht heilig belehren und ihnen den Unterschied zwischen unrein und rein deutlich machen.

Genesis 9,24-25
Als Noach aus seinem Rausch erwachte und erfuhr, was ihm sein zweiter Sohn angetan hatte, sagte er: Verflucht sei Kanaan. Der niedrigste Knecht sei er seinen Brüdern.

2. Samuel 3,28-29
Als David später davon hörte, sagte er: Ich und mein Königtum sind vor dem Herrn für alle Zeit ohne Schuld am Blut Abners, des Sohnes Ners. Sie falle auf Joab und seine ganze Familie zurück. Immer soll es in Joabs Familie Menschen geben, die an Blutungen und Aussatz leiden, die an Krücken gehen, durch das Schwert umkommen und denen es an Brot mangelt.

Josua 6,26
Damals schwor Josua: Verflucht beim Herrn sei der Mann, der es unternimmt, diese Stadt Jericho wieder aufzubauen. Seinen Erstgeborenen soll es ihn kosten, wenn er sie neu gründet, und seinen Jüngsten, wenn er ihre Tore wieder aufrichtet.

1. Könige 16,34
In seinen Tagen baute Hiël aus Be-El Jericho wieder auf. Um den Preis seines Erstgeborenen Abiram legte er die Fundamente, und um den Preis seines jüngsten Sohnes Segub setzte er die Tore ein, wie der Herr durch Josua, den Sohn Nuns, vorausgesagt hatte.

Wie sieht das im wirklichen Leben aus - im heutigen westlichen Leben, um genauer zu sein? In meiner über zwanzigjährigen Tätigkeit als Pastor, stand ich immer wieder

Situationen gegenüber, die sich allen Erklärungen widersetzten. Es gab ernsthafte Christen, die anscheinend immer wieder mit Widerständen, Frustrationen, Belastungen, Versagen, Krankheiten, Unfällen und Katastrophen zu tun hatten, für die es keine natürliche Erklärung zu geben schien. Das einzige Wort, das einem in solchen Situationen in den Sinn kam, war „unheimlich". Es kam mir so vor, als ob irgendeine Macht am Werk war, die einfach nicht den normalen Naturgesetzen oder dem Durchschnitt unterstellt war.

Ich fing an, die Wahrheit über die beiden Herrschaftsbereiche zu erkennen und sah, dass die Erfahrung eines „Lebens in Freiheit" bei anderen geistlichen Leitern und bei Menschen wie Tina, für die Cindy in Frankreich gebetet hatte, praktisch funktionierte und kam zur Überzeugung, dass die Dämonen sehr wohl Flüche benutzen, um die Menschen, und sogar Christen, heute anzugreifen. Ich erkannte, dass es die folgenden Hinweise für eine mögliche Belastung durch einen Fluch gibt:[25]

1. Geistiger und/oder seelischer Zusammenbruch.
2. Wiederholte oder chronische Krankheiten (besonders Erbkrankheiten).
3. Unfruchtbarkeit, eine Tendenz zu Fehlgeburten oder ähnliche weibliche Probleme.
4. Kaputte Ehen und Entfremdung innerhalb der Familie.
5. Andauernde finanzielle Probleme.
6. „Anfälligkeit" für Unfälle.
7. Immer wieder auftretende Selbstmorde oder Selbstmordtendenzen innerhalb einer Familie und unnatürliche oder frühzeitige Todesfälle.

Als ich damit anfing, Menschen zu helfen, die Wahrheiten eines „Lebens in Freiheit" nicht nur bezüglich Festungen, sondern auch auf mögliche Flüche in ihrem Leben anzuwenden, konnten wir in diesen Fällen allmählich wirkliche Durchbrüche erkennen. Eine junge Frau kam zum Beispiel auf uns zu, damit wir für sie um Heilung für ein Herzproblem beteten, das ziemlich überraschend aufgetreten war. Wenn sich ihr körperlicher Zustand nicht änderte, musste sie sich einer Operation unterziehen. Als Cindy und ich anfingen, für sie zu beten, hatten wir den deutlichen Eindruck, ihr Zustand sei darauf zurückzuführen, dass sie sich über eine religiöse Statue in Asien lustig gemacht hatte.

Wir fragten sie, ob sie jemals in Asien gewesen war, was sie bejahte. Sie hatte vor kurzem mit einer Freundin ihren Urlaub in Asien verbracht. Ich fragte sie, ob sie während ihres Aufenthalts dort auch irgendwelche religiöse Schreine oder Tempel besichtigt hatte, was sie ebenfalls bejahte. Ich bohrte weiter und fragte, ob sie an diesen Orten vielleicht auch irgendetwas getan oder gesagt hatte, was den Einheimischen zeigte, dass sie sich über sie lustig machte oder dass sie ihnen sogar keinen Respekt zollte.

Die junge Frau erinnerte sich sofort, dass sie mit ihrer Freundin vor einem Tempel neben einer riesigen Buddha-Statue gestanden hatte und sie beide die Götzenfigur abwechselnd auf geringschätzige Weise nachgeahmt hatten, während die andere jeweils Fotos davon machte. Sie hatte die Bilder sogar noch zu Hause. Weil sie sich nur unter sich darüber belustigt hatten, dachten sie, der Vorfall sei harmlos und keiner hätte ihn bemerkt.

Als wir jedoch weiter beteten, waren Cindy und ich beide überzeugt davon, dass die religiösen Beamten sehr wohl Notiz davon genommen und einen Fluch über sie ausgesprochen hatten. Im Buch Juda in der Bibel (Verse 8-9) werden wir gewarnt, über dämonische Wesen nicht zu lästern. Als wir sie darüber in Kenntnis setzten, tat sie sofort Buße.

Sie bekannte ihre Sünde, geistlich so stolz gewesen zu sein und die Realität der dämonischen Mächte sowie deren Verbindung zu falschen, abgöttischen Religionen nicht ernst genommen zu haben. Sie wies alle dämonischen Einflüsse zurück, die durch einen Fluch in ihr aktiv waren, durchbrach den Fluch in der Kraft des Namens und des Blutes Jesu Christi und sprach über ihrem eigenen Leben Segen aus (das heißt, das Gegenteil von dem, was der Fluch in ihr bewirken sollte). Dann beteten wir noch um Heilung für sie. Ihr Herzproblem verschwand tatsächlich, sie brauchte keine Operation und sie hat seitdem in dieser Richtung keine gesundheitlichen Probleme mehr.

Die drei Hauptquellen, von denen Flüche stammen

Die Bibel nennt als Ursache für Flüche drei Hauptquellen. Wenn wir uns geistlich gegen Flüche verteidigen, ist es wichtig, dass wir uns diese Quellen bewusst machen.

1. **Flüche, die von Gott kommen.** In der Bibel gibt es viele Stellen, die sich zu der Realität äußern, dass Gott Menschen verflucht, die ihm in ihrem Leben nicht gehorchen und/oder ihn lästern. In Deuteronomium 28 und 29 wird über den Segen und den Fluch Gottes über das Volk Israel gesprochen, die abhängig sind von ihrer Lebensführung. Ein anderes Beispiel ist Maleachi 3. Dort äußert sich der Prophet zu der Tatsache, dass die Menschen unter einem Fluch leben werden, wenn sie Gott nicht den Zehnten ihres Einkommens geben. Außerdem können wir einen Fluch heraufbeschwören, wenn wir Gott nicht die Ehre geben:

    Maleachi 2,2
    Wenn ihr nicht hört und nicht von Herzen darauf bedacht seid, meinen Namen in Ehren zu halten - spricht der Herr der Heere -, dann schleudere ich meinen Fluch gegen euch und verfluche den Segen, der auf euch ruht, ja, ich verfluche ihn, weil ihr nicht von Herzen darauf bedacht seid.

    Ich bin überzeugt davon, dass es in unserem Leben als Christ Zeiten gibt, in denen wir frustriert sind und glauben, dass der Feind gegen uns kämpft. Wir beten nach dem

Prinzip der geistlichen Waffenrüstung, aber alle Gebete scheinen fruchtlos zu bleiben und sind es auch. Der Grund dafür ist, dass wir nicht vom Teufel, sondern von Gott bekämpft werden. Wir müssen sensibel sein für die Dinge, die Gott bekümmern und von denen die Bibel sagt, dass wegen ihnen Gott seine Hand in Form eines Fluches gegen uns erhebt. Wenn das der Fall ist, besteht die Lösung nicht darin, dass wir einen Dämon zurückweisen, sondern dass wir unsere Sünde bekennen, von unseren falschen Wegen umkehren und Gott wieder gehorchen!

2. **Flüche, die von Satan und/oder seinem Reich kommen.** Leider gibt es in dieser Welt Menschen, die sich buchstäblich dem Satan verschrieben haben und sich aktiv und mit großem Eifer daran beteiligen, sein Reich auf dieser Erde aufzubauen und zu vergrößern. Diese Menschen arbeiten ständig an ihren Fertigkeiten und Zauberkünsten, um dadurch immer mehr geistliche Kraft zu erlangen und sie auf andere Menschen anzuwenden. Sie bezeichnen sich selbst manchmal als Medizinmann, Schamane, Zauberdoktor, Satanist, Zauberer, Hexenmeister, Hexe o.ä.

Auch wenn die Menschen in der westlichen Welt heute vielleicht über die Wirksamkeit dieser Art von Flüchen spotten, sind sie doch real und machtvoll. Der Anführer einer satanistischen Gemeinde in Amerika wurde einmal im Fernsehen interviewt. Er wurde gefragt, ob es stimmt, dass Satanisten Menschen opfern. Seine Antwort lautete: „Wir opfern die Menschen stellvertretend, könnte man sagen. Wir zerstören die Menschen, die uns, sagen wir, feindlich entgegentraten, indem wir sie verfluchen oder verhexen." Hier ging es nicht um eine Anklage irgendeines bösen Kritikers gegen ihn; das war ein Zugeständnis, das er freiwillig und aus eigenem Antrieb ablegte.[26]

In der Bibel gibt es einen eindeutigen Bericht, der diese Art von Einfallstor für einen Fluch bestätigt, und das ist die Geschichte von König Balak und einem bösen Propheten namens Bileam (siehe Numeri 22-24). König Balak bat Bileam eindringlich, dass er für ihn einen Fluch über das Volk Israel ausspricht. Wenn Sie den Bericht lesen, werden Sie feststellen, dass Gott sich unermüdlich einsetzte, um das zu verhindern. Bileams Fluch waren für ihn keine leeren Worte. Wenn ein Fluch nicht wirklich ernst zu nehmen ist, dann muss man sich fragen, warum Gott sich dann solche Mühe gab, dass gegen sein Volk kein Fluch ausgesprochen werden konnte.

Eines Sonntags, im Anschluss an den Gottesdienst, führten Cindy und ich noch Gespräche und beteten mit Menschen aus der Gemeinde. Die Leute hatten sich in einer Schlange aufgestellt, weil sie alle für sich beten lassen wollten. Da fiel mir ein Mann auf, der sich mit in die Schlange stellte. Als dieser Mann an der Reihe war, sagte er, dass er nicht nach vorne gekommen war, um etwas von uns zu bekommen. Er erklärte uns, dass er zu einem regionalen Coven (Hexenzirkel) gehörte und uns mitteilen wolle, dass sie gegen mich und unsere Gemeinde beteten und fasteten. Dann drehte er sich um und ging hinaus. So weit ich weiß, habe ich ihn nie wieder gesehen. Bei ihren Gebeten handelte es sich wohl kaum um Segnungen.

Ich habe schon persönlich von Menschen gehört, die tief im Okkultismus verstrickt waren, bevor sie Jesus Christus nachfolgten. Sie erzählten mir, dass diese Menschen nicht nur fasten und beten, sondern auch Schwüre aussprechen, Rituale abhalten und Opfer bringen, um dadurch Christen, christliche Leiter, Gemeinden und Gemeindedienste zu verfluchen.

Neulich war ich als Gastredner in einem früheren Ostblockland, das 1989 vom Kommunismus befreit wurde. Ein Pastor, mit dem ich dort arbeitete, erzählte mir folgende Geschichte:

Ein Mann aus seiner Gemeinde (der noch nicht lange Christ war) war vor seiner Bekehrung jahrelang Satanist gewesen. Er erzählte dem Pastor, dass es in der Stadt dreiundzwanzig regionale Bezirke mit satanistischen Hexenzirkeln gab. Sie hatten absichtlich entsprechende Leute in jede einzelne Region platziert, um mit ihren satanistischen Gebeten, Flüchen und Handlungen der Gemeinde Jesu in dem jeweiligen Stadtteil zu schaden.

Der Mann berichtete weiter, dass die satanistische Organisation zunehmend Schwierigkeiten hatte, alle dreiundzwanzig Stadtteile zu besetzen, weil die christlichen Gemeinden in dieser Stadt sich im Laufe der letzten zehn Jahre immer weiter ausgedehnt hatten. Bei seinem letzten Kontakt mit den Satanisten vor seiner Errettung war es sogar so, dass sie nur dreizehn Stadtteile besetzen konnten. Er war überzeugt, dass es für die Satanisten immer unangenehmer werden würde, an diesem Ort zu leben und zu handeln, weil das Licht von Gottes Reich in dieser Stadt immer heller aufstrahlte und zu erkennen war.

Satanistische Mächte haben die Fähigkeit, Flüche über Menschen zu bringen. Jesus hat uns jedoch zugesichert, dass er seinen Nachfolgern „die Vollmacht über die ganze Macht des Feindes" gegeben hat (s. Lukas 10,19). Wir müssen keine Angst vor der Macht Satans haben. In Jesus haben wir die Kraft und die Autorität, satanischen Einflüssen zu widerstehen, egal in welcher Form sie gegen uns gerichtet werden (Jakobus 4,7).

3. **Flüche, die von Menschen kommen.** Wir müssen verstehen, welche Macht wir mit unseren Worten haben und welche Macht Worte haben, die gegen uns ausgesprochen werden. Man darf sie nicht auf die leichte Schulter nehmen. Das alte Sprichwort „Stock und Stein brechen mein Gebein, doch Worte bringen keine Pein" stammt nicht aus der Bibel. Dagegen sagt Gott in der Bibel, dass Worte Macht über Leben und Tod haben (s. Sprüche 18,21). Die Menschen können Flüche heraufbeschwören - sowohl offenkundig durch Zauberflüche oder unbeabsichtigt durch harte oder gedankenlose Worte. Jakobus rügt im dritten Kapitel seines Briefes diejenigen, die eine lose Zunge haben.

Jakobus 3,9-12

Mit ihr (der Zunge) preisen wir den Herrn und Vater und mit ihr verfluchen wir die Menschen, die als Abbild Gottes erschaffen sind. Aus ein und demselben Mund kommen Segen und Fluch. Meine Brüder, so darf es nicht sein. Lässt etwa eine Quelle aus derselben Öffnung süßes und bitteres Wasser hervorsprudeln? Kann denn, meine Brüder, ein Feigenbaum Oliven tragen oder ein Weinstock Feigen? So kann auch eine salzige Quelle kein Süßwasser hervorbringen.

Dieses Kapitel soll Ihnen aus biblischer und praktischer Sicht die Augen für die Realität von Flüchen öffnen. Auch wenn es nötig ist, diesem dunklen Thema einige Aufmerksamkeit zu widmen, sollten wir jedoch auf keinen Fall Angst davor bekommen oder dadurch in Bedrängnis geraten. Gleichzeitig dürfen wir diese Wahrheit nicht einfach übersehen, denn wir könnten nur schon allein dadurch, dass wir sie ignorieren, eine Tür für die Macht Satans öffnen. Gott, der in uns ist, ist größer als Satan, der in der Welt ist (1. Johannes 4,4). Denken Sie daran, dass Jesus durch seinen Tod und seine Auferstehung den zerstört hat, der die Macht über den Tod hat - und das ist der Teufel (Hebräer 2,14). Wir sind nicht nur Sieger, sondern in Jesus Christus sind wir noch viel mehr als Sieger (Römer 8,37). In Kürze wird der Gott des Friedens Satan zertreten und unter Ihre Füße legen (Römer 16,20). Denken Sie auch an die Worte Jesu, die er zu den zweiundsiebzig Jüngern sprach, als sie nach ihrer Aussendung zurückkamen und darüber staunten, dass sie die dämonischen Geister zurückweisen konnten, nachdem Jesus ihnen die Vollmacht über alle Macht des Feindes gegeben hatte: „Herr, sogar die Dämonen gehorchen uns, wenn wir deinen Namen aussprechen" (Lukas 10,17).

Wodurch kann also ein Fluch wirksam werden? Wie wir bereits in diesem Kapitel gesehen haben, gibt es Anlässe, bei denen Flüche Auswirkungen auf Christen haben. Im nächsten Kapitel beschäftigen wir uns mit den Einfallstoren von Flüchen und zeigen wie wir ihnen auf biblische und vollmächtige Weise entgegentreten und sie außer Kraft setzen, zerstören und frei von ihnen leben können.

KAPITEL 17
Flüche außer Kraft setzen

C.S. Lewis` schildert in seinem klassischen Roman „Der König von Narnia" in lebendigen Farben die Freiheit und die Erlösung, die entstehen, wenn der Fluch des Feindes gebrochen wird. Das Land Narnia steht unter dem Bann der Weißen Hexe, die einen ewigen Winter über das Land gelegt hat - „nur noch Winter, keine Weihnachten mehr". Nachdem sie jedoch mit dem Löwen Aslan in Berührung kommt (eine allegorische Figur auf Jesus), ändert sich das alles:

„Wenige Minuten später gewahrte er (Edmund) Krokusse. Sie blühten goldgelb, lila und weiß um einen alten Baum. Dann erklang ein noch süßerer Laut. Ein Vogel trillerte auf einem Baum neben ihrem Pfad. Aus der Ferne antwortete von allen Seiten ein Piepsen, Pfeifen, Zwitschern und Trillern. Der eine Ruf war nur der Auftakt zu einem vielstimmigen Singsang gewesen. Der ganze Wald war davon erfüllt, und wohin Edmund seine Augen auch richtete, auf allen Ästen saßen Vögel, flogen über ihn dahin, jagten einander, stritten ein wenig, putzten ihr Gefieder oder schnäbelten miteinander. ...
‚Das ist kein Tauwetter mehr!' rief der Zwerg plötzlich und blieb stehn. ‚Das ist der Frühling. Was sollen wir nun machen? Mit Euerm Winter ist es aus. Ich sage Euch, das ist Aslans Werk! Das hat er getan.'"[27]

Obwohl es sich hier nur um eine Geschichte handelt, lässt sie sich dennoch auch auf unsere eigene Welt anwenden: Jesu Design und Wunsch für seine Kinder ist, dass sie frei von allen finsteren Plänen und Flüchen leben, die der Feind gegen sie richten will. Im vorliegenden Kapitel beschäftigen wir uns näher mit Flüchen, damit wir verstehen, wie wir sie strategisch und zuverlässig erkennen, auflösen und zunichte machen können, wenn wir mit ihnen in Berührung kommen. Wir wollen mit dem Apostel Paulus voller Überzeugung sagen können: „... damit wir nicht vom Satan überlistet werden; wir kennen seine Absichten nur zu gut" (2. Korinther 2,11). „Zur Freiheit hat uns Christus befreit. ... Ihr seid zur Freiheit berufen" (Galater 5,1+13)!

Die Einfallstore von Flüchen

In der Bibel steht klar und deutlich, dass ein unbegründeter Fluch, der über einen Menschen ausgesprochen wird, nicht eintreffen wird. „Wie der Spatz wegflattert und die Schwalbe davonfliegt, so ist ein unverdienter Fluch; er trifft nicht ein" (Sprichwörter 26,2). Deshalb ist es wichtig zu verstehen, wie ein Fluch Zugriff auf Einzelne, Familien, Gemeinden oder ein Unternehmen bekommen und diese beeinflussen kann. Die im vorigen Kapitel erwähnten Bibelstellen zeigen, dass es mindestens vier Einfallstore für Flüche gibt.

1. Generationsflüche
2. Verfluchte Objekte und Verstöße gegen verunreinigte Orte
3. Teilnahme an dämonischen Aktivitäten
4. Worte, die ausgesprochen wurden

1. Generationsflüche. Das erste Einfallstor für Flüche, das wir uns näher ansehen wollen, sind Generationsflüche. Ein Generationsfluch kann die Folge einer hartnäckigen Sünde und/oder auch okkulter Praktiken früherer Generationen sein. Selbst verurteilende Worte, die von früheren Generationen ausgesprochen wurden, können nachfolgende Generationen unter einen Fluch bringen.

Ich bin schon unzähligen Menschen begegnet, deren Leben durch verletzende Worte ihrer Eltern Schaden erlitten hat - selbst wenn sie nicht offenkundig von ihnen missbraucht wurden. Auch wenn inzwischen vielleicht viel Zeit vergangen ist, sind die Auswirkungen dieser Generationssünden dadurch nicht geringer geworden. Ich habe schon oft festgestellt, dass die Enkel und Urenkel einer bestimmten Generation mit den Auswirkungen von Flüchen zu kämpfen hatten, die durch frühere Generationen geäußert wurden. In diesen Fällen kann man die Auswirkungen der Flüche zwar sehen, im Allgemeinen kommt mit menschlicher Weisheit aber nicht dahinter, woher sie eigentlich kommen.

Neulich, während ich noch an diesem Buch schrieb, hatten Cindy und ich ein seelsorgerliches Gespräch mit Catherine, einer Frau, die seit über zwanzig Jahren von Krankheiten und Depressionen gequält wurde. Ihre Mutter und ihre Schwester hatten mit ähnlichen Problemen zu kämpfen. Sie wusste nicht viel über die Generationen, die vor ihr gelebt hatten, aber sie konnte erkennen, dass ihre Probleme sich wie ein Muster in der jetzigen Generation wiederholten.

Während wir beteten, hatten wir den starken Eindruck von Gott, dass sich vor mehreren Generationen ein Ehemann und Familienvater aus ihrer Familie in verletzender Weise über Frauen geäußert und sie schlecht behandelt hatte. Das ging so weit, dass sich in dieser Familie eine richtiggehende Frauenfeindlichkeit entwickelte (ein Hass auf Frauen, die als Folge davon nur noch über ihre Sexualität definiert wurden). Catherine bestätigte das. In ihrer Familie und Verwandtschaft gab es eine deutliche Abneigung und sogar Hass gegenüber Frauen. Das Traurige daran war, dass sie nie viel darüber nachgedacht hatte, weil sie es in ihrem Leben nicht anders kannte. Sie hatte einfach nur gelernt, damit zurechtzukommen und sich über Wasser zu halten.

Als Catherine älter wurde, hatte sie schon alle möglichen Formen des Missbrauchs durch ihren Vater und zwei Onkel mitgemacht. Der schlimmste Missbrauch, an den sie sich erinnern konnte, war der verbale Missbrauch und die verbalen Schläge in Form vernichtender und verletzender Worte.

Trotz ihrer entsetzlichen Vorgeschichte hatte Catherine eine ausgezeichnete Schulbildung genossen und begann eine verheißungsvolle Karriere in einer Großstadt. Eine Zeit lang schien alles gut zu laufen und sie wurde bald befördert. Nach ungefähr zehn Jahren im Berufsleben erkrankte sie immer mehr, wurde depressiv und war eigentlich arbeitsunfähig. Die Symptome waren oft nur diffus und zehrten an ihren Kräften. In diesem Zustand lernten wir sie kennen.

Catherine identifizierte sich mit ihren Vorfahren, vergab den Männern, dass sie solch einen Frauenhass gehabt und dies sowohl mit verletzenden Worten als auch mit ihren Taten gezeigt hatten. Dann vergab sie denen, die sie persönlich verletzt und missbraucht hatten. Sie bat um Vergebung, dass sie und die Generationen vor ihr in einer Lüge gelebt und dieser Lüge geglaubt hatten - was in ungerechter Behandlung, Gefühlen von Bedeutungslosigkeit, Minderwertigkeitsgefühlen, angestrengten Bemühungen und Perfektionismus endete. Diese Momente waren sehr emotional für Catherine, aber sie blieb dran und brach den Generationsfluch, der auf ihrem Leben lastete. Nachdem sie die Autorität über den Feind übernommen hatte - auch über die Geister der Gebrechlichkeit und Depression -, beteten wir für ihre Heilung. Nach der Gebetszeit hatte Catherine sofort das Gefühl, als Frau „ein ganz neuer Mensch" zu sein. Sie fühlte sich, als sei ihr eine zentnerschwere Last von den Schultern genommen worden.

Ein paar Monate später erhielt ich von ihr die Nachricht, dass es ihr körperlich, geistig und psychisch immer besser ging. Sie kann sich nicht erinnern, dass es ihr gesundheitlich jemals so gut gegangen war. Und was das Wichtigste ist, ihre Vertrautheit mit Gott und ihr geistliches Leben sind, wie sie sagte, immer mehr gewachsen. Ihr Glaube wird größer und stärker, und sie gelangt immer mehr zu der Überzeugung, dass Gott sie auf übernatürliche und machtvolle Weise für sein Reich und im Leben anderer Menschen gebrauchen will.

2. Verfluchte Objekte und Fehlverhalten an verunreinigten Orten. Ein zweites Einfallstor für einen Fluch könnte die Beschäftigung mit „unreinen" oder verfluchten Gegenständen sein, die überwiegend bei dämonischer Götzenanbetung oder als okkulte Gegenstände benutzt werden. Das ist überhaupt nichts Ungewöhnliches. Ich kenne viele Menschen, die Seelsorge gesucht haben, weil sie geistliche und körperliche Heilung brauchten und sich in diesem Zusammenhang von verfluchten Gegenständen lossagen mussten. Auch habe ich Menschen gesehen, die Heilung und Befreiung erlebten, nachdem sie sich von dämonischen oder verfluchten Gegenständen oder Orten abgekehrt haben. Ich erinnere an das oben genannte Beispiel von der jungen Frau, die krank wurde, nachdem sie sich vor einem asiatischen Tempel über eine religiöse Statue lustig gemacht hatte. Es ist durchaus möglich, dass ein Fehlverhalten an Orten, die unter dämonischem Einfluss stehen oder eine respektlose Haltung gegenüber Objekten, die eindeutig mit dämonischer Götzenverehrung zu tun haben, geistliche und letztendlich auch körperliche Konsequenzen hat.

Eine solche Situation mit einem verfluchten Gegenstand erlebten wir mit Sarah, einer Frau aus der Gemeinde, in der ich zu jenem Zeitpunkt Pastor war. Sie kam zu Cindy und mir, damit wir für sie um Heilung beten. Bevor wir aber anfangen konnten, hatten wir das Gefühl, dass wir zuerst den Heiligen Geist fragen mussten, ob es irgendetwas gab, worüber wir noch reden sollten. Cindy spürte deutlich, dass hier ein Fluch mit im Spiel war. Dabei hatte sie das Bild eines Armbands vor sich. Das Bild war so detailliert, dass Cindy erkennen konnte, dass es sich nicht nur um ein Familienerbstück handelte, sondern dass dieses Armband in einer falschen Religion bei einer Tempelanbetung in Südamerika verwendet worden war. Als wir Sarah von unserem Eindruck erzählten, war sie verwundert. Sie wusste sofort, was Cindy damit meinte. Es gab tatsächlich solch ein Armband, und sie bewahrte es zu Hause in ihrem Schmuckkästchen auf!

Sarahs Vorfahren waren Südamerikaner, und das Armband stammte von Verwandten aus dieser Zeit, die über Generationen hinweg Götzen verehrt hatten. Als wir ihr unseren Eindruck mitteilten, dass ein Fluch auf ihr lastete, der zu ihrer chronischen Krankheit beitrug, entschied sie aus eigenem Antrieb, das Armband zu vernichten. Sie ging nach Hause, holte das Armband heraus und vernichtete es sofort. Nachdem sie es weggeworfen hatte, sagte sich von allen Flüchen und Bindungen los, die im himmlischen Bereich auf ihr lasteten.

Jetzt fühlten wir uns frei, für Sarahs Heilung zu beten, und es war nicht zu übersehen, dass Sarah an diesem Tag gesund wurde. Auch Jahre später erfreut sie sich noch einer guten Gesundheit und ist durch diese geistlichen Schritte vollständig wiederhergestellt.

3. Die Beschäftigung mit dämonischen Dingen. Eine weitere Möglichkeit, wie unser Leben von einem Fluch belastet werden kann, ist die willentliche Beschäftigung mit dämonischen Dingen. Dazu gehört auch die Beschäftigung mit dämonischen Spielen und Ritualen sowie mit dämonischer Musik. In der Praxis sind das zum Beispiel das Ouija-Brett, spiritistische Sitzungen, Filme, in denen es direkt um dämonische Dinge geht, Satansanbetung in Musiktexten, dämonische Rituale oder Bündnisse mit dem Satan, damit er Trost spendet, schützt, die Richtung angibt und versorgt. Viele Menschen leben unter den heftigen Konsequenzen von Flüchen, die auf solche Aktivitäten zurückgehen.

Vielleicht sind Sie überrascht (oder auch nicht), wie bereitwillig unsere heutige westliche Kultur dämonische Aktivitäten akzeptiert. Der elfjährige Sohn einer unserer Freunde kam eines Tages aus der Schule und erzählte, dass die Mutter eines Klassenkameraden eine Anhängerin der Wikka-Religion sei („Wikka" bedeutet „Hexe"; Anm. d. Ü.). Seine

Eltern waren davon allerdings nicht überrascht. Sie wussten, dass zwei Lehrer an der Highschool seiner Schwester ebenfalls Wikka-Anhängerinnen waren. Eine von ihnen war sogar Hohepriesterin. Selbst Kinder sind heute in der Schule, beim Einkaufen, im Kino und manchmal auch bei Freunden zu Hause regelmäßig okkulten Dingen ausgesetzt. In Amerika ist die Zugehörigkeit zur Wikka-Religion für Kinder der Mittel- oder Oberstufe genauso in Mode, wie die Zugehörigkeit zu irgendeinem anderen Geselligkeitsverein.

Die Beschäftigung mit okkulten Dingen ist kein harmloser Zeitvertreib. Sie ist gefährlich, denn es geht um die Beschäftigung mit der dunklen Seite der übernatürlichen Welt. Seien Sie sich im Klaren darüber, dass vielleicht selbst Lehrer Ihre Kinder im Klassenzimmer zur Einladung „besonderer Freunde" oder Geistführer in ihr Leben ermutigen und diese Übungen als Entspannungstechniken oder Freizeitbeschäftigung in der Mittagspause tarnen. Ihr Kind kann, ohne es zu wissen, unter den Einfluss dämonischer Geister und damit verbundener Flüche geraten. Wichtig ist, dass Sie Ihre Kinder darin schulen, regelmäßig um Schutz für sie beten und Ihre Autorität, die Sie in Christus haben, über jeden Fluch ausüben, der sich durch ihre Unwissenheit vielleicht auf ihr Leben gelegt hat. Wenn ein Kind alt genug ist, um das zu verstehen, kann es auch lernen, um Schutz für sich selbst vor solchen Dingen zu beten. Vergessen Sie nicht, dass Paulus uns in 2. Korinther 2,11 ermahnt, dass wir uns mit den Absichten Satans vertraut machen müssen, „damit wir nicht von ihm überlistet werden".

4. Flüche, die durch Worte ausgelöst werden. Für manche Menschen ist der Begriff „Fluch" vielleicht etwas zu heftig; sie denken, dass sie doch keine Kraftausdrücke benutzen oder andere auch nicht direkt verfluchen (zumindest nicht nach ihrem Wissen). Natürlich „verfluchen" wir niemanden - oder vielleicht doch?

Das Wort „Fluch" wird in der Bibel verwendet, um das Vokabular eines Menschen zu beschreiben, der seine Rede nicht beherrschen kann (Jakobus 3). Die Bibel beschreibt die menschliche Zunge folgendermaßen: „So ist auch die Zunge nur ein kleines Körperglied und rühmt sich doch großer Dinge. Und wie klein kann ein Feuer sein, das einen großen Wald in Brand steckt. Auch die Zunge ist ein Feuer, eine Welt voll Ungerechtigkeit. Die Zunge ist der Teil, der den ganzen Menschen verdirbt und das Rad des Lebens in Brand setzt; sie selbst aber ist von der Hölle in Brand gesetzt. ... Mit ihr (der Zunge) preisen wir den Herrn und Vater und mit ihr verfluchen wir die Menschen, die als Abbild Gottes erschaffen sind. Aus ein und demselben Mund kommen Segen und Fluch. Meine Brüder, so darf es nicht sein" (Jakobus 3,5-6+9-10).

Im „Webster´s Dictionary" wird der Begriff „Fluch" folgendermaßen definiert: „Die Anrufung einer übernatürlichen Macht, um einer Person oder einer Sache Böses oder Schaden zuzufügen ... Böses oder Schaden über jemanden bringen." Während ein Segen „zum Erfolg befähigt", bedeutet ein Fluch schlichtweg „Versagen zu verursachen". Worte sind ein Mittel, das entweder schöpferische oder destruktive Macht hat. Ob bewusst oder unbewusst - Ihr Mund kann eine Waffe sein, die entweder für oder gegen Satan arbeitet. Jesus sagte, dass wir über jedes unnütze Wort, das wir reden, Rechenschaft ablegen müssen (s. Matthäus 12,36). So ernst nimmt Gott die Macht der Worte.

Es gibt viele Fälle, wo Menschen aufgrund von Worten, die gegen sie gerichtet waren, gelitten haben. Zum Beispiel

- Verwünschungen von Autoritätspersonen in ihrem Leben.
- Verwünschungen von Eltern, Lehrern, Betreuern, Ärzten, Geistlichen, Vorgesetzten oder Ehepartnern.
- Verwünschungen von anderen aufgrund von Eifersüchteleien, Auseinandersetzungen, Verleumdung und Tratsch.
- ein Schwur oder Eid, der die Menschen an unbiblische Vereine oder Verbände oder an falsche Religionen bindet (zum Beispiel die Freimaurer, Mormonen, usw.).

Auch wir können uns durch unsere eigenen Worte einen Fluch auferlegen. Wenn wir negativ über uns selbst reden, können wir uns dadurch dem Einfluss Satans aussetzen. Aus diesem Grund ist es gut, wenn wir die Worte, die wir über uns selbst äußern, aufmerksam und mit Bedacht wählen. Wie oft haben Sie sich schon dabei ertappt, dass Sie über sich selbst Dinge sagen, wie

- „Ich bin so dumm ..."
- „Ich werde niemals so sein wie ..."
- „Ich bin so ein Tollpatsch ..."
- „Ich bin so ... (ergänzen Sie)"

Man kann sich auch einem Fluch aussetzen, wenn man Lieder mit destruktivem Inhalt singt und lernt. Das erlebte ich einmal bei einem jungen Geschäftsmann, den ich durch einen gemeinsamen Freund kennengelernt hatte. In seinem Körper wucherten Hunderte von Tumoren, die sich rasch ausbreiteten. Nach jahrelanger Behandlung teilten die Ärzte ihm mit, dass nichts mehr zu machen war. Er hatte Krebs im Endstadium.

Als wir für ihn beteten, kam Cindy ein Satz in den Sinn, der anscheinend zu einem Liedtext gehörte. Die Worte waren ihr nicht vertraut, und es war nicht gerade angenehm, sie laut auszusprechen, weil sie eindeutig und anschaulich von Zerstörung handelten. Als ich ihn fragte, ob ihm die Worte irgendwie bekannt vorkamen, erwiderte er, dass ihm dieser Text sehr vertraut war. Er kannte sogar das Lied, aus dem diese Worte stammten. Dann erzählte er uns, wie er mit Anfang zwanzig, bevor er Christ geworden war, ein Rockkonzert besucht hatte. Während des Konzerts kamen die Zuschauer an einen Punkt, wo sie unter dem Einfluss von Musik, Drogen und Alkohol völlig in Ekstase gerieten. Die Menge - zu der auch dieser junge Mann gehörte - fing an, eben diese Worte der Zerstörung gemeinsam mit der Band laut in den Saal zu rufen. Er erinnerte sich auch, dass nur wenige Jahre nach diesem Vorfall die Krebserkrankung bei ihm festgestellt wurde. Seitdem hatte er fast zwanzig Jahre lang dagegen angekämpft.

Der junge Mann bekannte seine Sünde im Zusammenhang mit diesem Konzert. Er räumte auch ein, dass die Worte, die er damals ausgesprochen hatte, in der Tat ein selbstauferlegter Fluch waren, obwohl er diese Tat damals für völlig harmlos gehalten hatte. Er nahm Autorität über die dämonischen Aktivitäten ein, die mit diesem Fluch in Verbindung standen, unterband den Fluch durch die Kraft und Vollmacht Jesu Christi und sprach Worte des Segens über die Bereiche seines Leben aus, die unter einem Fluch gestanden hatten. Dann beteten Cindy und ich für seine Heilung. Ein paar Monate später meldete sich der Mann wieder bei uns, um uns mitzuteilen, dass die Ärzte ihm die völlige Heilung seiner Krebserkrankung bestätigt hatten!

Die beste Verteidigung

Die beste Verteidigung gegen Flüche ist, dass man ihnen erst gar keinen Raum im Leben überlässt. Wir dürfen nicht tolerieren, dass wir anderen und uns selbst gegenüber alles aussprechen, was uns in den Sinn kommt. Wir müssen den Worten den Krieg erklären, die Tod und Untergang mit sich bringen, denn unsere Worte haben die Macht über Leben und Tod. Wir dürfen die Realität von Flüchen und Verwünschungen nicht auf die leichte Schulter nehmen. Wir müssen die Macht unserer Worte ernst nehmen. „Tod und Leben stehen in der Macht der Zunge" (Sprichwörter 18,21). Sind Ihnen schon einmal vernichtende Worte über die Lippen gekommen? Vielleicht haben Sie sich aus Eifersucht und Unsicherheit negativ geäußert? Oder weil Sie verletzt, verängstigt und verärgert waren? Wenn der Heilige Geist Ihnen diesbezüglich etwas aufzeigt, bekennen Sie es und unterbinden Sie diese Flüche, die Sie über Menschen ausgesprochen haben. Wenn es nötig ist, dass Sie dafür eine Entschädigung leisten, tun Sie es! Halten Sie gleichzeitig Augen und Ohren offen für zerstörerische und vernichtende Worte, die andere gegen Sie gerichtet haben. Ergreifen Sie im Namen und in der Vollmacht Jesu Autorität daüber. Sorgen Sie dafür, dass der Feind nicht durch unnütze oder unüberlegte Worte Raum in Ihrem Leben oder im Leben anderer gewinnt.

Wie man Flüche bricht

Flüche bricht man, indem man zuerst alle sündhaften Handlungen bekennt (ich empfehle dazu das Gebet in vier Schritten) und anschließend genau ermittelt, ob und wo man gegen

Gottes Gebote verstoßen hat und deshalb - als Konsequenz dieses Verhaltens - in irgendeiner Weise unter einem Fluch steht. Außerdem sollten Sie denen vergeben, die Flüche oder Verwünschungen gegen Sie ausgesprochen haben. Jesus hat uns klare Anweisungen gegeben, dass wir diejenigen segnen sollen, die uns verfluchen und für die beten sollen, die uns schlecht behandeln (s. Lukas 6,28).

Nennen Sie dann konkrete Flüche, die vermutlich oder mit Gewissheit über Sie ausgesprochen worden sind, beim Namen - sagen Sie sich von ihnen los, weisen Sie sie zurück und unterbinden Sie sie durch das Blut Jesu Christi. Sprechen Sie anschließend Worte des Segens über Ihr Leben aus, die genau im Gegensatz zu den Verwünschungen stehen. Das könnte konkret so aussehen:

Ein Fluch, der auf Sünde gegen Gott zurückzuführen ist

SCHRITT 1: Gestehen Sie ein, dass Sie (und, gegebenenfalls auch Ihre Vorfahren) gesündigt haben, und gehen Sie nach dem Gebet in vier Schritten vor: bekennen, widerstehen, ersetzen und empfangen.

SCHRITT 2: Weisen Sie alle dämonischen Aktivitäten und Einflüsse zurück, die diese offene Tür benutzt haben, um in Ihrem Leben Raum („topos") zu gewinnen. Befehlen Sie sämtlichen dämonischen Einflüssen, die mit diesem Fluch in Zusammenhang stehen, im Namen Jesu zu verschwinden.

Ein Fluch von Satan oder Satans Reich

SCHRITT 1: Vergeben Sie dem, der gegen Sie und/oder Ihre Familie Verwünschungen ausgesprochen hat und beten Sie, dass Gott diesen Menschen segnet. Beten Sie besonders dafür, dass er gerettet wird. Wir sind gegen die Gegenwart des Bösen in dieser Welt nicht immun, aber wir müssen uns nicht vom Bösen überwältigen lassen. „Lass dich nicht vom Bösen besiegen, sondern besiege das Böse durch das Gute", ermahnte der Apostel Paulus seine Leser, die in der heidnischen Kultur Roms lebten (s. Römer 12,21).

SCHRITT 2: Nennen Sie alle Ihnen bekannten Flüche, die gegen Sie oder Ihre Familie gerichtet waren, beim Namen. Sagen Sie sich von allen dämonischen Aktivitäten los, die damit in Verbindung stehen und weisen Sie sie im Namen und in der Kraft des Blutes Jesu zurück. Befehlen Sie diesen Dämonen, für immer aus Ihrem Leben zu verschwinden und unterstellen Sie sie dem Gericht Jesu.

SCHRITT 3: Nehmen Sie im Namen Jesu Autorität über diesen Fluch ein und befehlen Sie, dass er sofort unterbunden wird. Proklamieren Sie Gottes Schutz vor allen

Plänen des Teufels über Ihr Leben und über das Leben Ihrer Familie (siehe Sprichwörter 26,2; Jesaja 54,17; Lukas 10,19). Anstelle der Konsequenzen, die sich aus dem Fluch ergeben, sprechen Sie durch Gottes Heiligen Geist Wort des Segens über Ihr Leben aus.

Sie können zum Beispiel auf folgende Weise beten:

Im Namen Jesu Christi, durch sein vergossenes Blut und durch die Kraft seiner Auferstehung ergreife ich jetzt die Autorität über diesen Fluch _____ und befehle, dass er jetzt sofort aufgehoben und gebrochen wird! Ab jetzt soll Gottes Segen in Form von _____ ____ in meinem Leben sichtbar sein.

Verfluchungen und Verwünschungen durch andere

SCHRITT 1: Vergeben Sie denen, die Sie verflucht haben und sprechen Sie aufrichtige Segensworte über ihnen aus.

SCHRITT 2: Ergreifen Sie im Namen Jesu laut und deutlich Autorität über diese Verwünschungen und befehlen Sie, dass sie sofort aufgehoben werden. Sprechen Sie stattdessen Worte des Segens über Ihr Leben aus, die im Widerspruch zu den Verfluchungen stehen.

SCHRITT 3: Weisen Sie alle dämonischen Einflüsse in Jesu Namen zurück und befehlen Sie allen bösen Mächten, die mit dem Fluch in Zusammenhang stehen, Sie auf der Stelle zu verlassen. Erklären Sie, dass dieser Fluch kein Anrecht mehr auf Sie hat und sagen Sie sich von ihm los.

Leben Sie in der Kraft des Segnens

Das Gegenteil von verfluchen ist segnen. In Numeri 6,23-27 gab Gott genaue Anweisungen, wie die Priester Segensworte vermitteln sollten: „So sollt ihr die Israeliten segnen; sprecht zu ihnen: Der Herr segne dich und behüte dich. Der Herr lasse sein Angesicht über dich leuchten und sei dir gnädig. Der Herr wende sein Angesicht dir zu und schenke dir Heil. So sollen sie meinen Namen auf die Israeliten legen und ich werde sie segnen."

Als Gläubige des Neuen Testaments ist jeder von uns ein Priester: „Ihr aber seid ein auserwähltes Geschlecht, eine königliche Priesterschaft, ein heiliger Stamm, ein Volk, das sein besonderes Eigentum wurde, damit ihr die großen Taten dessen verkündet, der euch aus der Finsternis in sein wunderbares Licht gerufen hat" (1. Petrus 2,9). Man könnte sagen,

dass es Gottes ursprüngliches Design für seine „königliche Priesterschaft" - sein Volk - ist, für eine zerbrochene und verletzte Welt Gefäße des Segens zu sein. So wie er uns mit Segen überschüttet, sollen auch wir die Menschen in unserer Welt mit Segen überschütten. Sein Plan ist, dass unsere Worte, Taten und unser Leben ein Werkzeug sind, durch das andere gesegnet, erneuert und mit Gott versöhnt werden. Dadurch sollen wir helfen, sein Reich in dieser Welt zu vergrößern. Wie wir im nächsten und letzten Kapitel sehen werden, ist das sein höchstes Ziel für unser „Leben in Freiheit".

KAPITEL 18
Leben im großen Gesamtbild

Im vorliegenden Buch haben wir viele Themen angesprochen und bearbeitet. Aber ein „Leben in Freiheit" hat nicht nur etwas mit Ihnen zu tun, obwohl es zunächst bei Ihnen beginnt. Wenn wir lernen, in Freiheit zu leben, sind wir damit in Wirklichkeit noch nicht am Ziel - sondern stehen am Anfang. Es ist der Beginn einer lebenslangen Mitwirkung am Reich Gottes, weil Sie ein Glied seines Leibes, nämlich der Gemeinde, auf dieser Erde sind. Als Teil seiner Gemeinde, seines Volkes, sind Sie auch Teil eines ursprünglichen Plans, der viel mehr umfasst als nur Ihr eigenes Leben. Während Gott Sie als Einzelnen von Ihren Sünden erlöst und Sie wiederherstellt, führt er Sie gleichzeitig auch an eine weitaus größere Berufung heran: Sein Plan ist nämlich, die ganze Welt zu erlösen und wiederherzustellen!

Dieses Kapitel ist ein Aufruf an uns, im „großen Gesamtbild" zu leben, für etwas zu leben, das weit über unser eigenes Leben hinausgeht. Gott hat eine erstaunliche Bestimmung für Ihr Leben. Sie dürfen Teil eines sensationellen Unternehmens sein, nämlich Teil der Gemeinde Jesu Christi im Königreich Gottes! In Anbetracht dieser Tatsache möchte ich Ihre Augen auf eine Vision lenken, die weit über Ihr eigenes Leben hinausgeht, und für die Sie trotzdem von großer Bedeutung sind.

Als Sie Jesus Christus als Ihren Herrn und Retter in Ihr Leben aufgenommen haben, wurden Sie Teil einer großen und prominenten Familie. Sie wurden Teil eines erstaunlichen Königreichs. Sie wurden Teil von dem, was Gott seine Gemeinde nennt. Das Wort „Gemeinde" stammt vom neutestamentlichen, griechischen Begriff „ekklesia", was soviel bedeutet wie „herausgerufene Versammlung". Gott hat Sie aus der Welt herausgerufen und Sie als Teil seiner Familie und seines Königreichs abgesondert. Welch ein Privileg und welch eine Ehre!
Diese „herausgerufene" Versammlung, die Gemeinde, wird in der Bibel auch als „Braut Jesu Christi" bezeichnet (Epheser 5,25-32; Offenbarung 19,7). Die Gemeinde als Braut Jesu soll in seiner Heiligkeit, Herrlichkeit, Liebe und Kraft wunderschön, herrlich, majestätisch und mächtig sein. Sie soll in dieser Welt ein klares Zeugnis ablegen. Gott will, dass seine Gemeinde den Namen und das Reich Jesu gegen Satans Reich der Zerstörung und der Dunkelheit repräsentiert und voranbringt.
Ein wichtiger Gesichtspunkt im Hinblick auf diese Wahrheit ist, dass die Gemeinde Jesu Christi nicht nur als eine Organisation oder Institution existiert. Sie ist ein lebendiger Organismus, zusammengesetzt aus Menschen die Jesus Christus als ihren Herrn und Retter angenommen haben. Wenn Sie ein gläubiger Nachfolger Jesu sind, dann gehören auch Sie dazu!

Es gibt einen Grund, warum Sie hier sind

Jeder von uns will irgendwo dazugehören und mit denen zusammen sein, zu denen er gehört. Mir selbst geht es auf jeden Fall nicht so gut, wenn ich von denen getrennt bin, die ich liebe - vor allem von meiner Frau Cindy. Ich weiß nicht, wie manche Menschen, beispielsweise Soldaten beim Militär, es überleben, monatelang, für ein Jahr oder sogar noch länger am Stück von ihren Partnern und Kindern getrennt zu sein! Jesus geht es in dieser Beziehung nicht anders als Ihnen und mir. Tatsächlich ist es sogar so, dass derselbe leidenschaftliche Wunsch, sich wiederzusehen nichts ist im Vergleich zu dem brennenden Wunsch Jesu, eines Tages mit seinem Volk vereint zu sein. Jesus wünscht sich, wie jeder andere Bräutigam auch, dass seine Braut bei ihm ist. Das hat er auch seinem Vater im Gebet gesagt (Johannes 17). Sein Wunsch in diesem Gebet war, dass diejenigen, die zu ihm gehören, dort sind, wo auch er ist, damit jeder seine Herrlichkeit sieht und mit ihm Anteil daran hat (Johannes 17,24).

Während ich dieses Buch schreibe, leben Cindy und ich in England; unsere beiden erwachsenen Töchter in den USA. Wir vermissen sie ungemein und sie uns auch. Wenn es nach uns ginge, wären wir zusammen; für uns gäbe es nichts Schöneres, als dass sie bei uns leben könnten. Dass wir zurzeit voneinander getrennt sind, dient allerdings einem bestimmten Zweck. Egal ob im Himmel oder auf Erden - ein Wiedersehen mit einem geliebten Menschen ist immer eine spannende Angelegenheit - und natürlich ein freudiges Ereignis!

Jesus kann die Spannung gut nachvollziehen, in der wir stehen, wenn wir von geliebten Menschen getrennt leben müssen und uns nach einem Wiedersehen mit ihnen sehnen. Auch er möchte, dass seine geliebten Kinder dort sind, wo er ist. Sein Wunsch ist, dass jeder von uns, seine ganze Familie, bei ihm ist, genauso wie wir uns wünschen, dass wir als Familie zusammen sind. Der einzige Grund, warum wir jetzt noch nicht bei Jesus sind - sondern noch auf dieser Erde leben -, ist, dass wir noch eine Berufung haben und er noch einen Auftrag und eine Aufgabe für uns hier auf der Erde hat. Wir haben einen königlichen Auftrag, den wir für den König der Könige und den Herrn aller Herren, Jesus Christus, ausführen müssen!

Wozu sind wir denn berufen? Wir sind noch hier auf der Erde, damit wir mitten in der Zerbrochenheit, Dunkelheit und Verletzung dieser Welt Gottes Königreich bekannt machen, verkündigen und weiter voranbringen. Wir sollen die ganze Fülle von Jesu Charakter, seiner Person, Liebe und Kraft und alles, was sein Reich verkörpert, immer mehr reflektieren und repräsentieren. Als Braut Jesu Christi sollen wir sein Licht, seine Herrlichkeit und seine Majestät demonstrieren! Mit unserem Leben sollen wir dieser Welt verkünden, dass das Reich Gottes „nahe" ist - es ist hier. Jesus lebt in und durch uns und hat uns beauftragt, die Aufgabe und den Dienst fortzuführen, die er begonnen hat, als er in diese Welt kam.

Das Markenzeichen von Gottes Königreich

Erinnern Sie sich noch an die alten Fernsehsendungen und Filme von Zorro? Zorro war ein Rächer der Armen. Mit schwarzer Maske und Umhang bekleidet tat er Gutes und vernichtete das Böse. Oft vollbrachte er erstaunliche Kunststücke, um die Menschen zu retten und zu befreien und gegen die Ungerechtigkeit und Unterdrückung zu siegen. Aber wenn der Staub sich gelegt hatte, war Zorro nirgends mehr aufzufinden. Doch an seinem berühmten, geritzten „Z", das er stets mit seinem Degen hinterließ, erkannte jeder, dass Zorro da gewesen war. Das dreifache Schwirren seines Degens und sein Markenzeichen, das „Z", waren für die Menschen der Beweis seines Werkes.

Jesus war ein noch viel größerer Befreier. Er kam in diese Welt mit dem Auftrag Gottes, sein Königreich zu repräsentieren und voranzubringen. Er kam auf die Erde, um das Werk seines Vaters zu vollenden (Johannes 4,34; 9,4; 17,4). Gleichzeitig war sein Auftrag, die Werke Satans zu zerstören (1. Johannes 3,8; Hebräer 2,14). Im Endeffekt bedeutet das, dass Jesus beauftragt war, die Welt wiederherzustellen und zu erneuern. Eine Welt zu retten, die durch die Macht Satans unterdrückt wird und sie von der Macht des Feindes zu befreien.

Jesus kam, um zu suchen und zu retten, was verloren ist (Lukas 19,10). Weil Sie dieses Buch gelesen haben, wissen Sie, dass das Wort, das in diesem Vers mit „retten" übersetzt wird, „wiederherstellen", „heilen", „befreien" und natürlich auch „erretten" bedeutet. Jesus kam, um das wiederherzustellen, was Satans Reich in allen Dimensionen des Lebens zerstört hatte!

Die Aufgabe Jesu hier auf Erden war ein königlicher Auftrag. Jedes Mal, wenn Jesus eins seiner erstaunlichen Wunder vollbrachte, rettete er dadurch einen Menschen von den Auswirkungen der Herrschaft Satans und von seinem Reich der Dunkelheit. Dieser königliche Auftrag, den Jesus erfüllte, war von einer Ankündigung begleitet: „Das Königreich Gottes ist nahe" (Matthäus 10,7). Das Werk, das er tat, war der Einmarsch des Königreichs Gottes in das Königreich Satans. Damit erklärte er, dass Gottes Reich siegen würde!

Das „königliche Z" Jesu

Wie Zorro hat auch Jesus sein Markenzeichen hinterlassen. Jedes Mal, wenn er Gottes Macht ausübte und Gottes Reich unter Beweis stellte, indem er Menschen heilte, sie von dämonischen Mächten befreite oder sie durch die Botschaft des Evangeliums von Gottes Reich verwandelte, hinterließ er sozusagen ein „königliches Z":

Markus 1,14-15
Nachdem man Johannes ins Gefängnis geworfen hatte, ging Jesus wieder nach Galiläa; er verkündete das Evangelium Gottes und sprach: Die Zeit ist erfüllt, das Reich Gottes ist nahe. Kehrt um, und glaubt an das Evangelium!

Matthäus 12,28
Wenn ich aber die Dämonen durch den Geist Gottes austreibe, dann ist das Reich Gottes schon zu euch gekommen.

Matthäus 10,7-8
Geht und verkündet: Das Himmelreich ist nahe. Heilt Kranke, weckt Tote auf, macht Aussätzige rein, treibt Dämonen aus! Umsonst habt ihr empfangen, umsonst sollt ihr geben.

Lukas 10,1+9
Danach suchte der Herr zweiundsiebzig andere aus und sandte sie zu zweit voraus in alle Städte und Ortschaften, in die er selbst gehen wollte. ... Heilt die Kranken, die dort sind, und sagt den Leuten: Das Reich Gottes ist euch nahe.

Jedes Mal, wenn der Vater im Himmel durch Jesus Christus ein Werk Satans zerstörte, hinterließ er dadurch ein Zeichen der Gegenwart von Gottes Reich. Immer, wenn ein Mensch geheilt wurde, wenn jemand von Satans Quälereien und von seiner Herrschaft befreit wurde, wenn jemand die Botschaft von Gottes Reich annahm, Buße tat und glaubte und wenn ein Leprakranker geheilt wurde, waren es Jesus oder seine Jünger, die ein „königliches Z" zurückließen. Dasselbe galt auch, wenn ein blinder Mensch wieder sehend und ein Gelähmter geheilt wurde, wenn ein Tauber wieder hören konnte oder wenn jemand wie Maria aus der Prostitution befreit wurde, ihre Würde zurückerhielt und Jesus nachfolgte.

Auf dieselbe Weise bildete Jesus seine Jünger aus. Er erklärte ihnen, dass sie gehen und tun sollten, was er getan hatte (Johannes 20,21). Er sagte, dass jeder, der an ihn glaubt, dieselben Werke vollbringen würde wie er und sogar noch größere (Johannes 14,12). Als er sie verließ, beauftragte er seine Freunde, auch anderen das beizubringen, was er sie gelehrt hatte (Matthäus 28,18-19). Er schulte seine Jünger und forderte sie heraus, dass sie mit jedem Wort der Erlösung, das sie aussprachen und mit jeder Tat, die sie im Namen Gottes und seines Reiches vollbrachten, in dieser Welt ein königliches Zeichen hinterlassen sollten.

Das „königliche Z" Jesu gilt uns. Wenn wir durch die Kraft Gottes von Bindungen und Festungen der Angst, von Unversöhnlichkeit, Kummer, Ungerechtigkeiten, Demütigungen, Selbsthass, Süchten und Abhängigkeiten, Gewalt, Unmoral, Rebellion, Zauberei, dämonischem Einfluss und Krankheiten befreit werden, sind wir frei, unsere Rolle als Teil der lebendigen, geliebten Braut Christi zu erfüllen. Wir sind frei, im Reich Gottes ein Leben in der erlösenden Kraft zu führen. Über uns steht nicht nur ein „königliches Z", sondern wir sind auch selbst befugt, bevollmächtigt und ausgerüstet, in unserem Leben ein paar „königliche Z" zu hinterlassen!

Ihr königlicher Auftrag und Ihre Bestimmung

Die Gemeinde, die Braut Christi, ist hier auf der Erde, um den Dienst fortzusetzen, den Jesus begonnen hat. Das ist der Grund, warum wir nicht direkt nach unserer Errettung in den Himmel befördert werden. Wir wurden zurückgelassen, damit wir die Person, Macht und den Auftrag Jesu Christi solange vertreten, bis er wiederkommt, um die Geschichte zu ihrem Höhepunkt zu bringen.

Das wissen wir, weil Jesus seinen Freunden denselben Auftrag gab, den Gott, der Vater, ihm gegeben hatte. Er sagte: „Wie mich der Vater gesandt hat, so sende ich euch" (Johannes 17,18). Er fuhr fort und erklärte, dass sein Gebet nicht nur denen galt, die in diesem Moment bei ihm waren, sondern allen, die aufgrund des Zeugnisses seiner Apostel an ihn glauben würden (Johannes 17,20). Damit sind Sie und ich gemeint.

Die Kraft der Freiheit, in der Sie jetzt leben, ist nicht ausschließlich zu Ihrem eigenen Nutzen gedacht. Wenn Sie ein „Leben in Freiheit" führen, sollen Sie sich von Gott gebrauchen lassen, damit auch andere frei werden! Es gibt keinen anderen Grund, warum wir hier auf der Erde sind, als der, den von Jesu begonnenen Auftrag fortzusetzen. Wir sollen das Königreich Gottes auf dieser Erde vertreten und voranbringen. Das Licht und das Leben Jesu, sowie die Werte und die Kraft Gottes und seines Reiches sollen in und durch uns hindurch scheinen. Wir sollen Gott verherrlichen. Unser Leben soll seine Herrlichkeit reflektieren und auf sie hinweisen; es soll zu seinem Nutzen sein, nicht nur zu unserem eigenen.

Wenn wir das wiedergewinnen wollen, was im Garten Eden an die Sünde und an Satan verloren gegangen ist, ist es unverzichtbar, dass wir dieses Gespür für Gottes Absicht in unserem Leben zurückgewinnen. Nach Gottes Plan sollen wir mit einer inneren Zufriedenheit und Erfüllung leben. Das wird dann möglich, wenn wir für etwas leben, das über uns selbst und über unser eigenes Leben hinausgeht. Sowohl die biblische als auch die moderne Weisheit bestätigen diese Wahrheit.

Der bekannte christliche Autor und Redner Anthony Campolo äußerte sich dazu folgendermaßen:

„Das Leben ist leer und verwirrend, wenn wir nicht mit Verpflichtungen leben, die über uns selbst hinausgehen, und wenn wir nicht gebeten werden, uns selbst mit vollem Einsatz für sinnvolle Aufgaben zu engagieren." Campolo fuhr fort und zitierte Fjodor Dostojewski: „Das ganze Gesetz des menschlichen Daseins besteht nur darin, dass der Mensch sich immer vor etwas unermesslich Hohem beugen kann. Wenn man die Menschen des unermesslich Hohen beraubt, so werden sie nicht am Leben bleiben, sondern in Verzweiflung sterben. Das Unermessliche und Unendliche ist dem Menschen ebenso notwendig wie der kleine Planet, auf dem er wohnt."

Jesus hat dasselbe gesagt: „Wer mein Jünger sein will, der verleugne sich selbst, nehme täglich sein Kreuz auf sich und folge mir nach. Denn wer sein Leben retten will, wird es verlieren; wer aber sein Leben um meinetwillen verliert, der wird es retten. Was nützt es einem Menschen, wenn er die ganze Welt gewinnt, dabei aber sich selbst verliert und Schaden nimmt?" (Lukas 9,23-25). Alle diese Zitate sind unterschiedliche Ausdrucksformen der einfachen Wahrheit, dass Gott jeden Einzelnen von uns mit einem einzigartigen Design, einer Berufung und einer bestimmten Absicht in seinen ewigen Plan berufen hat. Er legt die Ewigkeit in unser Herz. Dann wirbt er um uns und zieht jeden von uns zu sich, fordert uns auf, ihn in unser Leben zu lassen, ihn kennenzulernen und sich ihm anzuschließen. Und ihm wird immer etwas fehlen, wenn wir das nicht tun.

Das Ziel eines Lebens in Freiheit: Sein wahres Ich erkennen

Der Auftrag an Sie und die Gemeinde ist groß. Aber Gott hat Ihnen und allen seinen Kindern in seiner unendlichen Weisheit alles Nötige gegeben, was Sie für dieses Leben und für die Erfüllung seines göttlichen Plans brauchen (2. Petrus 1,3). Das, was Sie als gläubiger Nachfolger Jesu Christi sind und was Sie besitzen, übersteigt unser natürliches, menschliches Verständnis. Bei einem „Leben in Freiheit" geht es darum, das wahre Ich zu erkennen und das zu beseitigen, was uns daran hindert und davon abhält, Gottes Plan für unser Leben VOLLSTÄNDIG auszuleben.

In Gottes Wort steht klar und deutlich, dass jeder Gläubige von der ganzen Fülle Jesu Christi erfüllt ist (Kolosser 2,9). Denken Sie darüber nach, was diese Aussage bedeutet. Lassen Sie sich die Bedeutung dieser wichtigen Wahrheit nicht durch eine flüchtige Betrachtung dieses Verses entgehen. Benutzen Sie Ihren geistlichen Verstand und Ihre geistliche Vorstellungskraft, um zu verstehen, was es bedeutet, dass Sie die ganze Fülle Jesu Christi haben: seine Gerechtigkeit, Heiligkeit, Freude, Friede, Kraft, Liebe und noch viel mehr gehören Ihnen - sie müssen nur in Ihnen freigesetzt werden.
Das ist der Grund, warum der Apostel Paulus verkündete, dass wir mehr sind als Überwinder (Römer 8,37). Sie sind nicht nur mit knappem Erfolg ein Überwinder im Leben; wer in Jesus Christus ist, überwindet reichlich durch ihn. Gott hat uns nicht ausgerüstet, damit wir einfach nur überleben, sondern damit wir in der Fülle der Freude und im Überfluss des Lebens leben können! Sie müssen der Sünde, den lähmenden Gefühlen oder den dämonischen Qualen und Unterdrückungen nicht unterlegen sein. Der in Ihnen ist, ist größer als der, der diese Welt beherrscht (1. Johannes 4,4). Sie sind derjenige, der triumphiert. Sie tragen die Kraft und Autorität Jesu in sich; deshalb können Satan und sein Reich sich nicht gegen Sie erheben und Sie besiegen, es sei denn, Sie gestatten es ihm!

Das Ziel eines Lebens in Freiheit: Die Gemeinde und ihr Auftrag

Können Sie sich vorstellen, dass Sie und jeder Gläubige durch die Kraft des Heiligen Geistes in der Fülle Jesu Christi leben? Wie kraftvoll wäre Ihr Leben (und das der Gemeinde), wenn Angst, Passivität, Bedeutungslosigkeit, Minderwertigkeitsgefühle, Selbsthass, Wut, Rebellion, Kummer, Bitterkeit, Groll, Unversöhnlichkeit, Scham, Selbstmitleid, Stolz und ähnliche Dinge systematisch entfernt würden? Wenn Sie sich von diesen Dingen lossagen und ihnen widerstehen würden?

Wie machtvoll wäre es, wenn jeder Christ - und die ganze Gemeinde, die Braut Christi - sich in Gottes Kraft bewegen würden, sodass regelmäßig Wunder und Heilungen geschehen und Menschen von dem Schmerz und der Qual befreit würden, die durch ein Leben unter der unterdrückenden Herrschaft Satans und seines Reiches entstehen? Können Sie sich eine Welt vorstellen, die nicht umhin kommt, auf die Gemeinde Gottes aufmerksam zu werden, weil diese den Charakter und die Person Jesu Christi so deutlich wiederspiegelt, und weil die „königlichen Z" sich durch das Leben der Christen in jedem Bereich und in allen Schichten des Lebens ausbreiten?

So sieht Gottes Design aus. Jesus hat seine Gemeinde so konzipiert, dass sie in der Offensive handelt, das heißt, dass sie die Initiative ergreift und Schritte nach vorne geht. Ich glaube, dass es viel zu viele gläubige Nachfolger Jesu Christi gibt, die auf der defensiven Seite stehen -, die passiv sind oder Schritte zurückgehen und sich mehr mit dem Versuch beschäftigen, die Angriffe Satans zu überleben, als sie zu überwinden und siegreich abzuwehren. Wir brauchen uns nicht einschüchtern zu lassen - Satan ist derjenige, der benachteiligt ist! Wir sind auf der Seite des Triumphes und der Autorität, nicht der Niederlage und der Ohnmacht. Gottes Design für Sie ist, dass Sie in seiner Kraft und Autorität, in der Fülle Jesu Christi und erfüllt mit seinem Heiligen Geist leben und Jesu Leben und Werk fortsetzen.

ENTDECKE GOTTES DESIGN FÜR DEIN LEBEN!

Noch ein Wort zum Schluss

In diesem Buch geht es darum, aus der Gefangenschaft der Sünde hinauszutreten und hinein in die Freiheit, damit wir die Person werden, zu der Gott uns geschaffen hat. Aber es geht eigentlich noch viel mehr darum, dass wir den Weg zu einem sinnvollen Leben finden, in dem wir durch die Kraft Gottes seinen Auftrag noch effektiver ausführen können. Wenn wir davor zurückschrecken, Gottes erlösenden Auftrag für unser Leben und für das der Gemeinde auszuführen, führt das zu einem Kurzschluss im Prozess der Heiligung, in dem wir nach Gottes Plan leben sollen. Ich möchte Folgendes betonen: Obwohl ein „Leben in Freiheit" bei Ihnen selbst beginnt, geht es nicht nur um Sie, und es endet auch nicht bei Ihnen.
Wenn der Fokus auf uns selbst liegt, können wir uns - als Einzelne und als Gemeinde - hoffnungslos in krankhafter Selbstprüfung verfangen. Wir müssen das Gesamtbild im Blick behalten: Erneuerte Menschen, die sich in einer erneuerten Gemeinde zusammenschließen, können für Gottes Reich eine große Ernte einholen!

Seien Sie also mutig und entschlossen und erkennen Sie, dass Sie zu einem Königshaus gehören -, dass Sie ein Kind des Königs aller Könige und des Herrn aller Herren sind. In Ihrem irdischen Körper wirkt dieselbe Kraft, mit der Jesus Christus von den Toten auferstanden ist. Gottes Herrlichkeit wohnt in Ihnen. Sie tragen die Fülle Jesu Christi in sich. Sie sind ein bedeutungsvoller und strategischer Teil einer herrlichen Braut. In Jesus Christus sind Sie mehr als ein Überwinder. Sie sind frei, in Gottes Design und in Ihrer Bestimmung zu leben - von jetzt an und in alle Ewigkeit.

ANHANG 1

In der Freiheit bleiben: Die nächsten Schritte

Zur Freiheit hat uns Christus befreit. Bleibt daher fest und lasst euch nicht von Neuem das Joch der Knechtschaft auflegen!
Galater 5,1

Wir dürfen nicht vergessen, dass wahre Freiheit ein Lebensstil ist und ein Prozess, der sich durch unser ganzes Leben zieht. Jesus hat gesagt, dass die Wahrheit uns befreien wird, wenn wir sie erkennen (Johannes 8,32). Das griechische Wort, das hier mit „erkennen" übersetzt wird, bedeutet, eine Erkenntnis der Wahrheit, die auf Erfahrung beruht. Wenn Sie die Wahrheit also einfach nur in Ihrem Kopf kennen, sind Sie dadurch noch nicht befreit; sie muss jeden Bereich unseres Lebens durchdringen. Freiheit entsteht durch den Gehorsam gegenüber Gott und seiner Wahrheit in der Kraft seines Heiligen Geistes.
Wie könnte das aussehen? Hier folgt ein kurzer Überblick über einige Grundsätze, die Ihnen helfen sollen nicht nur in Freiheit zu leben, sondern auch in dieser Freiheit zu bleiben. Wenn Sie sie anwenden, werden die Freiheit und die Kraft Gottes in Ihrem Leben immer mehr zunehmen und bestehen bleiben.

Eine Beziehung zu Gott, in der er die erste Liebe ist

In Christus zu leben ist nicht eine intellektuelle Beschäftigung oder das Bemühen, sozial engagiert zu sein. Es bedeutet auch nicht, einer Organisation beizutreten, sondern es geht um eine Beziehung zum lebendigen Gott. Ich kann Sie nicht genug dazu ermutigen, dass Sie immer mehr das vertraute Verhältnis zu Gott suchen. Pflegen Sie Ihre „erste Liebe" zu ihm (Offenbarung 2,3-4).
Wie in jeder anderen Beziehung auch, kostet das Zeit, Mühe und emotionale Energie. Die „erste Liebe" zu Gott bedeutet, eine Liebesbeziehung zu ihm zu führen, die Priorität vor allen anderen Beziehungen hat. Er möchte in allen Bereichen Ihres Lebens an erster Stelle stehen – nicht aus Pflicht, sondern vielmehr aus Zuneigung und Liebe. Das wichtigste Gebot ist, dass wir den Herrn mit ganzem Herzen, mit ganzer Seele und mit all unseren Gedanken und all unserer Kraft lieben sollen (Markus 12,30).
Lassen Sie sich ermutigen, regelmäßig im Gebet mit Gott im Gespräch zu bleiben und seine Hand überall und in allem zu erkennen – jeden Tag und jeden Augenblick. Erkennen Sie, dass

er in Ihrem Leben und in Ihrem alltäglichen Umfeld gegenwärtig ist. Kommunizieren Sie mit ihm. Sprechen Sie mit ihm über Ihren Tag, Ihre Verpflichtungen und über die Menschen in Ihrem Leben. Wenn Sie das tun, wird Gott in Ihrem Leben immer mehr im Mittelpunkt stehen, was sich an Ihrer Liebe und Zuneigung, Ihrem Gewissen und Gehorsam gegenüber Gott bemerkbar machen wird. Lernen Sie, unablässig in seiner Gegenwart zu leben.

Preis, Dank und Anbetung

Preisen Sie Gott den ganzen Tag und Ihr ganzes Leben hindurch. Gott preisen bedeutet, mit freudigen Worten zum Ausdruck zu bringen, dass Sie ihn als Person wahrnehmen - seinen Charakter, seine Werke, seine Wahrheit, seine Liebe zu uns. Es macht Spaß, in der Bibel zu lesen, dass Gott Menschen auf wundersame Weise geheilt hat und sie dann in Loblieder ausgebrochen sind. Stellen Sie sich den Mann vor, der durch Petrus geheilt wurde und anschließend im Tempel auf und absprang, rannte und dabei Gott pries (Apostelgeschichte 3,1-9).

Preisen steht eng im Zusammenhang mit Dank. Halten Sie Ausschau nach den Dingen, für die Sie dankbar sein können; werden Sie ein Mensch, der für seine Dankbarkeit bekannt ist. Wenn Sie Bedürfnisse und Sorgen haben, geben Sie sie mit Dank (ohne zu klagen) bei Gott ab. Wenn Sie das tun, wird sein Friede Ihr Herz und Ihre Gedanken vor Furcht bewahren (Philipper 4,6-7).

Dankbarkeit ist eine starke Waffe und ein kraftvoller Lebensstil. Werden Sie sensibel für jede mürrische und jammernde Haltung in Ihrem Herzen, Ihren Gedanken und Ihren Worten. Wenn Sie diese in Ihrem Leben feststellen, bekennen Sie sie als Sünde (als Hilfe können Sie das Gebet in vier Schritten anwenden). Ersetzen Sie dann Ihre Klage mit Dankbarkeit.

Wie schlimm ist die Sünde des Jammerns und Klagens? Vergessen Sie nicht, Gott hat das Volk Israel für sein Murren scharf verurteilt. Als der Apostel Paulus die Gemeinde in Korinth vor den Dingen warnte, die Gottes strenges Gericht nach sich ziehen würden, nannte er neben dem Götzendienst und der Unzucht auch das Murren und Klagen (1. Korinther 10,6-11). Ja, Murren und Klagen werden zusammen mit einigen ziemlich abscheulichen Sünden aufgezählt - denn genauso betrachtet sie Gott!

Gott möchte, dass seine Kinder Anbeter sind (Johannes 4,23-24). Wahre Anbetung ist gekennzeichnet von einer Haltung und von Taten, die Ehrfurcht und Achtung zeigen. Man drückt seine Hochachtung und sein Erstaunen aus vor dem Wesen Gottes, vor dem, was er ist, was er tut und was er getan hat. Das Wort „Anbetung" meint eigentlich „niederwerfen" oder „auf die Knie gehen", aber wir können Gott auf verschiedene Art und Weise anbeten: durch unsere Taten, Lieder, Worte und Körperhaltung, durch die wir ihm in Anerkennung seiner Majestät und Herrlichkeit unser Lob bringen. Es bedeutet, überwältigt zu sein von der ungeheuren Größe, Majestät und Herrlichkeit Gottes - und dies mit unseren Worten und Taten vor ihm auszudrücken!

Anbetung ist nicht nur etwas, was Christen in der „Kirche" tun. Anbetung sollte über die Gemeindeversammlungen hinausgehen (so wichtig diese auch sind). Sie sollte ein täglicher, konstanter Lebensstil sein.

Gottes Wort

Der Psalmist sagte: „Tief präge ich mir dein Wort ein, damit ich nicht vor dir schuldig werde" (Psalm 119,11; HfA). Gottes Wort, die Bibel, ist ein wesentlicher Bestandteil eines Lebensstils, der von Freiheit gekennzeichnet ist.

Essen Sie jeden Tag etwas, um am Leben zu bleiben? Natürlich. Ähnlich ist auch das Wort Gottes die Nahrung, die Sie jeden Tag zu sich nehmen müssen, damit Sie geistlich am Leben bleiben. Lesen Sie täglich darin (oder hören Sie es sich auf CD an, falls Ihnen das eine Hilfe ist). Studieren Sie es regelmäßig. Meditieren Sie darüber (denken Sie darüber nach, wälzen Sie es in Gedanken hin und her und machen Sie es zu einem Teil Ihrer selbst). Nutzen Sie die Worte der Bibel, wenn Sie beten. Lassen Sie die Gebete der Bibel zu Ihren persönlichen Gebeten werden. In ihnen liegt eine große Kraft!

Durch die Worte der Bibel werden unsere Gedanken erneuert, Lügen werden durch die Wahrheit ersetzt und unser Denken wird von der Liebe und dem Charakter Gottes eingenommen. Wenden Sie die Grundsätze der Bibel in Ihren persönlichen Lebensumständen an und sehen Sie zu, was passiert - schließlich ist das Wort Gottes voller Leben und Kraft; es ist ein unbestechlicher Richter über die Gedanken und geheimsten Wünsche unseres Herzens (Hebräer 4,12). Wer hätte in seinem Leben nicht gerne diese Art von Waffenarsenal?

Gottes Wort ist außerdem Trost in Zeiten der Anfechtung, Ermutigung in Zeiten der Schwachheit oder Angst. Es ist ein Liebesbrief von jemandem, dem sehr viel an Ihnen liegt. Ich will Sie ermutigen, dass Sie nicht passiv sind und sich nicht davon abhalten lassen, die Bibel regelmäßig zu lesen. Wenn Sie wirklich in Freiheit leben wollen - und frei bleiben wollen -, dann gehen Sie den Schritt im Glauben, lesen Sie die Bibel, gehorchen Sie dem Wort Gottes und wenden Sie es in Ihrem Leben an.

Gebet

Gott ist immer bei Ihnen. Er ist allgegenwärtig. Sie haben rund um die Uhr seine Aufmerksamkeit! Lernen Sie, mit dieser Erkenntnis einen betenden Lebensstil zu führen. Bleiben Sie ständig mit ihm im Gespräch. Beten bedeutet ganz einfach ein Gespräch mit Gott anzufangen, so wie Sie es mit einem Freund tun würden. In der Bibel steht, dass Gott mit Mose „von Angesicht zu Angesicht redete, wie mit einem Freund" (Exodus 33,11). Jesus hat uns dasselbe Vorrecht zugesagt. Sie sind sein Freund (Johannes 15,15)!

Mit der Zeit werden Sie die verschiedenen Dimensionen des Betens besser kennenlernen wollen. Es gibt das einfache, dialogorientierte Beten, das Sie regelmäßig praktizieren und Gebete, in denen Sie Preis, Danksagung und Anbetung zum Ausdruck bringen. Dann gibt es noch das Fürbittegebet. Das Gebet, bei dem Sie für andere Fürsprache einlegen (Gott für sie um etwas bitten oder ihm einen bestimmten Fall vorlegen). Und natürlich können Sie Gott auch für Ihre persönlichen Angelegenheiten bitten; das nennt man dann ein „Bittgebet". Gott möchte, dass Sie ihm Ihre Sorgen und Bedürfnisse bringen, weil er Sie so sehr liebt und sich um Sie sorgt (1. Petrus 5,7). Geistliche Kriegsführung im Gebet ist eine mächtige Waffe; Sie üben dadurch die Autorität aus, die Sie in Christus haben und wenden die geistlichen Waffen an, die Gott Ihnen durch sein Wort gegeben hat (Epheser 6,10-18).

Wenn Sie mit demütigem Herzen beten und sich dabei an der Wahrheit orientieren, das heißt, wenn Sie mit Überzeugung und Glauben der Gerechtigkeit nachjagen, werden Sie im geistlichen Bereich gewaltige Veränderungen bemerken. Denken Sie daran, das Gebet hat sogar große Auswirkungen auf den natürlichen Bereich!

Jakobus 5,16

... Viel vermag das inständige Gebet eines Gerechten. ... Das Gebet eines gerechten Menschen hat große Macht und kann viel bewirken. (Neues Leben)

Demütiger Gehorsam gegenüber Gott und seiner Wahrheit

Durch Ungehorsam - Sünde - gewinnt der Teufel Raum und baut sich Festungen in unserem Leben auf. Außerdem raubt er Ihnen die Fähigkeit, Ihre von Gott gegebene Autorität in Christus auszuüben. Seien Sie deshalb streng darauf bedacht, dass Sie Satan nicht durch irgendeine Sünde Zutritt zu Ihrem Leben verschaffen.

Der Apostel Paulus ermahnte uns: „... wollen auch wir alle Last und die Fesseln der Sünde abwerfen. Lasst uns mit Ausdauer in dem Wettkampf laufen, der uns aufgetragen ist, und dabei auf Jesus blicken, den Urheber und Vollender des Glaubens" (Hebräer 12,1-2).

Die Welt möchte, dass wir glauben, durch Gehorsam und Unterordnung seien wir gebunden, obwohl es tatsächlich genau umgekehrt ist. Der eben genannte Bibelvers weist schon darauf hin, dass wir erst dann frei und unbelastet laufen können, wenn wir die Sünde und den Ungehorsam „abwerfen". Wenn Sie Gott gehorchen und sich ihm unterordnen, sind Sie frei, die Person zu sein, zu der er Sie geschaffen hat. Drängen Sie Ihre fleischlichen

Wünsche zurück. Wenn es Dinge gibt, die Sie in Versuchung bringen, sich gegen Gottes Wahrheit, seinen Charakter und gegen seine Wege zu stellen, wenden Sie sich davon ab. Richten Sie Ihre Augen auf Jesus; laufen Sie in dem Wettkampf, den er Ihnen aufgetragen hat. Er ist diesen Weg schon vor Ihnen gelaufen und selbst jetzt läuft er ihn mit Ihnen zusammen. Es gibt keine Versuchung, der Sie nicht widerstehen können; er wird Ihnen immer einen Ausweg schaffen, damit Sie ihm gehorchen und in Freiheit leben können, wenn Sie bereit sind, danach Ausschau zu halten (s. 1. Korinther 10,13). Er weiß um alles. Er fühlt mit Ihnen. Er wird Ihnen Stärke und Kraft geben, damit Sie tun können, was richtig ist – wenn Sie ihn darum bitten.

Hebräer 4,14-16
Da wir nun einen erhabenen Hohenpriester haben, der die Himmel durchschritten hat, Jesus, den Sohn Gottes, lasst uns an dem Bekenntnis festhalten. Wir haben ja nicht einen Hohenpriester, der nicht mitfühlen könnte mit unserer Schwäche, sondern einen, der in allem wie wir in Versuchung geführt worden ist, aber nicht gesündigt hat. Lasst uns also voll Zuversicht hingehen zum Thron der Gnade, damit wir Erbarmen und Gnade finden und so Hilfe erlangen zur rechten Zeit.

Schließen Sie sich einer örtlichen Gemeinde an und engagieren Sie sich dort

Was macht eine gute Kirchengemeinde aus? Ich würde sagen, eine gute Gemeinde ist gekennzeichnet von einer starken Bindung an das Wort Gottes, und sie sollte an seine übernatürliche Kraft im Leben und im Dienst glauben (und diese auch anwenden). Die Gemeinde sollte die Kraft und Gegenwart des Heiligen Geistes im Leben und im Dienst als Notwendigkeit anerkennen und sollte in der Lage sein, Menschen zu einem mit Gottes Geist erfüllten Leben anzuleiten. Jesus hatte den Pharisäern erklärt, dass sie sich irrten, weil sie Gottes Wort und seine Kraft nicht kannten und nicht darin lebten:

Matthäus 22,29
Jesus antwortete ihnen: Ihr irrt euch; ihr kennt weder die Schrift noch die Macht Gottes.

Halten Sie Ausschau nach einer Gemeinde, in der die Leitung eine von Liebe motivierte und auf Gnade gegründete Gerechtigkeit lehrt, die die Person Jesus Christus verherrlicht und dies in ihrer Leitung und durch ihr Vorbild zum Ausdruck bringt. Die Liebe Gottes sollte sichtbar und spürbar sein. An erster Stelle muss die Verherrlichung der Person Gottes stehen. Es sollte eine dienstorientierte Gemeinde sein mit einer Betonung auf Lobpreis und Anbetung. Die Leiter sollten die Gemeinde in der Demut und Liebe Christi leiten, und die Glieder der Gemeinde sollten der Leitung im Gehorsam folgen und diese achten (gleichzeitig müssen Sie alles anhand der Bibel prüfen und unterscheiden, so wie die Juden in Beröa das laut Apostelgeschichte 17,11 getan hatten). Keine Gemeinde ist perfekt. Doch diese Merkmale sollten einigermaßen sichtbar sein, wenn Gottes Geist dort wirklich gegenwärtig ist.

Ordnen Sie sich den geistlichen Leitern der Gemeinde unter -, denn das wird ein starker Schutzschirm für Sie sein. Der Schreiber des Hebräerbriefes hat sich deutlich dazu geäußert:

Hebräer 13,17
Gehorcht euren Vorstehern und ordnet euch ihnen unter, denn sie wachen über euch und müssen Rechenschaft darüber ablegen; sie sollen das mit Freude tun können, nicht mit Seufzen, denn das wäre zu eurem Schaden.

Zögern Sie nicht, sich für die Gemeinschaft der Gläubigen in einer Gemeinde einzusetzen. Nutzen Sie jede Gelegenheit zum Dienst. Bauen Sie sinnvolle Beziehungen zu Christen auf, die den Herrn lieben, ihm gehorchen und die Gemeindeleitung achten und ehren. Wenn Sie sich anderen Gläubigen im Leib Christi (das ist die Gemeinde) unterordnen und sie lieben, werden Sie immer mehr in Jesu Bild umgestaltet, und die Welt wird erkennen, dass Sie zu ihm gehören.

Johannes 13,35
Daran werden alle erkennen, dass ihr meine Jünger seid: wenn ihr einander liebt.
Leben Sie in Gottes Kraft und Autorität

In diesem Buch haben wir bereits über die Notwendigkeit gesprochen, in der Kraft des Heiligen Geistes zu leben. Gott hat uns zu einem siegreichen Leben berufen. Dazu brauchen wir Gottes übernatürliche Kraft -, die wir nur durch den Heiligen Geist bekommen können. Wenn Sie darum bitten, fortwährend mit der Kraft und Gegenwart des Heiligen Geistes erfüllt zu werden (Epheser 5,18-21), wird die Frucht des Geistes immer mehr in Ihrem Leben sichtbar werden: Liebe, Freude, Friede, Geduld, Freundlichkeit, Güte, Treue, Sanftmut und Selbstbeherrschung (s. Galater 5,22-23). Sie werden Gaben entdecken - „geistliche Gaben" -, von denen Sie überhaupt nicht wussten, dass Sie sie haben. Dabei handelt es sich um übernatürliche Fähigkeiten, die Sie in bestimmten Situationen anwenden können, damit Gottes Reich vorankommt, Sie anderen Menschen dienen und sich um sie kümmern können und Sie Ihr Leben und Ihren Dienst so leben können, wie Gott es sich für Sie vorgestellt hat (siehe Römer 12,4-8; 1. Korinther 12,1-11). Vielleicht entdecken Sie bei sich die besondere Gabe, andere zu lehren und zu unterweisen, sodass ihr Leben durch Gottes

Wort verändert wird (die Gabe des Lehrens). Oder Sie haben eine gesteigerte Fähigkeit, die Wahrheit vom Irrtum, das Böse vom Guten und Betrug von der Wahrheit zu unterscheiden (die Gabe der Unterscheidung). Vielleicht können Sie auch besonders gut erkennen, wie die Prinzipien des Wortes Gottes in den besonderen Umständen und Bedürfnissen einzelner Menschen angewendet werden können (die Gabe der Weisheit). All diese Gaben sind, neben anderen, ein Beweis dafür, dass Gottes Geist in Ihnen lebendig ist.

Nehmen Sie Gottes Kraft mit der Autorität, die Sie in Jesus Christus haben, für sich in Anspruch. Durch dieses Buch haben Sie bereits grundlegendes Wissen erlangt, wie Sie die Vollmacht, die Sie durch Jesus Christus haben, ausüben können. In seiner Kraft und Vollmacht können Sie den Kampf gegen böse Mächte aufnehmen, Festungen in Ihrem Leben zerstören und alle Versuche des Feindes abwehren, in Ihrem Leben und durch die Umstände, in denen Sie sich befinden, Raum („topos") zu gewinnen.

Lassen Sie sich nicht einschüchtern! Denken Sie daran, dass der, der in Ihnen ist, größer ist als der, der in der Welt ist (1. Johannes 4,4). Vergessen Sie nicht, dass Jesus Ihnen die Vollmacht über alle Macht des Feindes gegeben hat (Lukas 10,19). Die Wahrheit Gottes lässt Satan und seine Dämonen vergehen. Fangen Sie an, Ihre geistlichen Waffen zu gebrauchen (2. Korinther 10,3-5; Epheser 6,10-18). Erkennen Sie die vollen Auswirkungen Ihrer Errettung und leben Sie darin: durch Christus können Sie alles überwinden (Römer 8,37)!

Seien Sie auf der Hut vor Satans Plänen

Satan und sein Reich wollen nicht, dass Sie Ihre Freiheit genießen. Sie wollen Ihnen auch nicht die Herrschaft über den Bereich überlassen, den Sie sich in Ihrer Freiheit zurückgeholt haben. Seien Sie vorsichtig, denn die alten Feinde werden versuchen, wieder zurückzukommen –, aber lassen Sie sich von ihnen nicht einschüchtern. Geistliche Freiheit bedeutet nicht, dass wir nie wieder mit früheren Versuchungen, alten Denkmustern oder Familienproblemen zu tun haben werden. Geistliche Freiheit bedeutet vielmehr, dass diese Dinge nicht mehr die Macht haben, über Sie zu herrschen. Sie wissen inzwischen, wie Satan Zutritt zu Ihrem Leben gewinnen kann. Satan wird versuchen, Ihnen wieder ein Bein zu stellen. Wenn Sie ihm widerstehen und ihn mit aller Macht vertreiben wollen, müssen Sie dieselben Werkzeuge verwenden, die Sie auch benutzen, um Festungen niederzureißen.

Seien Sie sich auch darüber im Klaren, dass Gott Sie im Zusammenhang mit ein und derselben Festung oftmals noch tiefer in die Freiheit hineinführen wird. Vielleicht befreit er Sie immer mehr von Ärger oder Selbsthass, Furcht oder von irgendeiner anderen Festung, die Sie in Ihrem Leben hatten. Manchmal verwenden wir die Analogie zur „Zwiebel". Eine Zwiebel besteht aus mehreren Schichten, aber jede Schicht stellt trotzdem im Wesentlichen eine Zwiebel dar. LASSEN SIE SICH AUF IHREM WEG ZUR TIEFEREN FREIHEIT VON SATAN

NICHT EINREDEN, DASS SIE ÜBERHAUPT KEINE FORTSCHRITTE MACHEN UND DASS SIE SICH IMMER NOCH AM ANFANG BEFINDEN!

In der Freiheit wachsen ist so ähnlich wie Mathematik lernen. Sie lernen Mathematik in der Grundschule, Mathematik in der Mittelstufe, Mathematik in der Oberstufe, Mathematik an der Universität und Mathematik an Graduiertenfakultäten. Trotzdem ist alles „Mathematik". Der Student weiß, dass er nicht Grundschulmathematik lernt, aber er weiß auch, dass er einige dieser Grundschulkenntnisse immer noch anwendet, um sein Mathematikwissen zu vertiefen. Genauso ist es, wenn unsere persönliche Freiheit größer wird und wir immer mehr erneuert werden.

Gottes ursprüngliches Design WIRD an Ihnen sichtbar werden. Hören Sie nicht auf die Lügen des Feindes! Sie machen Fortschritte und holen sich immer mehr Bereiche von Satan zurück. Sie müssen einfach nur wissen, dass er nicht widerstandslos aufgeben wird.

Außerdem dürfen Sie nicht zulassen, dass Satan Sie dazu bringt, in Gedanken bei Ihren vergangenen Sünden und Ihrem Versagen zu verweilen. Widerstehen Sie voller Entschlossenheit aller Furcht, Zweifeln, Unglauben, Armut, Schwachheit, Sorgen und Ängsten, Bindungen, Scham und Verurteilung. Gott sagt: „Wären eure Sünden auch rot wie Scharlach, sie sollen weiß werden wie Schnee" (Jesaja 1,18). Er versichert uns, dass er uns vergibt und uns von aller Ungerechtigkeit reinigt, wenn wir unsere Sünden bekennen (1. Johannes 1,9).

Sie stehen rein und gerechtfertigt vor Gott. Sie sind in Jesus Christus gerecht. Sie sind ein Kind des Königs; Gott wacht eifersüchtig über Sie und singt Freudenlieder über Sie! Er freut sich über jedes Detail Ihres Lebens. Es gibt keine Verurteilung für die, die in Christus Jesus sind!

Zefanja 3,17

Der Herr, dein Gott, ist in deiner Mitte, ein Held, der Rettung bringt. Er freut sich und jubelt über dich, er erneuert seine Liebe zu dir, er jubelt über dich und frohlockt, wie man frohlockt an einem Festtag.

Römer 8,1

Jetzt gibt es keine Verurteilung mehr für die, welche in Christus Jesus sind.

ANHANG 2
Festungen erkennen und definieren

Wahrheitsdefizit

„Passive Seite"
- Unsicherheit
- Selbstmord
- Minderwertigkeit
- Apathie
- Depression
- Scham/Verurteilung
- Opferrolle/Selbstmitleid
- Hoffnungslosigkeit
- Selbsthass/Selbstablehnung

„Aggressive Seite"
- Zorn/Wut
- Verrat/Mord
- Eifersucht
- Kontrolle/Sturheit
- Konkurrenz
- Stolz/Dünkel
- Überheblichkeit/Selbstüberschätzung
- Bitterkeit/Groll
- Kritik
- Feindseligkeit/Hass

Passivität Furcht | **Ablehnung Verlassenheit Liebesdefizit** | **Rebellion Furcht**

Festungen mit passiven Reaktionen (Defätismus oder Schwarzseherei)

Apathie
- Einfach eine lustlose Haltung, resigniert sein, keinen Anfang finden
- Kann sowohl durch Ablehnung als auch aus Rebellion heraus entstehen, versetzt Christen aber gleichwohl an die Stelle, wo Satan sie haben will – ohne Leidenschaft, Ziel oder Initiative
- Jesus sagte, dass das Himmelreich nur mit Macht und Gewalt erstrebt wird (Matthäus 11,12; s. Hebräer 12,12-14); Apathie ist genau das Gegenteil dieser Eigenschaft, die Jesus hier von uns erwartet

Depressionen
- Möglicherweise geballte Emotion aufgrund von Liebesdefizit
- Eventuell im Zusammenhang mit direkten und konkreten traumatischen Verlusten oder Situationen
- Kann auch eine Folge von Sünde und Schuld sein (in diesem Fall muss man den Ursprung herausfinden und angehen, nicht nur das Symptom)

Hoffnungslosigkeit
- Das Leben wird ohne Erfolgsaussichten, ohne Möglichkeiten zur Bewältigung von Schwierigkeiten und/oder ohne eine Chance auf Lösungen von Problemen wahrgenommen
- Leben in Verzweiflung, Entmutigung, Unglaube und Passivität
- Kann geprägt sein von Gefühlen der Überforderung oder der Niederlage

Minderwertigkeit
- Glauben, dass man weniger wert ist und und weniger bedeutet als andere
- Glauben und das Gefühl haben, dass man minderwertig und zweitklassig ist, unter dem Durchschnitt liegt und mit anderen nicht mithalten kann
- Sich selbst als Versager sehen
- Geht oft einher mit „Festungen", wie zum Beispiel Gefühlen der Unterlegenheit, Selbstmitleid, Eifersucht, übermäßiger Fleiß und Leistungsbereitschaft und Anmaßung

Unsicherheit
- Wurzelt in der Angst, nicht akzeptiert, geliebt oder anerkannt zu sein
- Der Meinung sein, dass ich als der Mensch, zu dem Gott mich geschaffen hat, nicht gut genug ist
- Fördert nicht nur ungesunde Haltungen und Handlungen uns selbst, sondern auf verschiedene Art und Weise auch anderen gegenüber; führt zum Beispiel zu Kontrolle, Einschüchterung und Manipulation (das sind die aggressiven Anzeichen von Unsicherheit)
- Aktiviert in uns Ängstlichkeit, Gefühle von Eingeschüchtertsein, Selbstzweifel und Menschenfurcht (das sind die passiven Anzeichen von Unsicherheit)

Selbsthass
- Eine massive Festung als die Festung des Selbstmitleids
- Oft herbeigeführt durch von Missbrauch gekennzeichneten Beziehungen und Situationen
- Zeigt sich oft in destruktiven Äußerungen wie Suchtverhalten, Selbstverstümmelung/Selbstablehnung, sexuellen Perversionen und einer allgemeinen Vernachlässigung des eigenen Lebens und von Beziehungen
- Macht einen Menschen glauben, dass seine Bestimmung und Identität mit dem Erscheinungsbild zusammenhängen und dass die Schönheit eines Menschen von seinem Aussehen abhängt

Scham/Verurteilung
- Nicht eine positive (hilfreiche) Art von Schuldgefühl, die wir als Warnsystem bekommen haben und das verhindern soll, dass wir von den Wahrheiten abweichen, in denen wir nach Gottes Willen leben sollen
- Ständig mit unangenehmen, schmerzhaften Schuldgefühlen aufgrund von tatsächlichen oder vermeintlich falschen Verhaltensweisen leben
- Im Zusammenhang mit Dingen, die man selbst getan hat oder mit Missbrauch, den man erlebt hat
- Oft eine Reaktion auf Dinge, die versteckt oder geheim gehalten werden

Selbstmord
- Im Zusammenhang mit Festungen des Todes und der Zerstörung
- Dazu gehören sowohl Selbstmordgedanken als auch der tatsächliche Versuch, sich das Leben zu nehmen

Opferrolle
- Eine trügerische Haltung, um Aufmerksamkeit, Mitgefühl und Verständnis zu bekommen
- Oft wird man fälschlicherweise nur getröstet, anstatt mit der Ursache des Problems konfrontiert zu werden
- Ist wie Öl aufs Feuer und bewirkt nur weitere ständige Verletzungen

Festungen mit aggressiven Reaktionen („Ich werd´s dir schon zeigen!")

Zorn
- Nachtragend und feindlich gesinnt sein, starke Gefühle der Ablehnung und Aversion hegen und feindselige Abneigung verspüren
- Steht in Verbindung mit Ungerechtigkeiten und Unversöhnlichkeit

Beachten Sie: Zorn ist eine sekundäre Emotion. Er ist eine Reaktion auf eine primäre Emotion (und/oder ist ein Ausdruck davon), wie Bitterkeit, Feindseligkeit oder Groll, ausgelöst durch Verletzungen und/oder Liebesentzug.

Verrat/Mord
- Vertrauen missbrauchen, jemandem die Treue brechen, indem man ein Geheimnis oder etwas verrät, was einem anvertraut wurde
- Jemanden verlassen, keine Zuneigung mehr zeigen und/oder die Beziehung abbrechen, wo vorher ein enges und vertrauensvolles Verhältnis bestand
- Jemanden täuschen, in die Irre führen oder hintergehen; jemandem eine Falle stellen, ihm schaden oder ihn zerstören

- Entsteht oft als Reaktion auf persönlich erlebte Kränkungen oder Ablehnung (nicht unbedingt durch denjenigen verursacht, den man hintergeht)
- Manchmal aufgrund von Unsicherheiten und Minderwertigkeitsgefühlen, um sich dadurch einen Rang, Anerkennung, Wohlstand und/oder Einfluss zu verschaffen
- Kann sich zeigen in Rebellion, Ärger, Kränkung, Eifersucht, Unabhängigkeit, Überlegenheit, Unzufriedenheit und Ehrgeiz

Bitterkeit/Groll/Unversöhnlichkeit
- Extreme Feindseligkeit, Schärfe, Härte und Gehässigkeit. Es besteht ein Gefühl der Entrüstung über erlebte Verletzungen, Vergewaltigung oder Kränkungen (Vergebung dagegen heißt, den Wunsch aufzugeben - oder auf sein Recht zu verzichten -, den anderen zu bestrafen; jeden Anspruch auf eine Strafe aufzugeben; keine Strafe zu fordern; eine Schuld zu verzeihen, auszulöschen und loszulassen)

Konkurrenzdenken
- Ein ungesundes Bedürfnis, besser zu sein als andere
- Ist oft das Resultat von Liebe, die auf Leistung basiert, was eine andere Form von Reaktion auf „Liebesentzug" darstellt. In diesem Fall wurde eine Person nicht aufgrund ihrer selbst geliebt, sondern aufgrund von Leistungen oder Erwartungen.
- Selbstsüchtige Ambitionen, Perfektionismus und Karrieredenken

Kontrolle/Sturheit/Manipulation
- Eine aggressive Rolle einnehmen, um sich vor weiteren Verletzungen oder Verlusten zu schützen, indem man versucht, die Situationen und Beziehungen im eigenen Leben zu kontrollieren
- Der Versuch, die Menschen und Umstände im eigenen Umfeld zu managen, um dadurch ein Gefühl von Sicherheit aufrechtzuerhalten
- Ist eventuell begleitet von einem starken Wunsch, anderen „zu helfen"; oder man macht den Eindruck, besonders „hilfsbereit" zu sein
- Ursache ist Angst
- Mangelnde Flexibilität: wer stur ist, muss im Recht sein - oder es muss nach seinem/ihrem Willen gehen - auch wieder, um zu kontrollieren
- Ausgeprägte Unbelehrbarkeit aufgrund der persönlichen Überzeugung vom eigenen Wissen und Erfahrungsschatz

Kritische Haltung
- Die Menschen und Umstände werden aus einer negativen Perspektive betrachtet. Ungeduld, Reizbarkeit und mangelnde Flexibilität gegenüber anderen, anstatt gütig, freundlich, barmherzig, geduldig, verständnisvoll, großzügig und wohlwollend zu sein
- Hebt die Schwächen und „Macken" anderer hervor mit dem Ziel, Freunde, Familienmitglieder, Arbeitskollegen, Geschwister in der Gemeinde, Situationen und andere niederzumachen anstatt aufzubauen

Eifersucht/Habsucht
- Exklusive Treue erwarten, neidisch und missgünstig sein und ungeduldig etwas erreichen oder bekommen wollen
- Übermäßiges Begehren, eifersüchtiger Versuch, etwas zu erreichen oder zu besitzen; Habgier
- Unzufriedenheit mit dem, was Gott schenkt oder dies sogar verachten
- Oft Nährboden für Ärger und Groll
- Verstärkt Konkurrenzdenken
- Selbstbezogenheit; führt dazu, dass wir Segnungen, Zuneigung und ermutigende Worte und Taten gegenüber anderen zurückhalten

Stolz
- Übertriebenes Selbstwertgefühl, Überheblichkeit, Arroganz, schmeichelhafte Beurteilung der eigenen Person, Aufgeblasenheit, Unabhängigkeit
- Von sich selbst eingenommen, selbstsüchtig sein
- Sich selbst und die eigenen Interessen wichtiger nehmen als andere
- Das Vertrauen in „sich selbst" setzen - in die eigenen Fähigkeiten, Meinungen und Taten (anstatt in Gott)

Rebellion
- Bewusst Verbotenes tun
- Nicht das tun, was einem aufgetragen wurde
- Kann offenkundig sein (aggressives, trotziges Verhalten) oder unterschwellig (passives, verstohlenes Verhalten)
- Oft in Verbindung mit Unabhängigkeit und Isolation
- Verbunden mit Stolz, Arroganz, Eigenwilligkeit
- Äußert sich oft dadurch, dass man besondere Ansprüche stellt („Ich habe mir das verdient") oder sich selbst als eine Ausnahme betrachtet („Die Regeln gelten nicht für mich, weil ...")

Überlegenheit/Selbstverherrlichung/Einbildung
- Im Zusammenhang mit Stolz und Arroganz
- Ein aggressiver Ausdruck von Minderwertigkeitsgefühlen
- Der Versuch, die eigene Wertigkeit unter Beweis zu stellen und die schmerzlichen Minderwertigkeitsgefühle hinter einer Fassade zu verstecken
- Oft verbunden mit übermäßigen Leistungen und Konkurrenzdenken

ANHANG 3

Durch offenkundige Sünden errichtete Festungen

Die meiste Aufmerksamkeit haben wir den Festungen gewidmet, die aufgrund von sündhaftem Verhalten und Ungerechtigkeiten entstanden sind, welche uns angetan wurden. Es gibt aber auch offenkundige Sünden, die wir begehen, bei denen dieselben Prinzipien gelten. Das folgende Schaubild zeigt eine Liste von offenkundigen Sünden, die in der Bibel beschrieben werden:

Wahrheitsdefizit

- Unglaube
- Körperliche Gebrechen (gewisse)
- Religiöse Sünden
- Ichbezogenheit
- Sexuelle Unmoral
- Rebellion
- Okkulte Sünden
- Generationssünden

Liebesdefizit

- Tod & Zerstörung
- Unversöhnlichkeit
- Lügen/Betrügen/Stehlen/Habgier
- Süchte
- Liebesdefizitsünden
- Flüche
- Okkulte Sünden
- Generationssünden

Wahrheitsdefizit – Liebesdefizit

Betrachten Sie diese Tabelle und die folgende Liste als Hilfsmittel, mit denen Sie herausfinden können, durch welche Dinge Sie dem Feind die Möglichkeit geben, in Ihrem Leben Fuß zu fassen oder „Raum zu gewinnen" („topos"), damit er Untergang und Zerstörung bringen - stehlen, töten und zerstören - kann. Gibt es Punkte, die auf Sie zutreffen? Nutzen Sie diese Gelegenheit und prüfen Sie sich selbst. Wenn der Heilige Geist Ihnen irgendetwas aufzeigt, markieren Sie die entsprechenden Kästchen. Sprechen Sie dann das Gebet in vier Schritten, um Buße zu tun und diese Bereiche der Sünde und potentiellen Bindungen zu verlassen.

Epheser 4,26-27
Lasst euch durch den Zorn nicht zur Sünde hinreißen! Die Sonne soll über eurem Zorn nicht untergehen. Gebt dem Teufel keinen Raum!

Johannes 10,9-10
Ich bin die Tür; wer durch mich hineingeht, wird gerettet werden; er wird ein- und ausgehen und Weide finden. Der Dieb kommt nur, um zu stehlen, zu schlachten und zu vernichten; ich bin gekommen, damit sie das Leben haben und es in Fülle haben.

1. Sexuelle Unmoral und Verstöße

- ❏ Lust (pornografisches Material, Faszination, usw.)
- ❏ Ehebruch
- ❏ Homosexualität
- ❏ Vorehelicher Sex
- ❏ Vergewaltigung (eine Ungerechtigkeit)
- ❏ Missbrauch (eine Ungerechtigkeit)
- ❏ Abtreibung
- ❏ Inzest
- ❏ Perversionen

2. Innere Einstellungen und sündhafte Reaktionen

- ❏ Unglaube
- ❏ Undankbarkeit/Genörgel
- ❏ Bitterkeit/Groll/Unversöhnlichkeit
- ❏ Ärger
- ❏ Verleumdung, Klatsch
- ❏ Faulheit
- ❏ Süchte/Gier (Alkohol, chemisch, finanziell, Beruf, Hobbys, usw.)
- ❏ Lügen/Hinterlistigkeit
- ❏ Betrug
- ❏ Stehlen
- ❏ Offenkundige Rebellion

3. Okkulte Verstrickungen

- ❏ Flüche
- ❏ Okkultismus/New Age
- ❏ Musik, Filme, Bücher
- ❏ Zaubersprüche, Fetische, magische Steine

- Horoskope
- Okkulte Praktiken:
    - Wikka (Hexenkult)
    - Weiße und schwarze Magie
    - Voodoo
    - Wahrsager
    - Partyspiele (Ouija-Bretter, usw.)
    - Rollenspiele („Dungeons and Dragons", „Magic", usw.)
    - Medien und Seancen (auch wenn sie scheinbar harmlos sind)
    - Hypnose
    - Handlesen, Kaffeesatzlesen
    - Automatisches Schreiben
    - Astralprojektionen
    - Astrologie, Horoskope
    - Zaubersprüche, Fetische, Kristalle
    - Tarotkarten
    - Hingabe an einen speziellen Kult, Geister oder Idole (und alle Gegenstände, die damit in Verbindung stehen)
    - Drogen und Verbindungen zur Drogenszene
    - Hellsehen und Hexerei (Wissenserhalt von dämonischen Ursprüngen und bewusstseinsverändernden physischen Zuständen, Seelenkunde, New Age Medien)
    - Flüche und Schwüre

4. Religiöse Sünden

- Götzendienst
- Falsche Religionen
- Kulte
- Fixierung auf religiöse Erfahrungen
- Geistlicher Missbrauch
- Religiöser Stolz
- Kraftlose religiöse Formen und Gottesdienste
- Heuchelei

ANHANG 4

Ungerechtigkeiten

Ein wesentlicher Aspekt eines „Lebens in Freiheit" ist das Loslassen von Ärger, Bitterkeit, Groll und manchmal sogar von seelischen Bindungen, die im Zusammenhang mit Ungerechtigkeiten und Missbrauch in unserem Leben stehen. Auch wenn die folgende Auflistung keineswegs vollständig ist, soll Sie Ihnen dabei helfen herauszufinden, wo es in Ihrem Leben eventuell Ungerechtigkeiten gibt (oder in der Vergangenheit gegeben hat). Sie kann als Hilfe dienen, gezielte Fragen über sich selbst zu stellen, um Ungerechtigkeiten ans Licht zu bringen. Rufen Sie zu Gott, damit er Ihnen bei diesem Prozess beisteht.

Vorgehensweise

1. Finden Sie heraus, welche Personen und/oder Situationen verantwortlich sind für jegliche Ungerechtigkeit, die Ihnen bewusst ist (verwenden Sie dazu die folgende Liste), damit Sie vollständig vergeben können.
2. Ermitteln Sie gemeinsam mit einem Gebetspartner Ihre sündhaften Reaktionen/Festungen.
3. Nehmen Sie sich die Zeit, sich mit jedem einzelnen Punkt nach dem Gebet in vier Schritten zu beschäftigen und haken Sie jeden Punkt ab, um sicherzugehen, dass Sie keinen vergessen haben (das muss nicht alles auf einmal oder in einer einzigen Session geschehen)
4. Nehmen Sie das „Ephraim-Prinzip" (nach Genesis 41,50-52) für Ihr Leben in Anspruch. Beanspruchen Sie für sich Gottes konkrete Verheißung, dass er Sie erneuern und segnen will. Bleiben Sie auf dem Weg der Heilung und des Segens!

1. Rubrik: Frühkindliche Traumata, Unfälle, Verletzungen und Tod

- ❏ Welche praktischen Auswirkungen hatte das auf Sie und auf Ihre Familie?
- ❏ Wie hat Sie das emotional beeinflusst?
- ❏ Welche Nachwirkungen hat das hinterlassen?

2. Rubrik: Familie

- ❏ Gab es in Ihrer Familie eine Scheidung?
- ❏ Hat der Elternteil, der von zu Hause ausgezogen ist (aufgrund von Trennung, Scheidung, usw.), weiterhin eine gute Beziehung zu Ihnen gepflegt?

- Wie oft haben Sie Ihre Eltern gesehen?
- Welche Einstellung hatten Ihre Eltern zueinander? (Wenn wir sehen, wie unsere Eltern in Wahrheit und Liebe miteinander umgehen, ist das nicht nur das größte Vorbild für unser Leben und unsere Lebensweise, sondern auch eine Quelle der Sicherheit für uns. Wenn einem Kind das vorenthalten wird, ist das dem Kind gegenüber ungerecht.)
- Haben Sie ein Elternteil, das den Kontakt zu Ihnen abgebrochen hat? Oder kommuniziert Ihr Vater oder Ihre Mutter nur sporadisch mit Ihnen? (Das kann auch der Fall sein, wenn sie nicht geschieden sind.)
- Waren Ihre Eltern Workaholics? Wie hat sich das auf Sie ausgewirkt oder welche Auswirkungen hat das heute noch auf Sie?
- Wurden Sie über längere Zeiträume allein gelassen?
- Gab es Erwartungen an Sie, die nicht altersgemäß waren? (zum Beispiel übermäßige Verantwortung für die Zubereitung von Mahlzeiten, für die Wäsche oder für die Betreuung jüngerer Geschwister, usw.)
- Hat Ihre Mutter oder Ihr Vater einen Ihrer Brüder oder Ihrer Schwestern bevorzugt?
- Wie hat das Ihre Beziehung zu Ihren Geschwistern und/oder Eltern beeinflusst?
- Haben sie Ihnen, obwohl es ihnen möglich gewesen wäre, irgendetwas nicht gegeben?
- Hat sich Ihr Leben in irgendeiner Weise um die Krankheit oder den Zustand eines Familienmitglieds gedreht? (Wenn ja, kreuzen Sie das Kästchen auch dann an, wenn Sie für die Situation Verständnis haben.)

Bei manchen Ungerechtigkeiten kann es sich um starke sündhafte Muster handeln, die in Ihrer Familie immer weitergereicht wurden.

- Sind Sie frustriert, weil Sie mit denselben Problemen kämpfen müssen wie Ihr Vater und/oder Ihre Mutter?

Geschwister

- Haben Sie Geschwister, die sehr rebellisch waren?
- Welchen Einfluss hatte das auf die Familiendynamik?
- Wie hat Sie das beeinflusst?

Geschwisterrivalität

- Wurden Sie offen mit einem Ihrer Geschwister verglichen?
- Gab es für Sie andere Regeln als für Ihre Geschwister?

3. Rubrik: Missbrauch

Verbaler/emotionaler Missbrauch

- ❑ Kam es in Ihrer Familie häufig vor, dass jemand (zum Beispiel Ihre Mutter oder Ihr Vater) beim Kommunizieren schrie?
- ❑ Wurden Sie persönlich angeschrien?
- ❑ War Schreien eine akzeptable Kommunikationsform in Ihrer Familie?
- ❑ Haben sich Ihre Mutter und Ihr Vater häufig gestritten?
- ❑ Können Sie sich an irgendwelche Vorfälle erinnern, wo verbaler Missbrauch stattfand (Wutausbrüche oder Wutanfälle, Beschimpfungen, Obszönitäten, usw.)?
- ❑ Wurden Sie beschimpft, kritisiert und/oder mit Worten herabgesetzt?

Drogen, Alkohol, Pornografie

- ❑ War Ihre Mutter oder Ihr Vater alkohol- oder drogenabhängig?
- ❑ pornografiesüchtig?
- ❑ Welche typischen Kindheitserlebnisse sind Ihnen dadurch entgangen?
- ❑ War Ihnen das peinlich (konnten Sie aus diesem Grund zum Beispiel keine Freunde einladen, schämten Sie sich für Ihre Eltern oder für ihr unkorrektes Verhalten, usw.)
- ❑ Haben ihre Eltern als Folge ihrer Gewohnheiten über die Entwicklung derselben Verhaltensweisen in Ihrem Leben hinweggesehen?

Sexueller Missbrauch

- ❑ Wurden Sie als Kind sexuell missbraucht oder sexuellen Dingen ausgesetzt?
- ❑ War das ein einmaliges Vergehen?
- ❑ War es ein wiederholtes Vergehen von einem Verwandten oder Nachbarn?
- ❑ Mussten Sie dadurch in einem Umfeld leben, in dem Sie ständig verwundbar waren?
- ❑ Wissen oder vermuten Sie, dass Ihre Mutter (oder jemand anders) von dem Missbrauch wussten und nichts dagegen unternommen hat? Oder dass sie es verleugnet hat?
- ❑ Hat das zu weiteren sexuellen Beziehungen geführt, die in Ihrem Leben zerstörerische Auswirkungen hatten?
- ❑ Haben Sie heute in Gedanken immer noch damit zu kämpfen?
- ❑ Hat es Auswirkungen auf Ihre sexuelle Orientierung gehabt?
- ❑ Hatten Sie als Folge davon mit sexuellen Gedanken zu kämpfen oder waren Sie sich Ihrer Sexualität bewusst, bevor Sie Gottes Design für Ihr Leben kennenlernten?

Falsche Anwendung von Strafen

- Hat Ihr Vater oder Ihre Mutter Sie auf missbräuchliche oder gewalttätige Weise bestraft? Oder war er/sie dabei extrem wütend?
- Wurden Sie geschubst, geschlagen oder angeschrien?
- Gab es bestimmte Erwartungen an Sie, die sich immer wieder änderten oder die unangemessen waren?
- Wurden Sie auf unangemessene Weise kontrolliert?
- Wurden Sie auf emotionale Art manipuliert (zum Beispiel durch Schuld- und/oder Schamgefühle, die man Ihnen vermittelt hat), um Sie dadurch zu kontrollieren?

4. Rubrik: Krankheit

- Hatten Sie persönlich eine lang andauernde Krankheit oder eine Behinderung?
- Wenn ja, wie unterscheidet sich Ihr Leben von einer durchschnittlichen, gesunden Person?
- Was haben Sie dadurch verpasst?
- Hat Sie diese Situation in Verlegenheit gebracht oder gedemütigt?
- Über welche Bereiche Ihres Lebens hatten oder haben Sie aufgrund Ihrer Krankheit oder Behinderung keine Kontrolle?
- Wie hat Ihre Familie darauf reagiert?
- Wie haben Ihre Freunde im Laufe der Jahre darauf reagiert?
- Wie hat sich das auf Ihre anderen Beziehungen ausgewirkt?
- Haben Sie sich dadurch auf irgendeine Weise abgelehnt gefühlt?
- Haben Sie sich einsam und allein gefühlt und/oder waren Sie wütend, weil andere für Ihre Situation kein Verständnis hatten?
- Haben Sie das Gefühl, dass Sie deshalb für eine andere Person eine unzumutbare Belastung sind?
- Sind die Belastungen des Alltags zu groß für Sie? (Dadurch passiert es leicht, dass Sie andere im Stich lassen und dass andere Sie falsch verstehen.)

5. Rubrik: Größere Veränderungen in Ihrem Leben

- Kam es jemals vor, dass Ihre Familie weiter wegziehen musste und Sie das als dramatisches Ereignis wahrgenommen haben?
- Mussten Sie enge Freunde und Familienangehörige zurücklassen?

- ❏ Wurden Sie in Ihrer neuen Heimat/Schule freundlich aufgenommen und begrüßt?
- ❏ Hat man Sie argwöhnisch behandelt und Sie abgelehnt?
- ❏ Haben Sie jemals die Gemeinde gewechselt?
- ❏ Waren Sie jemals in die Spaltung einer Gemeinde verwickelt?
- ❏ Hat eines dieser Dinge Sie, Ihre Familie und Ihre Beziehungen direkt beeinflusst oder beeinträchtigt?

6. Rubrik: Die Stabilität der Familie

- ❏ Hat Ihr alleinstehender Vater oder Ihre alleinstehende Mutter noch einmal geheiratet?
- ❏ Unter welchen Umständen hat diese große Veränderung stattgefunden?
- ❏ Hatte Ihr neues Stief-Elternteil Kinder, die Ihre Stiefgeschwister wurden?
- ❏ Gab es bei Ihnen im Haushalt für jeden andere Regeln?
- ❏ Gab es in diesen neuen Beziehungen Liebe, Akzeptanz, Gleichberechtigung und Vertrauen?
- ❏ Haben Sie mit nur einem Elternteil zusammengelebt?
- ❏ Hat man Ihnen gesagt, dass Sie gewollt sind oder hatten Sie das Gefühl, unerwünscht oder eine Last zu sein?

7. Rubrik: Probleme mit Ablehnung

(Dies kann verschiedene Bereiche betreffen, wie die Rasse, gesellschaftliche Schicht, körperliche Merkmale, Größe, Gewicht, Intellekt, Armut, Koordination, körperliche Fähigkeiten, usw.)

- ❏ Gibt es etwas an Ihrem Körper oder in Ihrer Persönlichkeit, das besonders hervorsticht? (z. B. Ihre körperlichen Merkmale wie Größe, Gewicht oder Hautfarbe?)
- ❏ Ihr Intellekt? Ihr Temperament? Ihre Persönlichkeit?
- ❏ Wurden Sie aufgrund dieser Merkmale ungerecht behandelt oder abgestempelt, beschimpft?
- ❏ Wie sind daraus die Gefühle der Ablehnung entstanden?
- ❏ Wie kam es, dass Sie daraufhin eine Abwehrhaltung einnahmen?
- ❏ Wurden Sie von Ihrer Familie wegen etwas geärgert, was Sie selbst an sich nicht leiden konnten?
- ❏ Hat das jemals dazu geführt, dass Sie auf diesem Gebiet größere Enttäuschungen erlebt haben?
- ❏ Wurden Sie jemals von einer Autoritätsperson (zum Beispiel Lehrer, Pastor oder Eltern) ungerecht behandelt, weil diese Sie falsch eingeschätzt haben?
- ❏ Hat man Ihnen dieselben Chancen gegeben wie den anderen in Ihrem Umfeld?

8. Rubrik: Vorenthaltung

- ❏ Haben Sie für Ihre Erfolge und Leistungen Anerkennung bekommen?
- ❏ Von beiden Eltern?
- ❏ Von Lehrern oder Ausbildern?
- ❏ Von Beratern oder Coaches?
- ❏ Kam es jemals vor, dass man Ihnen Anerkennung verweigert hat oder dass Ihre Leistungen überschattet wurden vom Erfolg einer anderen Person oder von einem anderen Familienmitglied, das entweder aufgrund von schlechtem Benehmen oder besonderen Bedürfnissen besondere Aufmerksamkeit brauchte?
- ❏ Hat man Ihre Leistungen gefeiert?
- ❏ Hatten Sie jemals das Gefühl, dass Sie den Anforderungen der Autoritätspersonen in Ihrem Leben nicht genügen konnten? Hat man Ihnen diese Anforderungen deutlich gesagt?
- ❏ Hat Ihr Vater oder Ihre Mutter mehr betont, was Sie besser machen könnten, anstatt das lobend zu erwähnen, was Sie gut gemacht haben?
- ❏ Gab es immer wieder andere Erwartungen an Sie? Wenn Sie geglaubt haben, die Erwartungen erfüllt zu haben, wurde die Messlatte dann höher gelegt?
- ❏ Haben Ihre Eltern Ihrer Zukunft entgegengefiebert und Pläne mit Ihnen gemacht?
- ❏ Haben sie Ihre Wünsche und Träume unterstützt?
- ❏ Haben sie Sie regelmäßig an Ihre Berufung und Bestimmung erinnert?
- ❏ Haben sie praktische Schritte getan, um Ihre Ausbildung zu planen?
- ❏ Haben Ihre Eltern darauf geachtet, dass Sie und Ihre Geschwister eine positive Beziehung zueinander führten? Oder waren diese Beziehungen verletzend und zerstörend?

Rubrik 9: Beziehungen/Ehe

- ❏ Hatten Sie, nachdem Sie geheiratet haben, festgestellt, dass Ihr Mann ein Problem mit Zorn hat? Mit Süchten?
- ❏ Sind Ihnen nach Ihrer Hochzeit wesentliche Dinge an Ihrem Partner aufgefallen, die Sie, bevor Sie verheiratet waren, noch nicht bemerkt hatten (zum Beispiel Kontrollverhalten, Zorn, Perfektionismus, kritische Haltung, usw.)?
- ❏ Hat Ihr Partner Bedürfnisse, die unmöglich zu erfüllen sind?
- ❏ Zeigt Ihr Partner, was Arbeit betrifft, eine ausgeprägte Faulheit und Passivität?
- ❏ Kann Ihr Partner nicht mit Geld umgehen oder hat er/sie große Schulden mit in die Ehe gebracht?
- ❏ Macht Ihr Partner anderen Frauen/Männern „schöne Augen" oder flirtet er/sie gerne in der Öffentlichkeit?

- ❏ Ehebruch?
- ❏ Haben Sie in eine Problemfamilie hineingeheiratet oder in eine Familie, die Sie von Anfang an abgelehnt hat?
- ❏ Hat Ihr Partner seinen Glauben und seine Hingabe an Gott falsch dargestellt?
- ❏ Ist sein/ihr Herz verhärtet gegenüber Gott oder lässt er/sie sich in dieser Beziehung nichts sagen?
- ❏ Sind Ihnen falsche Absichten vorgetäuscht worden?
- ❏ Hat man Ihnen Versprechungen gemacht ohne die Absicht zu haben, diese auch zu halten?
- ❏ Wurden Sie jemals zu einer körperlichen Beziehung genötigt oder gedrängt?
- ❏ Wie hat das Ihre Beziehung und Ihre Ansicht über sich selbst (oder über Ihren Partner) verändert?
- ❏ Hatten Sie jemals eine vertrauliche Freundschaft oder Beziehung, in der sich die Gefühle, die man Ihnen entgegenbrachte, plötzlich veränderten?

10. Rubrik: Abtreibung

- ❏ Haben Sie jemals abgetrieben?
- ❏ Wurden Sie zur Abtreibung gezwungen?
- ❏ Hatten Sie Kinder, die Sie zur Adoption freigegeben haben?

ANHANG 5
Generationssünden:
Praktische Wirklichkeit und biblischer Ausweg (in Anbetracht von Hesekiel 18)

Hesekiel, Kapitel 18, wirft eine häufig gestellte und angebrachte Frage zum Thema Generationssünden auf (eine ähnliche Stelle gibt es auch in Jeremia 31,29+30). Diese Bibelstelle scheint im Widerspruch zu dem zu stehen, was andere Bibelstellen über nachfolgende Generationen sagen, die unter dem Schatten und Einfluss der Sünden früherer Generationen stehen.

Wenn man Hesekiel 18 zunächst flüchtig liest, scheint dort zu stehen, dass die Verantwortung für und das Gericht über die Sünden vergangener Generationen aufgehört hat. Aber steht das dort wirklich so? Tatsächlich heißt es hier folgendermaßen:

Hesekiel 18,2-4:
„Wie kommt ihr dazu, im Land Israel das Sprichwort zu gebrauchen: Die Väter essen saure Trauben und den Söhnen werden die Zähne stumpf? So wahr ich lebe - Spruch Gottes, des Herrn -, keiner von euch in Israel soll mehr dieses Sprichwort gebrauchen. Alle Menschenleben sind mein Eigentum, das Leben des Vaters ebenso wie das Leben des Sohnes, sie gehören mir. Nur wer sündigt, soll sterben."

Wenn wir uns mit diesem Thema beschäftigen, müssen wir unbedingt auch verstehen, in welchem Zusammenhang Hesekiels Prophezeiung hier steht. Sie wurde während einer der dunkelsten Zeiten des Volkes Juda und Israel gesprochen. Hesekiel begann seinen Dienst als Prophet sieben Jahre bevor Jerusalem zerstört wurde und bevor das Volk Juda dem harten Gericht im babylonischen Exil ausgeliefert war. Nach diesem traumatischen Ereignis, das im Jahre 586 v. Chr. geschah, diente Hesekiel noch weitere fünfzehn Jahre als Prophet.

Die Geschichten, die um dieses Ereignis herum berichtet werden, sind entsetzlich. Das Volk Israel wurde gedemütigt und befand sich in großer Not. Dieses Gericht war die Folge davon, dass das Volk Juda Gott über Generationen hinweg ständig ungehorsam gewesen war und gegen ihn rebelliert hatte. Sie waren gewarnt worden, dass sie ihre Sünden bekennen und umkehren sollten, um dieses Gericht von sich abzuwenden; tatsächlich hatten sie sogar mehrere Male eine Chance bekommen, den Konsequenzen ihrer Sünde zu entgehen. Aber sie lehnten Gottes Barmherzigkeit ab, und schließlich kam der Tag der Abrechnung.

Juda war über dieses Gericht und das Exil verbittert. Das jüdische Sprichwort in den obigen Versen brachte die Überzeugung der Menschen zum Ausdruck, die glaubten, dass sie unschuldig waren und wegen der Schuld ihrer Eltern bestraft wurden. Das gibt auch das Buch Klagelieder deutlich wieder, das der Prophet Jeremia im selben historischen Kontext geschrieben hat:

Klagelieder 5,7
Unsere Väter haben gesündigt; sie sind nicht mehr. Wir müssen ihre Sünden tragen.

Dieselbe Generation, die ins Exil verschleppt wurde, hat vorher die Chance gehabt, Buße zu tun und hat sie nicht genutzt. Ähnlich wie die Generationen vor ihnen, hatten auch sie rebelliert, und das Gericht traf sie mitten in ihrer Rebellion. Dieses Sprichwort war eigentlich ein Aufschrei, dass Gott ungerecht war. In Wirklichkeit versuchten sie nämlich, die Schuld und die Verantwortung für ihre eigene Sünde auf die vorigen Generationen und letztendlich auch auf Gott abzuschieben.

Daraufhin beschreibt Gott durch den Propheten Hesekiel drei verschiedene Menschen aus drei verschiedenen Generationen, von denen jeder den Lohn für sein Leben bekommt, den er verdient hat. Er stellt zunächst einen Mann vor, der ein gerechtes Leben führt und dafür gesegnet wird. Aber dieser gerechte Mann hat einen Sohn, der nicht in dieser Gerechtigkeit lebt und dafür gerichtet wird. Dieser wiederum hat auch einen Sohn, der ein gerechtes Leben führt und dafür gesegnet wird. Gott beendet seine Ausführungen mit den folgenden Worten:

Hesekiel 18,25-27+29+32
Ihr aber sagt: Das Verhalten des Herrn ist nicht richtig. Hört doch, ihr vom Haus Israel: Mein Verhalten soll nicht richtig sein? Nein, euer Verhalten ist nicht richtig.
Wenn der Gerechte sein rechtschaffenes Leben aufgibt und Unrecht tut, muss er dafür sterben. Wegen des Unrechts, das er getan hat, wird er sterben. Wenn sich der Schuldige von dem Unrecht abwendet, das er begangen hat, und nach Recht und Gerechtigkeit handelt, wird er sein Leben bewahren. ... Das Haus Israel aber sagt: Das Verhalten des Herrn ist nicht richtig. Mein Verhalten soll nicht richtig sein, ihr vom Haus Israel? Nein, euer Verhalten ist nicht richtig. ... Ich habe doch kein Gefallen am Tod dessen, der sterben muss - Spruch Gottes, des Herrn. Kehrt um, damit ihr am Leben bleibt.

Gott sagt dem Volk Israel hier nichts Neues. Schon früher hatte er in seinem Wort auf vielfältige Art und Weise dieselben Aussagen gemacht. Sie mussten nicht unter dem Gericht leben. Sie mussten einfach nur Buße tun und in Gerechtigkeit leben. Taten sie das, würde er sie segnen!

Im Buch Exodus sagte Gott, dass die Sünde einer Generation bis in die dritte und vierte Generation bestraft wird (Exodus 20,4-5). Aber in Levitikus 26 erklärt er auch, dass dieses Gericht aufhört, wenn man seine eigenen Sünden und die Sünden vergangener Generationen bekennt. Wenn das geschieht, verspricht Gott, dann wird er „das Land der Generation heilen, die Buße getan hat" (s. 2. Chronik 7,14, Anm. d. Ü.). Sie müssen nicht mehr unter seinem Gericht leben, sondern einfach nur Gottes Barmherzigkeit und Gnade für sich in Anspruch nehmen.

Die Stelle in Hesekiel 18 ist nicht die erste, in der wir in der Bibel lesen, dass wir nicht unter der Sünde anderer Menschen leiden müssen. Diese Wahrheit - dass jeder Mensch für seine eigene Sünde verantwortlich ist - verkündete Gott schon in Deuteronomium:

Deuteronomium 24,16
Väter sollen nicht für ihre Söhne und Söhne nicht für ihre Väter mit dem Tod bestraft werden. Jeder soll nur für sein eigenes Verbrechen mit dem Tod bestraft werden.

Schon Jahrhunderte vor Hesekiels Zeit hatte Gott König Salomo gewarnt, dass es für ein Volk, das wegen seiner Sünde und Rebellion unter Gottes Gericht steht, nur einen einzigen Ausweg gibt. Es war dasselbe „Rezept", das Gott dem Volk Israel bereits unzählige Male zuvor (und danach) beschrieben hatte: sie mussten Buße tun!

2. Chronik 7,14
... und mein Volk, über das mein Name ausgerufen ist, sich demütigt und betet, mich sucht und von seinen schlechten Wegen umkehrt, dann höre ich es im Himmel. Ich verzeihe seine Sünde und bringe seinem Land Heilung.

Gott sagt in Hesekiel 18 nicht, dass die geistliche Dynamik von Generationssünden nicht mehr länger Gültigkeit hat. Er meint einfach nur, dass es bereits einen Ausweg gibt. Sie hätten das Gericht vermeiden können, wenn sie für ihre eigene Sünde Buße getan, gemeinsam Verantwortung übernommen und die Sünden früherer Generationen bekennt uns sich davon losgesagt hätten!

Diese Prinzipien hinsichtlich gemeinsamer und Generationssünden werden später, nachdem der Prophet Hesekiel sie verkündet hatte, tatsächlich vom Volk Gottes (erfolgreich) in die Praxis umgesetzt. Mehrere Jahrzehnte nach Hesekiels Prophezeiung nahm ein sehr gottesfürchtiger Mann namens Daniel die Sünde der früheren Generationen auf sich und bekannte nicht nur sie, sondern auch seine eigene Sünde. (Wie anders ist doch diese Reaktion im Vergleich zur Arroganz des Volkes Juda, die das sarkastische Sprichwort in Hesekiel 18,2 ausgesprochen hatten!) Wenn wir das Buch Daniel weiter lesen, stellen wir fest, dass kurz nach Daniels Gebet das Volk Juda aus demselben Exil befreit wurde, über das sich die Generation zu Hesekiels Zeiten beschwert hatte!

Daniel 9,8-11+18

Ja, Herr, uns steht die Schamröte im Gesicht, unseren Königen, Oberen und Vätern; denn wir haben uns gegen dich versündigt. Aber der Herr, unser Gott, schenkt Erbarmen und Vergebung. Ja, wir haben uns gegen ihn empört. Wir haben nicht auf die Stimme des Herrn, unseres Gottes, gehört und seine Befehle nicht befolgt, die er uns durch seine Diener, die Propheten, gegeben hat. Ganz Israel hat dein Gesetz übertreten, ist davon abgewichen und hat nicht auf deine Stimme gehört. Darum kamen der Fluch und die Verwünschung über uns, die im Gesetz des Mose, des Dieners Gottes, geschrieben stehen; denn wir haben uns gegen Gott versündigt. ... Mein Gott, neig mir dein Ohr zu und höre mich: öffne deine Augen und sieh auf die Trümmer, auf unsere Stadt, über der dein Name ausgerufen ist. Nicht im Vertrauen auf unsere guten Taten legen wir dir unsere Bitten vor, sondern im Vertrauen auf dein großes Erbarmen.

Ungefähr ein Jahrhundert nach Hesekiels Prophezeiung finden wir noch einen anderen gottesfürchtigen Juden vor, der dieselbe demütige, rechtschaffene Haltung für sein Volk einnahm, die auch Daniel hatte. Die Rede ist von Nehemia und der Zeit, in der Jerusalem wieder aufgebaut wurde. Wie Daniel reagierte auch Nehemia nicht trotzig und arrogant, als Gott das Gericht über die Sünden der Generationen aussprach. Er demütigte sich selbst, übernahm persönlich Verantwortung, bekannte die Sünde, sagte sich von ihr los und leitete die bestehende Generation an, ihm zu folgen.

Und wieder würdigte Gott das Herz und den Gehorsam eines einziges Menschen und brachte Jerusalem auf wundersame Weise Befreiung und Erneuerung. Seine Vergebung und Erneuerung erstreckte sich auf die Generationen, die Gesellschaft und die ganze Nation.

Nehemia 1,6; 9,1-2

Hab ein aufmerksames Ohr und ein offenes Auge und hör das Gebet deines Knechtes! Ich bete jetzt Tag und Nacht vor dir für die Söhne Israels, deine Diener. Ich lege ein Bekenntnis ab wegen der Sünden der Söhne Israels. Wir haben gegen dich gesündigt; auch ich und meine Familie haben gesündigt. ...

Am vierundzwanzigsten Tag dieses Monats kamen die Israeliten zu einem Fasten zusammen, in Bußgewänder gehüllt und das Haupt mit Staub bedeckt. Die, die ihrer Abstammung nach Israeliten waren, sonderten sich von allen Fremden ab; sie traten vor und bekannten ihre Sünden und die Vergehen ihrer Väter.

Interessanterweise liefen Jesus und seine Jünger über fünf Jahrhunderte nach Hesekiels Prophezeiung während Jesu Dienst hier auf der Erde einem Mann über den Weg, der blind geboren war. Die Jünger fragten Jesus, ob der Mann wegen seiner eigenen Sünde oder wegen der Sünde seiner Eltern blind war. Jesus wies die Vorstellung nicht zurück und verurteilte sie auch nicht, dass die Ursache für die Blindheit möglicherweise in der Sünde früherer Generationen lag. Er erklärte einfach nur, dass weder das eine noch das andere der Fall war, sondern dass Gott durch die Blindheit verherrlicht werden sollte.

Johannes 9,1-3
Unterwegs sah Jesus einen Mann, der seit seiner Geburt blind war. Da fragten ihn seine Jünger: Rabbi, wer hat gesündigt? Er selbst? Oder haben seine Eltern gesündigt, sodass er blind geboren wurde? Jesus antwortete: Weder er noch seine Eltern haben gesündigt, sondern das Wirken Gottes soll an ihm offenbar werden.

Zum Schluss möchte ich noch einen letzten Grund aufführen, warum ich nicht glaube, dass die Stelle in Hesekiel 18 auf das Ende generationsbedingter, geistlicher Dynamiken hindeutet. Als Jesus vor Gericht stand, versuchte Pilatus, sich der Verantwortung für das Schicksal Jesu´ zu entziehen. Im biblischen Bericht lesen wir, welche Antwort das jüdische Volk Pilatus gab. Sie erklärten, dass die Verantwortung für den Tod Jesu auf ihnen (und auf allen zukünftigen Generationen) liegen sollte. Ihre Worte hatten folgenschwere Auswirkungen auf die nachfolgenden Generationen.

Matthäus 27,24-25
Als Pilatus sah, dass er nichts erreichte, sondern dass der Tumult immer größer wurde, ließ er Wasser bringen, wusch sich vor allen Leuten die Hände und sagte: Ich bin unschuldig am Blut dieses Menschen, Das ist eure Sache! Da rief das ganze Volk: Sein Blut komme über uns und unsere Kinder!

Man muss nur einen flüchtigen Blick auf die jüdische Geschichte werfen, um zu erkennen, dass dieser Fluch der Verantwortung auf allen nachfolgenden Generationen gelegen hatte, seitdem diese Worte gesprochen wurden. Das jüdische Volk hat in den letzten zweitausend Jahren ungeheuer gelitten. Das lag zumindest teilweise an dem jüdischen Volk, das zur Zeit Jesu gelebt hatte. Sie hatten diesen Fluch über die zukünftigen Generationen gesprochen, ja, geradezu heraufbeschworen.
Zusammenfassend lässt sich daher sagen, dass es zwar so aussieht, als ob es zwischen Hesekiel 18 und den anderen Bibelstellen über generationsbedingte Einflüsse von Sünde und Gerechtigkeit einen Widerspruch gibt, aber ich glaube, dass sich diese Stellen überhaupt nicht widersprechen, wenn wir Hesekiel 18 (und Jeremia 31,29+30) im Kontext verstehen. Wenn eine Generation gesündigt hat, kann die nachfolgende Generation unter dem Gericht dieser Sünde zu leiden haben; das muss aber nicht unbedingt so sein. Gott hat klar und eindeutig Abhilfe geschaffen, indem er uns den einfachen Weg der Buße ermöglicht hat.

Noch eine letzte Bemerkung: Das Problem, unter dem Schatten generationsbedingter Sünde zu leben, scheint nicht nur auf das Volk Israel begrenzt gewesen zu sein, das unter dem Gesetz des Mose lebte:

- Es gab Generationsflüche und -segnungen, die Noach über seine Söhne Jafet, Sem und Ham ausgesprochen hatte (siehe Genesis 9).
- Selbst wenn man das Leben von Abraham und Isaak nur flüchtig betrachtet, erkennt man, dass schon fast tausend Jahre vor dem Gesetz des Moses geistliche Generationsdynamiken am Werk waren.
- In Genesis 49 werden eine Reihe von Generationssegnungen und -flüche beschrieben, die Jakob über seine Söhne ausgesprochen hatte.

Wenn Sie nun ehrlich über die Generationen Ihrer eigenen Familie nachdenken, werden Sie ganz bestimmt entsprechende Vorzeichen in Ihrer Abstammungslinie vorfinden. Gibt es ähnliche Muster, die eine Generation nach der anderen durchlaufen? Diese immer wieder auftretenden Muster könnten hartnäckige Sünden, Festungen oder gesundheitliche Probleme sein. Vielleicht fällt Ihnen sogar auf, dass dies in manchen Fällen auch geschlechtsabhängig ist. Das ist normalerweise mehr als ein Zufall; dahinter steckt eine geistliche Dynamik. Versuchen Sie auch generationsbedingte Segnungen zu erkennen, die Ihre Familie geprägt haben. Was auch immer Sie herausfinden werden, Generationssünden sind sowohl biblisch begründet als auch praktische Wirklichkeit. Der biblische Ausweg ist die Buße und der Gehorsam.

Bibliografie

1. Barclay Moon Newman: „Concise Greek-English Dictionary of the New Testament"
   (Deutsche Bibelgesellschaft Stuttgart, United Bible Societies, 1993), S. 22.
2. W. Arndt, F. W. Gingrich, F. W. Danker & W. Bauer, Hrsg.: „A Greek-English Lexicon
   of the New Testament and Other Early Christan Literature"
   (Chicago, IL: University of Chicago Press, 1996), S. 798.
3. Wayne Grudem: "Systematic Theology: An Introduction to Biblical Doctrine"
   (Leicester, UK: Intervarsity Press, 1994), S. 713.
4. Corrie Ten Boom: "I´m Still Learning to Forgive"
   ("Ich lerne immer noch zu vergeben").
5. G. Kittel, G. W. Bromiley & G. Friedrich, Hrsg.: "Theological Dictionary
   of the New Testament" (10vols), (Grand Rapids, MI: Eerdmans, 1964-c1976).
6. Diese Grafik wurde ursprünglich von Jon Graciano,
   Pastor der Crossing Church in Tacoma, WA, erstellt.
7. Diese Grafik veranschaulicht den Kreislauf der Unversöhnlichkeit und wurde von
   Tim Humphrey, Vikar der St. Barnabas Church in London, England, entwickelt.
8. Diese Grafik von Arlyn Lawrence ist das Gegenschaubild zum Kreislauf der
   Unversöhnlichkeit.
9. Arlyn Lawrence und Cheryl Sacks: „Prayer-Saturated Kids"
   (NavPress: Colorado Springs, CO, 2007), S. 69.
10. Wayne Grudem: "Systematic Theology; An Introduction to Biblical Doctrine"
    (Leicester, UK: Intervarsity Press; Grand Rapids, MI: Zondervan Publishing House, 1994),
    S. 782.
11. Der Ausdruck "Krise" wird hier im Sinne von „entscheidender Moment" verwendet,
    was im Wörterbuch definiert ist als „eine Zeit, in der ein Ereignis stattfindet oder eine
    Entscheidung getroffen wird, die für die Zukunft von großer Bedeutung ist".
12. http://www.kamglobal.org/BiographicalSketches/dwightlmoody.html
13. G. Kittel, G. Friedrich & G. W. Bromiley: „Theological Dictionary of the New Testament".
    Übersetzung von: "Theologisches Wörterbuch zum Neuen Testament", S. 187;
    (Grand Rapids, MI: W. B. Eerdmans, 1995, c1985).
14. Nach Walter Bauer´s "Griechisch-Deutsches Wörterbuch zu den Schriften des Neuen
    Testaments und der übrigen urchristlichen Literatur", (Berlin, Walter de Gruyter; vierte
    und erweiterte Auflage) S. 277.
15. K. Neill Foster: „Binding and Loosing, How to Exercise Authority over the Dark Powers"
    (Camp Hill, Christian Publications, 1998), S. 115.

Bibliografie

16. Neil Anderson: "Victory over the Darkness" (Ventury, CA: Regal Books, 1990), S. 164-165.
17. G. Kittel, G. W. Bromiley & G. Friedrich, Hrsg.: "Theological Dictionary of the New Testament" (10 vols.), (Grand Rapids, MI: Eerdmans, 1964-c1976).
18. J. Swanson: "Dictionary of Biblical Languages with Semantic Domains: Hebrew (Old Testament)", (Oak Harbor, WA: Logos Research Systems, Inc., 1997), HGK5960.
19. J. Strong: "Enhanced Strong´s Lexicon" (Ontario, Canada: Woodside Bible Fellowship, 1996), H5382.
20. J. Swanson: "Dictionary of Biblical Languages with Semantic Domains: Hebrew (Old Testament)", (Oak Harbor, WA: Logos Research Systems, Inc., 1997), HGK6662.
21. J. Strong: "Enhanced Strong´s Lexiocon" (Ontario, Canada: Woodside Bible Fellowship, 1996), H669.
22. Der Umfang dieses Kapitels lässt eine ausführlichere Behandlung des auf Hesekiel 18 bezogenen Themas nicht zu. Eine detailliertere Betrachtung und Behandlung von Hesekiel 18 finden Sie im Anhang (auf S. ...).
23. In Levitikus 26 gibt Gott uns eine kurze und bündige Beschreibung, wie wir die Auswirkungen von Generationssünden in unserem persönlichen Leben beenden können. In der Bibel gibt es dafür unzählige Beispiele, wie bei Daniel und Israel in Daniel Kapitel 9, Esra und Israel in Esra Kapitel 9, und Nehemia und Israel in Nehemia Kapitel 1 und 9.
24. R. L. Harris, G. L. Archer & B. K. Waltke: "Theological Wordbook of the Old Testament" (elektronische Ausgabe), (Chicago, IL: Moody Press, 1999, c1980), S. 136.
25. Derek Prince: "Blessing or Curse: You Decide" (Grand Rapids, MI: Chosen Books, 2000), S. 45.
26. a.a.O., S. 141.
27. C. S. Lewis: "Der König von Narnia" (Joh. Brendow & Sohn Verlag GmbH, Moers, 1998), S. 96-98.